Tourenübersicht

Gert Hirner/Jakob Murböck

Wanderungen auf Kreta

50 Wanderungen zu den schönsten Zielen

Mit 96 Farbfotos, 38 Kartenskizzen, 4 Stadtplänen, 2 Karten mit Buslinien, dem »E4« und einer Übersichtskarte

Bruckmann

Einband/Vorderseite:
Die Südküste in Westkreta, mit Blick auf Hóra Sfakíon (Tour 11)

Einband/Rückseite:
Die Schlucht des Tsiríta (Tour 22)

Seite 2/3:
Der Mirabéllo-Golf mit dem Städtchen Pláka und der Festungsinsel Spinalonga (Tour 44)

Die Zusammenstellung und Beschreibung der Touren erfolgte mit größtmöglicher Sorgfalt und nach bestem Wissen und Gewissen der Autoren. Nach dem Erscheinen des Buches kann sich an Wegführung, Adressen etc. einiges ändern; eine Gewähr für die touristischen und bergsteigerischen Informationen wird nicht gegeben. Es wird um Verständnis dafür gebeten, daß Autoren und Verlag nicht für Schäden haften können, die sich aus dem Nachvollzug der Touren oder geänderten Bedingungen im Land ergeben.

Gedruckt auf chlorarm gebleichtem Papier

Die Deutsche Bibliothek CIP Einheitsaufnahme

Hirner, Gert: Wanderungen auf Kreta: 50 Wanderungen zu den schönsten Zielen / Gert Hirner; Jakob Murböck. –
4., überarb. und erw. Aufl. –
München: Bruckmann, 1995
(Erlebnis Wandern)
ISBN 3-7654-2781-0
NE: Murböck, Jakob:

4., überarbeitete und erweiterte Auflage 1995

Gesamtherstellung: Bruckmann, München
Druck: Gerber + Bruckmann, München
Printed in Germany
ISBN 3-7654-2781-0

Inhaltsverzeichnis

Blick von der Küstenstraße nach Sitía über die Nordküste Kretas bei Móhlos und über den Mirabello-Golf.

Vorwort zur 4. Auflage

Kreta ist seit mehr als zwei Jahrzehnten, des heißen und sicheren Sommerklimas und vor allem der bedeutungsvollen Kunststätten wegen, ein vielbesuchtes Reiseziel. Immer mehr Besucher der Insel entdecken den Winter, das Frühjahr und den Herbst als Urlaubszeit, wo durch üppige Vegetation, unermeßliche Blütenpracht und ein mildes, sonniges Klima die schönsten Voraussetzungen für Wanderungen gegeben sind.

Seit dem ersten Erscheinen dieses Buches ist jedoch auch auf Kreta die Zeit nicht stehengeblieben. Besonders augenfällig ist die rasante Zunahme der Zimmerkapazitäten und die Ausbreitung des Mietautotourismus. Viele Dörfer haben ihr ursprüngliches Aussehen verändert, und dort, wo man vor wenigen Jahren nur auf Fußwegen hinkam, begegnen einem neuerdings die Fahrzeuge der Touristen. Leider hat sich damit vielfach die Einstellung der Menschen zu den Fremden geändert, auch die einfacheren Leute haben in den Tourismus investiert und wollen vom »großen Kuchen« ein Stück abschneiden, vergessen aber manchmal das Maß. Dessen ungeachtet gehört Kreta zu den landschaftlich schönsten und entdeckenswertesten Inseln des Mittelmeers, und wer einmal dort war, den zieht es immer wieder dorthin.

Die schönste Art, die Geheimnisse der Insel und ihrer Natur kennenzulernen, ist das **Wandern**. Doch auch bei den Wanderwegen treten immer wieder Veränderungen ein. Während in der Vergangenheit viele Wege durch ausländische Reiseveranstalter markiert wurden, die den Teilnehmern von Wanderurlauben das Begehen der Wege erleichtern wollten, nimmt man sich zunehmend von offizieller Seite und durch den griechischen Bergsteigerverein (EOS) des Ausbaus und der Markierung von Wegen an.

Besonders die Markierung des **Europäischen Fernwanderweges E4** quer durch Kreta wurde in letzter Zeit mit Vehemenz vorangetrieben. Wir haben uns deshalb entschlossen, den Verlauf des E4 in diese Neuauflage mit aufzunehmen. Die vorgestellten 50 Wanderungen sind mit vielen nützlichen Informationen versehen und geben den neuesten Stand wieder.

Die Autoren sind allen Lesern dankbar, die mit ihrer Zuschrift auf Änderungen der Beschreibung oder der nützlichen Informationen hingewiesen haben. Und wir bitten weiterhin um Briefe, damit wir das Buch auch in Zukunft auf dem neuesten Stand herausgeben können.

Das imposante Kloster Moní Préveli an der kretischen Südküste.

Die Wanderungen führen den Leser durch die unterschiedlichsten **Regionen der Insel:** von den flachen Küstenzonen aus geht es hinein in das Hügelland, zu versteckten Dörfern und hinauf in die großen und oft unzugänglichen Gebirgsregionen. Nahezu abgeschlossene Hochebenen werden durchquert, und tiefeingeschnittene Schluchten führen uns wieder hinab zu den Steilküsten, zu bezaubernden Buchten und einsamen Klöstern. Meist sind es die großartigen Gipfelrundblicke, die den Wanderer daran erinnern, daß er sich auf einer Insel befindet, wo der Horizont mit dem Meer zu einer fernen blauen Linie verschmilzt. Die Verbindung von Gebirge und Meer ist wohl das Reizvollste an Kreta, und so zieht es den Wanderer auch immer wieder hinab zum Meer, zu kleinen Fischerdörfern, zu Tavernen, Bars und Kafenía.

Es sind die vielen **Gegensätze**, die diese Insel so interessant machen. Die Einsamkeit der Landschaft, wo oft tagelang außer einem Schäfer kein Mensch unterwegs ist, und dann wieder das lebendige Treiben in den Städten und Dörfern. Überschwengliche Lebensfreude und zugleich leise Melancholie spiegeln sich wohl am deutlichsten in der griechischen Musik und im Tanz wider.

Wandern auf Kreta bedeutet auch ständige Berührung mit der **Geschichte** dieser Insel, mit unserer eigenen Geschichte: Kreta brachte vor mehr als 3000 Jahren die erste europäische Zivilisation hervor, eine Hochkultur mit stark matriarchalischen Zügen. Man nennt diesen Zeitabschnitt nach dem damals auf Kreta regierenden, sagenumwobenen König Minos die »minoische Kultur«.

Die Insel war seit Jahrhunderten mit einem dichten Netz von Wegen und Handelsstraßen durchzogen; nur mehr ein kleiner Teil davon wird heute noch benutzt. Wandern bedeutet dort auch: das Entdecken von oft uralten schönen **Weganlagen**, die mitunter das Gefühl der Zeitlosigkeit und der Rückkehr in längst vergangene Epochen hervorrufen. Verschiedene Wanderungen führen durch wegloses Gelände; Orientierungsvermögen, Trittsicherheit und manchmal auch ein wenig Kletterfähigkeit sind die Voraussetzungen, um landschaftlich großartige, aber fast unzugängliche Regionen zu erreichen. Entsprechende Ausrüstung ist dafür allerdings unerläßlich.

Wandern in Kreta ist nicht zuletzt auch die Möglichkeit, abseits von Touristenströmen und Autostraßen **Erholung, Ruhe und Entspannung** zu finden. Der Wanderer, der sich Zeit für eine Landschaft und deren Menschen nimmt, ist zu einem wichtigen Gegenpol des dominierenden Auto- und Badetourismus geworden. Sein Interesse und seine Achtung tragen mit dazu bei, die typischen und wertvollen Traditionen und Lebensbereiche des kretischen Landes und seiner Bevölkerung zu erhalten.

Die »Damen in Blau« und andere Wandmalereien im Palast von Knossós vermitteln dem Besucher ein anschauliches Bild der ersten europäischen Hochkultur.

Die Insel Kreta

Geographisches

Kreta ist mit 8288 Quadratkilometern die **größte aller griechischen Inseln**. Nach Sizilien, Sardinien, Zypern und Korsika ist sie die fünftgrößte Insel des Mittelmeeres. Sie liegt auf der geographischen Breite nordafrikanischer Städte und ist somit Europas südlichster Punkt, sieht man einmal von der kleinen vorgelagerten Insel Gávdos ab. Durch die Nähe dreier Kontinente wurde jahrtausendelang die Geschichte der Insel geprägt: 100 km sind es bis zum europäischen Festland (Peloponnes), 200 km bis Kleinasien und 300 km nach Nordafrika. Es ist also kein Wunder, daß schon die alten Kreter ihre Insel als den Mittelpunkt der Welt betrachteten und Aristoteles von der »Thalassokratía« (Seeherrschaft) der Kreter sprach. Auch in den Erzählungen Homers findet sie Erwähnung mit den »100 Städten, die es dort in alter Zeit gegeben haben soll«.

Die Insel besitzt eine Länge von 260 km und ist zwischen 12 und 56 km breit. Der größte Teil der Insel ist Gebirge oder Hügelland. Tiefe Schluchten ziehen zum Meer hinab. Der Anbau von Getreide und Gemüse konzentriert sich auf wenige über die Insel verteilte Ebenen.

Drei Gebirgszüge prägen die Gestalt der Insel: im Westen die **Lefká Óri** oder Weißen Berge (2452 m), in der Mitte das Massiv des **Ída** (Psiloritís, 2456 m) und gegen Osten das Massiv der **Díkti-Berge** (2148 m). Darüber hinaus gibt es noch kleinere Gebirgszüge, wie z.B. die Asteroússia-Berge im Süden. Im Gegensatz zur oft steilen und unzugänglichen Südküste weist der Norden eine Reihe flacher Küstenstreifen auf.

Eine besondere geologische Eigenheit innerhalb der Gebirge bilden die vielen abflußlosen und oft kreisrunden **Karstsenken**, die vollkommen eben sind. Die weitaus größte von ihnen ist die **Lassíthi-Ebene** mit einer Ausdehnung von 9 mal 5 km und einer Höhe von 815 m. Dazu gehören die **Omalós-Hochebene** (2,5 km im Durchmesser, 1050 m hoch), die **Nídha-Hochebene** (1,5 km im Durchmesser, 1355 m hoch) und die **Askífou-Ebene** (1 km im Durchmesser, 690 m hoch). Bis weit ins Frühjahr hinein liegt der Schnee, dessen Schmelzwasser durch unterirdische Systeme ins Meer abfließt. Ganzjährig wasserführende Flüsse gibt es kaum, auch besitzt Kreta nur einen kleinen Süßwassersee bei Kournas.

Obwohl sich im Winter oft wahre Sturzfluten vom Himmel ergießen und auf den Bergen meterhoch der Schnee liegt, fließt das meiste Wasser auf direktem oder indirektem Weg ins Meer. Gräbt man z.B. an einigen Stellen der Südküste direkt am Meer im Sand, so findet man mitunter Süßwasser. Trotzdem reichen die vorhandenen starken Quellen im wesentlichen aus, das Land und die Bevölkerung mit Wasser zu versorgen. Steigender Tourismus und Fortschritte im bewässerten Landbau zwingen aber zur Exploration neuer Wasserreservoire. Dabei stößt man zuweilen auf bisher unbekannte Höhlen. Mehr als 3000 große und kleine **Höhlen** sind bis heute erfaßt, einige gründlich, andere kaum oder gar nicht erforscht.

Im Vergleich dazu gibt es im gesamten übrigen Griechenland ebenso viele Höhlen wie auf Kreta. Die Beschaffenheit des Kalkgesteins und die karstige Wirkung des Wassers geben eine Erklärung für die enorme Zahl der Höhlen. Durch ihre unterirdischen Wasserläufe und Teiche bilden sie oft regelrechte Labyrinthe, in denen die Orientierung nicht leichtfällt. Doch sie entschädigen den Besucher durch vielfarbige Stalaktiten- und Stalagmitengebilde. Die Bedeutung der Höhlen reicht weit zurück: Zeus wurde nach der Legende in einer Höhle des Díkti geboren und wuchs in einer Höhle auf der Nídha-Ebene auf.

Pflanzen und Tiere

Klimaveränderungen und die Abholzung der Wälder führten im Lauf der Jahrtausende zu dem **Landschaftsbild**, das wir heute auf der

Im Frühjahr ist Kreta wegen seiner Blumenpracht am schönsten. Anemonen und Margeriten blühen zu Tausenden am Wegrand.

Insel vorfinden. Mit Sicherheit hat sich das Landschaftsbild dahingehend verändert, daß die in der Antike vorhandenen geschlossenen Waldgebiete niedriger Vegetation, wie Dornengestrüpp und Sträuchern, gewichen sind. Andererseits sind viele Pflanzen aus anderen Teilen der Erde seit dem Altertum hinzugekommen. Zu nennen wären die Zitrusfrüchte, Feigenkakteen, Agaven, Eukalyptus. Sie fügen sich mittlerweile so gut ins Landschaftsbild, als hätten sie schon immer dazugehört. Kreta zählt 1500 Arten von Pflanzen. Davon sind etwa 10 Prozent endemisch, d.h. sie kommen nur auf der Insel vor.

Die am häufigsten anzutreffenden Bäume sind Kiefern, Zypressen, Stein- und Kermeseichen, Platanen und Eukalyptus. Das Landschaftsbild wird allerdings in weiten Teilen von Nutzbäumen bestimmt, wie Oliven, Orangen und Zitronen, Feigen, Johannisbrot-, Mandel- und Walnußbäumen, um nur die wichtigsten zu nennen.

Die Grenze der **Vegetation** liegt ungefähr bei 1700 Metern. Bis dahin erstreckt sich im allgemeinen das Weideland, bestehend aus, verglichen mit alpenländischen Maßstäben, äußerst kärglicher Vegetation. Hier gedeihen auch eine Reihe hochwertiger Kräuter, Heil- und Arzneipflanzen, darunter Salbei, Thymian und Oregano. Besonders geschätzt ist der **Diktamos** (Diptam), aus dem der Bergtee bereitet wird. Auch Rosmarin und Lorbeer sowie viele Minzearten finden sich an entsprechenden Stellen. In feuchten und schattigen Bergregionen gibt es sogar Farne. Zu den uns bekannten Sträuchern zählen Oleander, Ginster, Myrte, Sommerflieder, Wacholder; in der Mehrzahl aber sind es mediterrane Hartlaubgewächse.

Wegen seines Pflanzenkleides ist Kreta während des Winters und im Frühjahr am schönsten. Dann blüht alles üppig. Wir finden wilde Narzissen, Alpenveilchen, Anemonen, Mohnblumen, Margeriten und kleine Orchideenarten.

Schließlich und endlich dürfen die Millionen Weinstöcke in der Beschreibung der kretischen Landschaft nicht fehlen, die insbesondere im kretischen Mittelland kilometerweit das Land bedecken.

Noch weit schlimmer als dem Baumbestand erging es der kretischen **Tierwelt**. Nachdem die großen Raubvögel fast alle ausgerottet wurden, geht es nun den kleineren Artgenossen an die Kehle. Als Leckerbissen nicht gerade groß, scheint es wohl das Jagdfieber zu sein, daß die Jäger mit so wenig vorliebnehmen. Wildziegen, Adler und Lämmergeier sind unter besonderen Schutz gestellt, so daß sich die Bestände der fast ausgerotteten Tiere in den letzten Jahren etwas erholen konnten. Dagegen bleiben dem Wanderer kleinere Tiere wie Kaninchen, Sumpfschildkröten, Wiesel, Igel, Schlangen und Echsen nicht verborgen. Auch ist der Ruf des Käuzchens in der Nacht nicht selten zu hören. An Insekten und Kleingetier – z. B. Skarabäus oder schöne Smaragdeidechsen – gibt es für den Mitteleuropäer einiges zu entdecken. Die Angst vor Schlangen ist unbegründet. Die Katzennatter ist zwar giftig, doch sitzt ihr Giftzahn so weit hinten, daß er nur für kleine Beutetiere gefährlich ist. Im allgemeinen flüchten Schlangen aber sofort bei Geräusch oder Erschütterung.

Klima und Wetter

Die Entwaldung Kretas führte sicher auch dazu, daß die Regenfälle fast ganz auf die Wintermonate beschränkt bleiben, während im Sommer weitestgehende Trockenheit herrscht. So kann man im allgemeinen nur von zwei Jahreszeiten sprechen, der trockenen heißen, dem Sommer, und der regnerisch kühlen, dem Winter. Die Übergangszeiten sind kurz und nicht überall gleich ausgeprägt. Scheint im Winter die Sonne, steigt das Thermometer über zwanzig Grad Celsius, regnet es, kann es bis auf fast null Grad fallen. Schnee bleibt gewöhnlich nur in den höheren Regionen liegen und taut an Südlagen schnell ab. In den »Weißen Bergen« dauert es dagegen bis Juli, bis der letzte Schnee geschmolzen ist.

Die kältesten Monate sind Januar und Februar, die heißesten zwischen Juni und Anfang Oktober. Während es im Sommer an der **Südküste** erbarmungslos heiß ist, weht an der **Nordküste** vom Meer her eine angenehme Brise. Insbesondere in den Übergangsmonaten bläst oft orkanartig der Schirokko aus Afrika, dann steigt das Thermometer schlagartig um zehn Grad und geht auch nachts kaum herunter. Auf die Menschen hat dieser Wind eine vergleichbare Wirkung wie der Föhn in Süddeutschland: Müdigkeit, Migräne und Reizbarkeit.

Zum **Wandern** in den niedrigeren Regionen sind der Winter und das Frühjahr ideal; sobald die Sonne nach einem Regenfall wieder zum Vorschein kommt, steigt die Temperatur auf über 20 Grad (in der Sonne). Für höhere Regionen oder wasserführende Schluchten kommt dagegen nur die schnee- und regenfreie Zeit in Frage.

Geschichte

Aus der geographischen Lage erklärt sich die besondere Geschichte der Insel, die im Altertum und Mittelalter an wichtigen Handelswegen lag, und deren Besitz daher für alle Mächte, die das östliche Mittelmeer beherrschten, von großer Bedeutung war. Der kretische Schriftsteller Níkos Kazantzákis schreibt: »Kreta war die erste Brücke zwischen Europa, Asien und Afrika; Kreta wurde zuerst in dem damals noch dunklen Europa erleuchtet.« (»Rechenschaft vor El Greco«)

Tatsächlich kann man Kreta als die **Urzelle der abendländischen** Kultur betrachten. Sie ging der klassischen griechischen Kultur zeitlich mehr als tausend Jahre voraus und hat diese entscheidend beeinflußt und mitgestaltet. Die Entführung der schönen Europa auf dem Rücken des Stieres bedeutete in mythologischer Verschlüsselung die Verschmelzung mit den östlichen Hochkulturen. Gestalten und Geschehnisse der griechischen Götterwelt haben ihren Ursprung auf Kreta oder sind in die griechische Mythologie mit einbezogen worden. So findet die Geburt des Göttervaters Zeus in einer Höhle auf Kreta statt. Rhea, die Gemahlin des Kronos, hatte sich dorthin geflüchtet, da Kronos sofort nach der Geburt seine Kinder zu verschlingen pflegte, seitdem ihm ein Orakelspruch die Entthronung durch einen seiner Söhne vorausgesagt hatte. Zeus wur-

Blick von Thrónos auf das Dorf Kalogérou am Rande des Amári-Beckens vor dem wolkenverhangenen Massiv des Psiloritis. Das Amári-Becken zwischen Psiloritis und Kédhros ist bis weit in den Sommer hinein grün.

de durch die List seiner Mutter gerettet. Er wuchs in Kreta auf, und als er sich seinem Vater ebenbürtig fühlte, befreite er seine Geschwister, indem er Kronos ein Brechmittel verabreichte. Gemeinsam besiegten sie ihren Vater und sperrten ihn in den Tartaros ein. Nachdem diese Tat vollbracht war, kehrte Zeus in der Gestalt eines Stieres nach Kreta zurück, auf dem Rücken die Königstochter Europa, die er aus Kleinasien entführt hatte. Europa gebar ihm drei Söhne: Sarpedon, Rhadamanthys und Minos. Minos, der jüngste, wurde der Ahnvater der minoischen Kultur.

Der Mythos erzählt von der vorgeschichtlichen Zeit. Was wir von der **minoischen Kultur** wissen oder zu wissen glauben, ist das Ergebnis von archäologischen Grabungen und deren wissenschaftlicher Interpretation.

Nach heutiger Kenntnis unterscheiden wir bei der kretischen Kultur folgende Abschnitte:

2600–2000 v.Chr., Vorpalastzeit: Einwanderung über See in die Ebenen Mittel- und Ostkretas. Beginn der Kupfer- und Bronzeverarbeitung.

2000–1700 v.Chr., ältere Palastzeit: Entwicklung von Herrschaftszentren. Bau der Paläste von Knossós, Mállia und Festós. Zeit der Seeherrschaft. Entwicklung der »Linear A«-Schrift. Zerstörung aller Gebäude durch ein schweres Erdbeben um 1700 v.Chr.

Der lebhafte Handel dieser Zeit mit den ägäischen Inseln, Ägypten, dem übrigen Afrika, Kleinasien und dem ganzen Mittelmeer hat zu der minoischen Seeherrschaft geführt und brachte ansehnlichen Reichtum mit sich. Kunst und Handwerk erfuhren einen wunderbaren Aufschwung. Die Herrschaft über das Meer war so unangefochten, daß die Paläste ohne Befestigungsanlagen gebaut wurden.

1700–1400 v.Chr., jüngere Palastzeit: Wiederaufbau der Paläste. Bau des Palastes von Káto Zákros. Blütezeit von Kunst und Handwerk. Entwicklung der als »Linear B« bezeichneten Schrift, die wahrscheinlich zur Niederschreibung von geschäftlichen und administrativen Angelegenheiten diente. Höhepunkt von Wirtschaft und Handel; Zerstörung aller Paläste und Gebäude wahrscheinlich durch Erd- und Seebeben im Zusammenhang mit dem Ausbruch des Vulkans auf der Insel Santorini ca. 1450 v.Chr. Eroberung und Aufstände sind aber nicht gänzlich ausgeschlossen, da in der Folge neue Herrscher im Ägäischen Meer erscheinen.

1400–1100 v.Chr., Nachpalastzeit: Aufgabe der Siedlungen und Rückzug in das Bergland Ostkretas. Verdrängung durch die vom Festland nachrückenden Einwanderer. Der typisch minoische Stil auf dem gesellschaftlichen, künstlerischen und religiösen Gebiet verschwindet. Grobe Formen beherrschen jetzt das Handwerk und die künstlerische Produktion. Die einheimische Bevölkerung wird versklavt. Reste der alten Bewohner, von den neuen Herren »Eteokreter« genannt, ziehen sich in die Abgeschiedenheit der Berge zurück, wo sie die minoische Sprache bis zur hellenistischen Zeit bewahrten.

1100–67 v.Chr., dorische Zeit: Anlagen in Lató, Karfí. Ersatz der Bronze durch Eisen. Handel und Kontakte mit Phönizien und Ägypten. Wirtschaftlicher Aufschwung, besonders in Westkreta.

Eigene Münzen werden geprägt und Gesetze erlassen. Kreta verliert seine eigene Kultur und wird Teil des dorischen Besiedlungsraumes. Konflikte, Raubzüge und Kriege führen zum Verfall.

69 v.Chr. – 395 n.Chr., römische Epoche: Kreta wurde römische Provinz, das neue Zentrum hieß Górtys in der Messará-Ebene. Unter der römischen Besetzung kehrten Stabilität und Frieden auf die Insel zurück. Da einige Selbstverwaltungsrechte gewährt wurden, folgte eine Zeit des wirtschaftlichen Aufblühens. Bereits im ersten Jahrhundert fand das Christentum Eingang. Erster Bischof von Górtys war Titus, ein Begleiter des Apostels Paulus, der im Jahr 59 in Kalí Liménes an der Südküste den Fuß auf kretischen Boden setzte. Nach dem Vorbild anderer römischer Provinzen wurden Straßen, Brücken und kilometerlange Aquädukte erstellt. Neue Niederlassungen wurden gegründet: Regierungsgebäude, Tempel, Theater, Villen und Bäder entstanden.

395–824 n.Chr., erste byzantinische Epoche: Mit der Spaltung des Römischen Rei-

Die fruchtbare Messará-Ebene gehört zu den ältesten Siedlungszentren der Minoer auf Kreta: Ausgrabungen bei Agía Triáda, der Sommerresidenz der Herrscher von Festós.

ches in West- und Ostreich geriet Kreta in die Einflußsphäre von Byzanz. Während dieser Zeit der Ausbreitung des Christentums wurden viele Kirchen errichtet. Kreta ist Teil des Byzantinischen Reiches und beansprucht für sich keine bedeutende politische Rolle.

824–961 n.Chr., arabische Besetzung: Im Jahre 710 betreten erstmals die Araber in Spanien europäischen Boden. Zuvor schon hatten sie die Insel Zypern besetzt, von der aus sie ihre Angriffe auf das Byzantinische Reich unternahmen. Ein Teil der während der Reconquista aus Spanien vertriebenen Araber unter Führung von Abu Hafs Omar landete mit 40 Schiffen auf Kreta, eroberte Górtys und verwüstete die ganze Insel. Die Araber setzen sich im heutigen Iráklion fest, das zum Zentrum der Seeräuberei und des Sklavenhandels im östlichen Mittelmeerraum wurde. Versuche von Byzanz, die Insel zurückzuerobern, schlugen fehl.

961–1204 n.Chr., zweite byzantinische Epoche: Dem byzantinischen General Nikeophóros Phokás gelang die Befreiung Kretas von den Arabern. Das durch die Schreckensherrschaft der Araber stark entvölkerte Land wurde mit zumeist aristokratischen Familien aus allen Teilen des Byzantinischen Reiches wieder kolonisiert. Diesen folgten Einwanderer aus Genua und Venedig.

1204–1669, venezianische Periode: Im Gefolge des vierten Kreuzzuges fiel Kreta an Bonifatius II., Markgraf von Montferrat, der es den Venezianern für 10000 Silbermark verkaufte. Kreter und Genuesen leisteten gegen die Besitznahme Widerstand. 1206 landeten die Venezianer mit 31 Schiffen auf Kreta und etablierten hier ihre Herrschaft, die 450 Jahre dauern sollte. Sie erbauten zahlreiche Kastelle und gaben der Insel eine neue Verwaltungsstruktur. Der Versuch, den Kretern ihren Lebensstil aufzuzwingen, scheiterte; zum Teil schlossen sich sogar venezianische Kolonisten der kretischen Widerstandsbewegung an, um mit dem unterdrückten Volk gegen ungerechte Steuern und Privilegien zu kämpfen. Die Zusammenarbeit von orthodoxen Priestern und Widerstandskämpfern nahm bereits damals ihren Anfang.

1669–1898, türkische Epoche: Mit dem Fall von Konstantinopel wurde Kreta zu einem Zufluchtsort vieler Gelehrter und Künstler sowie der Oberschicht des Festlandes. Trotz großer Anstrengungen der Venezianer, die ihre Befestigungen verstärkten, ließen die Türken nicht ab, die letzte Bastion im Westen zu nehmen. 1645 stellten sie eine Flotte zusammen und eroberten Haniá. Ein Jahr später folgte Réthimnon, und 1648 begann die Belagerung von Candia (Iráklion). Obwohl die Türken bei der Schlacht um Candia 118000 Mann verloren (Venezianer 31000), endete sie für diese siegreich. Eine administrative Neuaufteilung erfolgte, diesmal unter die Paschas. Dem Klerus und der kretischen Bevölkerung schien der Wechsel ganz willkommen, zumal die Zahl der Kolonisatoren anfangs nicht sehr groß war. Schon bald verschlechterten sich die Beziehungen. Die Türken kontrollierten Städte und das Tiefland, viele Bewohner flüchteten sich in die Berge.

Durch das schlecht organisierte Verwaltungswesen der Türken gingen Landwirtschaft und Handel zurück, Gebäude und Straßen verkamen zusehends. Viele, die sich nicht in die Berge zurückziehen wollten, konvertierten zum mohammedanischen Glauben, so daß Mitte des 18. Jahrhunderts neben 60000 Christen 200000 Moslems gezählt wurden. Aufstände und Vergeltungsaktionen bestimmten die Beziehungen zwischen Kretern und Türken immer wieder. 1821 erhob sich das griechische Festland gegen die türkischen Besatzer und konnte mit Hilfe europäischer Großmächte 1832 den neuen griechischen Staat proklamieren.

Obwohl sich die Kreter den Aufständen anschlossen, gingen sie bei den Händeln der Großmächte leer aus. Erst 1898 griffen die Alliierten ein, als einige englische Soldaten auf Kreta getötet worden waren. Die Türken mußten die Insel räumen, und Kreta erhielt seine Autonomie unter einem Hochkommissar, dem Prinzen Georg, einem Sohn des Königs von Griechenland.

1898–1913, autonome Verwaltung: Unter dem Diktat der Großmächte bekam die Insel eine Selbstverwaltung ohne große Handlungsfähigkeit, so daß der Gedanke eines Anschlusses an das Mutterland zunehmend zur Triebkraft dieser Jahre wurde. Unter Eleftérios Venizélos gewann dieser Gedanke Gestalt, so daß Kreta 1913 die Aufnahme in den griechischen Staatsverband erreichte.

1913–1944, die Weltkriege: Am Ersten Weltkrieg war Kreta nicht beteiligt. 1923 kam es aufgrund des mißglückten kleinasiatischen Feldzuges zu einem Bevölkerungsaustausch: 11000 Türken mußten die Insel verlassen, und 13000 Griechen aus Kleinasien wurden angesiedelt. Langsam erholte sich die Insel wieder. 1941 brach der Zweite Weltkrieg in Griechenland ein. Die vom Festland vertriebenen britischen Streitkräfte setzten sich hier ab, um Kreta als Seestützpunkt für die Briten zu halten. Dann erfolgte die Landung der Deutschen, und die britischen Corps mußten nach erbitterten Kämpfen an der Südküste nach Alexandria eingeschifft werden. Drei Jahre währte die deutsche Besatzung. Sie kostete vielen Widerstandskämpfern das Leben. Ganze Dörfer wurden als Vergeltungsmaßnahme liquidiert.

1945 bis heute: Nach dem Krieg begannen die Kreter wieder den landwirtschaftlichen Anbau zu intensivieren, Handel und Verkehr nahmen zu. Trotzdem sahen sich viele Familien gezwungen, eines ihrer Mitglieder wegzuschicken oder ganz ins Ausland zu gehen, um zu arbeiten. Viele Dörfer wurden verlassen, zumal die Industrie auf dem Festland Arbeitskräfte anzog. Mit der Aufnahme Griechenlands 1981 in die EG gewinnt der Export von Südfrüchten und Gemüse eine zunehmende Bedeutung. Durch EG-Fördermittel für den Ausbau von Infrastruktur, Landwirtschaft, Bildung und Tourismus kommt es zu einem neuen Aufschwung auf der Insel.

Wirtschaft, Handel und Verkehr

Die Wirtschaftsstruktur Kretas basiert in erster Linie auf der **Landwirtschaft**. Als zweite Säule erweist sich zunehmend der **Tourismus**, der als Motor für das gesamte Dienstleistungsgewerbe und als Devisenbringer für das Land fungiert. Der kretische Fremdenverkehr hat sich zwischen 1980 und 1990 verdoppelt und zählt heute mehr als zwei Millionen Touristen. Obwohl die landwirtschaftlich nutzbare Fläche auf Kreta eng begrenzt ist, konnte durch Einführung von Gewächshauskulturen eine enorme Produktionssteigerung erreicht werden, die sich besonders auf den Export auswirkt. Von großer Bedeutung ist nach wie vor der Anbau von Oliven (Ölgewinnung) sowie der Export von Wein, Rosinen und Zitrusfrüchten. Erfolgreich zeigte sich der Einsatz von neuen Bewässerungsmethoden (Tröpfchenbewässerung).

Ein Großteil des Landes ist bergig und dient als Weideland für Schafe und Ziegen, die Käse, Fleisch und Wolle liefern. Die auf Kreta ansässigen Betriebe sind ihrer Struktur nach ziemlich klein und oftmals auf die Mithilfe der Familienmitglieder angewiesen. Eine größere Betriebsstruktur weist das verarbeitende Gewerbe auf. Nennenswerte Großbetriebe und Industrien gibt es keine.

60 Prozent der Leistung von Landwirtschaft, Industrie und Handel werden im **Kreis Iráklion** erbracht, in dem 46 Prozent der Inselbevölkerung wohnen. Iráklion ist mehr und mehr dabei, für Kreta die Funktion zu übernehmen, die Athen für das griechische Festland hat. Wegen guter Häfen und einer durchgehenden Küstenstraße konzentrieren sich Wirtschaft und Verkehr entlang der nördlichen Küste, während die Südküste eine äußerst dünne Besiedlung und eine schlechte Verkehrsstruktur aufweist. Somit verwundert es nicht, daß 75 Prozent der Bevölkerung im nördlichen Teil der Insel wohnen.

Verwaltung und Bevölkerung

Kreta ist einer der 11 Regierungsbezirke Griechenlands und verwaltungsmäßig in vier Kreise geteilt: **Haniá, Réthimnon, Iráklion und Lassíthi** (Hauptstadt Ágios Nikólaos). Die Insel ist in 20 Bezirke unterteilt. Die 1450 Dörfer und Siedlungen gehören zu 578 politischen Gemeinden. Kreta untersteht einer sogenannten »General-Verwaltung«. Der »General Gouverneur« wird vom Ministerrat in Athen auf unbestimmte Zeit ernannt und gehört als Beamter dem Innenministerium an.

Die Einwohnerzahl der Insel wird zur Zeit mit ca. 500000 Menschen angegeben. Davon lebt im Kreis Iráklion fast die Hälfte, im Kreis Haniá ein Viertel und in den Kreisen Réthimnon und Lassíthi zusammen ein weiteres Viertel.

Reisezeit und Ausrüstung

Wer nach Kreta hauptsächlich der Wanderungen wegen kommt, der sollte eine **Jahreszeit** wählen, die nicht so heiß ist. Man kann natürlich gut verstehen, daß die Kombination von Wandern und Baden am angenehmsten wäre, doch während der Monate Juni bis September, in denen ideales Badewetter herrscht und keine Wolke den Himmel trübt, ist es oft erschreckend heiß. Es sei denn, man begibt sich in höhere Regionen oder durchquert bestimmte Schluchten, die nur im Sommer zu passieren sind. Die Monate April/Mai und September/Oktober eignen sich am ehesten für die Kombination **Wandern und Baden**. Für Naturliebhaber sind der Winter und das Frühjahr am schönsten. Da die Monate Dezember bis März sowohl Sonnenschein wie Regenschauer bringen können, sind sie dem unerschrockenen Liebhaber von Landschaft und Natur vorbehalten. Im März und April ist die Hauptblütezeit.

Die **Ausrüstung** sollte nicht allzu schwer sein. Deponieren Sie nach Möglichkeit einen Teil Ihres Reisegepäcks im Hotel oder Auto und nehmen Sie, je nach Tour, nur das Notwendigste mit. Da die meisten Wege sehr steinig sind, empfiehlt sich ein geschlossener, nicht allzu schwerer Wanderschuh. Im Rucksack sollten Sie Kleidung gegen Regen und Wind, je nach Jahreszeit Pullover oder T-Shirt, Hose oder Shorts, Sonnenbrille, Sonnencreme und eine kleine Apotheke verstauen. Je heißer die Jahreszeit bzw. je höher Sie auf die Berge steigen, desto mehr sollten Sie zu trinken mitnehmen. Falls unterwegs keine Verpflegungsmöglichkeiten bestehen, sollten Sie entsprechende Rationen mit einpacken.

Anreise nach Kreta

Die meisten Touristen kommen mit dem **Flugzeug** nach Kreta und haben eine Pauschalreise gebucht. Für den Wanderer ist es

Mittagsruhe vor einem Kafeníon in Tsermiádo auf der Lassíthi-Ebene.

günstiger, nur den Charterflug zu buchen und nach Zimmer und Verpflegung selbst Ausschau zu halten. Charterflüge gibt es allerdings nur von April bis Ende Oktober. Ansonsten muß man in Athen das Flugzeug wechseln. Bereits bei der Buchung sollte man sich für West- oder Ostkreta entscheiden. Für Wanderungen im Westen ist der Flughafen von Haniá der günstigere Ausgangspunkt, sonst der Flughafen Iráklion.

Die billigste (aber langwierigste) Anreisemöglichkeit ist mit **Bus** oder **Bahn** und **Fähre** über Italien bis Athen/Piräus und von dort mit der Fähre nach Kreta. Zwei Fähren gehen täglich um 19.00 Uhr sowohl nach Haniá wie nach Iráklion und kommen dort morgens um 7.00 Uhr an. Eine dritte Fährverbindung gibt es nach Réthimnon.

Die **Anreise mit dem Auto** geschieht am besten über Italien. Von Italien gibt es **Fährverbindungen** von Triest, Ancona, Ortona, Brindisi, Bari und Otranto nach Pátras. Das gegenwärtig modernste Schiff ist die *Venizelos*. Am schnellsten von Triest nach Pátras fährt die *Kydon 2*, die für die Strecke nur 34 Stunden braucht (beide Reederei Anek). Das schnellste Schiff von Ancona nach Pátras ist die *Erotokritos* (Minoan Lines), die, ohne in Korfu oder Igoumenítsa anzulegen, direkt in 24 Stunden nach Pátras fährt. Einige Reedereien bieten die Möglichkeit, auf Deck im eigenen Wohnmobil oder Wohnwagen zu übernachten. Ab Bari kann man dies auf den Schiffen *Athens Express*, *Vega* und *Saturns* (alle Ventouris Ferries). Ab Triest besteht diese Möglichkeit auf der *Kydon 2*. Von Pátras dann weiter auf der Nationalstraße nach Athen/Piräus. Es gibt auch zweimal wöchentlich eine Fährverbindung von Gíthion auf dem südlichen Peloponnes nach Kastélli auf Kreta.

Reisen auf Kreta

Die Mehrzahl der Touristen auf Kreta bevorzugt den **Bus** (KTEΛ = kretisches Busverkehrsunternehmen). In den größeren Städten gibt es jeweils einen Busbahnhof, in Iráklion sogar drei. Auf einigen Hauptstrecken der Nordküste verkehren nahezu stündlich Busse, wohingegen zu entfernteren, kleinen Ortschaften nur einmal täglich ein Bus verkehrt, der meistens unmittelbar nach der Ankunft wieder den Rückweg einschlägt. Man erkundigt sich also am besten bereits vor der Hinfahrt, ob und wann ein Weiterkommen möglich ist. Die Busverkehrsunternehmen sind nach den vier Kreisen auf Kreta orientiert, d.h. bei kleineren Orten an den Kreisgrenzen enden die jeweiligen Linien. Eine Busverbindung zum »Grenzort« des benachbarten Kreises gibt es oft nicht. Die Einheimischen kennen diese Tücken des Verkehrssystems und nehmen den Wandernden in abgelegenen Regionen oft mit.

Für Wanderungen, bei denen man an den Ausgangspunkt zurückkommt, lohnt sich ein **privates Verkehrsmittel** wie Auto, Roller, Moped. Letztere können in allen größeren Orten relativ kostengünstig gemietet werden und bedeuten Unabhängigkeit vom Busfahrplan und Zeitersparnis. Bei längeren Touren, die nicht an den Ausgangspunkt zurückführen, kann das eigene Vehikel dagegen zur Last werden. **Leihautos** erfreuen sich zunehmender Beliebtheit, doch lohnen sich Preisvergleiche. Fragen Sie nach dem Gesamtpreis inkl. Versicherung und Steuer. Nebensaisonpreise und Wochenpauschalen sind meist erheblich billiger. Manchmal lohnen sich Fly-and-Drive-Angebote der hiesigen Reisevermittler.

Taxis sollte man nicht grundsätzlich meiden, sofern man zu einem vernünftigen Preis (z.B. durch Fahrtkostenteilung) günstig zu einem Ausgangspunkt der Wanderung gelangt bzw. am Ende der Wanderung zurück zur Unterkunft.

An der Südküste Westkretas ist mangels Straßenverbindung das **Schiff** die einzige Verkehrsmöglichkeit, die bei starkem Wellengang jedoch entfällt.

Unterkunft

Neben den komfortablen **Hotels** in den Tourismusgebieten stehen dem Reisenden viele einfache Hotels und Pensionen der dritten und vierten Kategorie zur Verfügung. Für viele kleinere Ortschaften, insbesondere an der Küste, ist die Vermietung von **Zimmern** zur Haupteinnahmequelle während des Sommers geworden. Während der Hauptsaison zu Ostern und im Hochsommer kann es hier zuweilen zu Engpässen kommen, doch steigt alljährlich die Zahl der neu zu vermietenden Zimmer, so daß sich die Lage zumindest nicht verschlechtert.

In den »Nützlichen Informationen« zu jeder Tour wird auf die Übernachtungsmöglichkeiten verwiesen.

Die Zahl der **Campingplätze** auf Kreta steigt. Obwohl das freie Zelten in Griechenland nicht erlaubt ist, geben wir ihm den Vorzug, da man als Wanderer nicht an einen Ort gebunden ist. Und es wird auch niemand etwas dagegen haben, wenn man draußen in der Natur sein Zelt aufschlägt und nach ein oder zwei Tagen weiterzieht. Zelten am Strand größerer Ortschaften wird dagegen immer häufiger durch Polizeikontrollen unterbunden. Lassen Sie das Zelt und Ihre Sachen nie alleine zurück! Machen Sie kein Feuer und lassen Sie unter keinen Umständen Abfälle liegen.

Sprache und Verständigung

Die griechische Sprache ist die älteste Europas; sie läßt sich fast 3000 Jahre zurückverfolgen. Das heutige Neugriechisch hat aber mit dem antiken Altgriechisch nicht mehr soviel gemeinsam. Durchgesetzt hat sich die sogenannte »Volkssprache«.

Der Reisende, der der griechischen Sprache nicht mächtig ist, sollte sich trotzdem bemühen, der Bevölkerung näher zu kommen. Mit ein paar erlernten Ausdrücken und der entsprechenden Gestik und Freundlichkeit wird dies sicher gelingen.

Verkehrs- und Ortsschilder sind glücklicherweise in griechischer wie in lateinischer Schreibweise, z.T. auch in Englisch, angebracht. Mit Englisch kann man sich im allgemeinen dort, wo viele Touristen sind, gut verständigen.

Ein erster Schritt zum Verstehen der Sprache ist das Einprägen des griechischen Alphabets und der Kauf eines Wörterbuches bzw. eines Sprachführers. Zur Erleichterung der Aussprache dienen die Betonungszeichen. Einige für den Wanderer wichtige Ausdrücke und Begriffe haben wir im Anhang des Buches zusammengestellt.

Der Kreis Haniá

Grundinformation und Sehenswürdigkeiten

Die Stadt **Haniá** ist mit ca. 60000 Einwohnern das wirtschaftliche Zentrum Westkretas sowie Regierungssitz des gleichnamigen Verwaltungsbezirks. Über den Hafen Soúdha unterhält es eine regelmäßige Fährverbindung nach Piräus, und vom Flughafen auf der Insel Akrotíri starten täglich drei Maschinen nach Athen. Neuerdings werden während der Hauptsaison auch Charterflüge aus dem Ausland hier abgefertigt.

Seinen besonderen Reiz erhält Haniá durch den **venezianisch-türkischen Stadtkern** um den alten Hafen und die verwinkelten Gassen mit den ehemaligen Bürgerhäusern.

Unter den Venezianern hieß die Stadt *»La Canea«*. Im 16. Jahrhundert begannen diese mit dem Bau des auf einem Hügel über dem Hafen gelegenen Viertels »Kastelli« und umschlossen es mit einer Mauer. Hafenanlagen, Magazine und Werfthallen geben ein Bild von der venezianischen Vergangenheit. Aber auch viele Fassaden, Portale, Balkone rufen italienische Erinnerungen wach. Michele Sanmicheli, derselbe Baumeister, der die gewaltigen Befestigungsanlagen in Iráklion schuf, befestigte La Canea mit Bastionen und einer drei Kilometer langen Umfassungsmauer. Den Angriffen der Türken konnte auch diese kretische Stadt nicht widerstehen, sie fiel 1645 nach zweimonatiger Belagerung.

Zu einem Rundgang startet man am besten bei der **Markthalle** im Zentrum der Stadt. Der kreuzförmige, glasgedeckte Bau wurde nach dem Vorbild des Marktes von Marseille erbaut.

Wer die Markthalle an den Fischständen vorbei verläßt, auf der großen Treppe hinabsteigt, kann am unteren Ende ein Gíros essen, jene knusprigen, in einen Teigfladen gefüllte Fleischschnitzelchen, die von einem senkrecht rotierenden Grill geschnipselt werden. Geht man dann am Ende der Treppe die Straße nach rechts und gleich darauf die nächste nach links, so kommt man unvermittelt in die sogenannte *»Lederstraße«*. Hier lassen sich relativ billig Taschen aller Größen, Stiefel oder Sandalen aus Naturleder erwerben. Nach Maß kann man sich in zwei bis drei Tagen seine individuellen Stiefel fertigen lassen. Die Werkstatt ist gleich im Laden. Wer nicht von Kauflust gepackt wird, wird zumindest den Geruch des Leders, der über der ganzen Gasse liegt, mitnehmen, bevor er in die *Hálidon-Straße* einbiegt, die direkt hinab zum venezianischen Hafen führt. Linker Hand liegt das **Archäologische Museum**, das in der ehemaligen venezianischen Kirche San Francesco untergebracht ist. Im Museum belegen neue Ausgrabungsfunde, daß die Stadt auf dem Gelände einer minoischen Siedlung gebaut wurde. Andere Ausstellungsobjekte stammen aus verschiedenen Fundorten Westkretas, z. B. minoische Keramik aus Kastélli, griechische Münzen aus Polirrhinía, Áptera, Lýttos, römische Statuen aus Lissós und Hyrtakína. Im Garten des Museums befinden sich ein zwölfeckiger türkischer Brunnen sowie Plat-

Spätminoischer Truhensarkophag im Archäologischen Museum in Haniá.

ten mit arabischen Inschriften und Fragmenten venezianischer Steinhauerkunst.

Am *Sandrívani-Platz* vor dem Hafen liegt die ehemalige weiße türkische **Moschee**. Um das alte Hafenbecken gruppieren sich Restaurants, Tavernen und Cafés, von denen man gemütlich auf die venezianische Mole und den türkischen Leuchtturm blickt. Wer die enge Wendeltreppe hinaufsteigt, wird mit einer schönen Aussicht auf die alten Stadtviertel und den Hafen belohnt. Geht man von der Moschee weiter an der Hafenmole entlang, gelangt man zu den alten venezianischen Lagerhallen. Hinter den Hafenanlagen gruppieren sich die fünf venezianischen und türkischen Altstadtviertel: Kastélli, Hiónes, Splánzia, Evraikí, Topanás.

Splánzia war das bevorzugte türkische Wohnviertel. Hier steht die von den Venezianern erbaute Kirche **San Nicoláo**, später die »kaiserliche Moschee« des Sultans Ibrahim, mit einem Turm, der eine seltsame Mischung aus Campanile und Minarett darstellt.

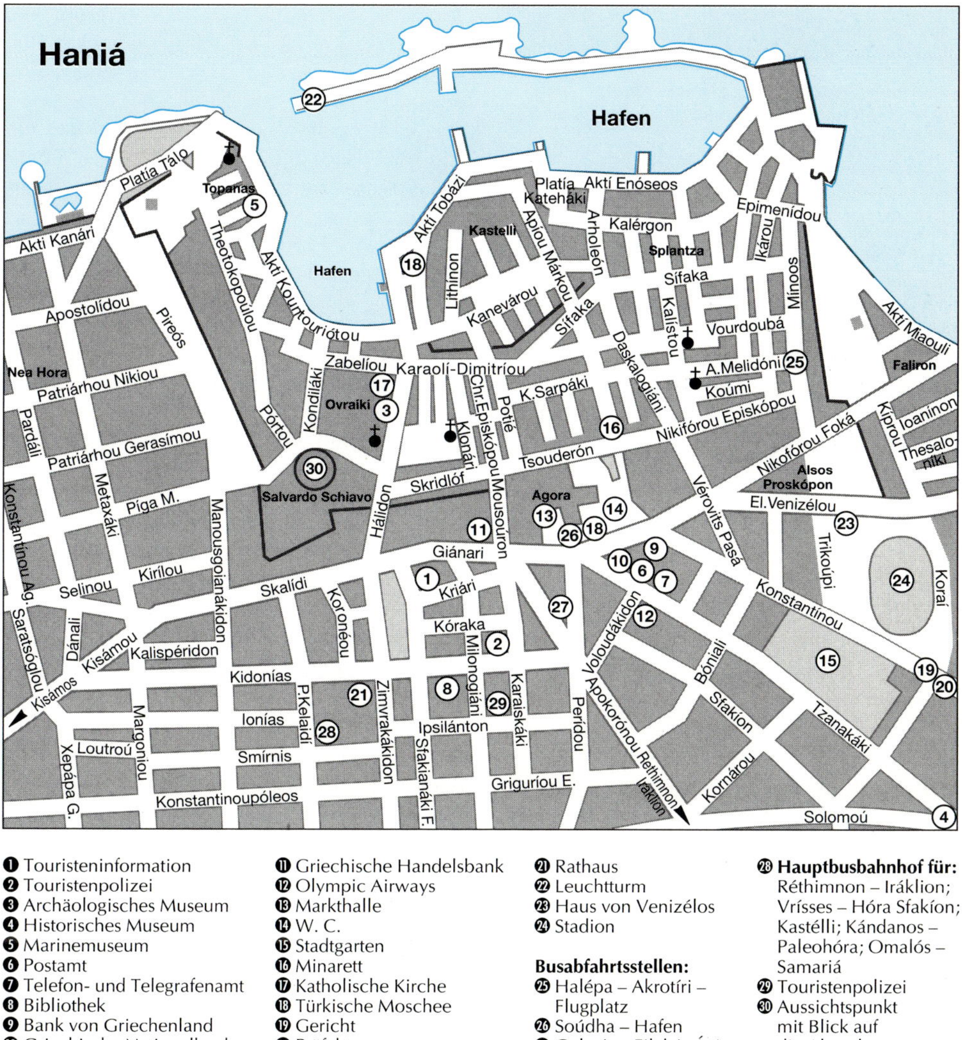

1 Touristeninformation
2 Touristenpolizei
3 Archäologisches Museum
4 Historisches Museum
5 Marinemuseum
6 Postamt
7 Telefon- und Telegrafenamt
8 Bibliothek
9 Bank von Griechenland
10 Griechische Nationalbank
11 Griechische Handelsbank
12 Olympic Airways
13 Markthalle
14 W. C.
15 Stadtgarten
16 Minarett
17 Katholische Kirche
18 Türkische Moschee
19 Gericht
20 Präfektur
21 Rathaus
22 Leuchtturm
23 Haus von Venizélos
24 Stadion

Busabfahrtsstellen:
25 Halépa – Akrotíri – Flugplatz
26 Soúdha – Hafen
27 Galatás – Filakés Ágias
28 **Hauptbusbahnhof für:** Réthimnon – Iráklion; Vrísses – Hóra Sfakíon; Kastélli; Kándanos – Paleohóra; Omalós – Samariá
29 Touristenpolizei
30 Aussichtspunkt mit Blick auf die Altstadt

Die venezianischen Magazine in Haniá waren bedeutende Umschlagplätze im Handel mit dem Orient.

Der Kreis Haniá

Der Kreis Haniá ist größtenteils bergig und hat nur einige flache Küstenstreifen im Bereich der Nordküste, die günstig zu bewässern und für die landwirtschaftliche Produktion geeignet sind. Hunderttausende von Olivenbäumen bedecken das Land. Sie sind oft die Haupterwerbsquelle der Kleinbauern, die mit einigen Weinbergen und Gemüsegärten sowie ein paar Haustieren ein nahezu autarkes Leben führen. Daneben spielt die Schaf- und Ziegenzucht eine große Bedeutung, insbesondere in den unkultivierten trockenen, höheren Regionen. Auch der Anbau von Zitrusfrüchten hat in den letzten Jahrzehnten stark zugenommen, insbesondere in den wasserreichen Tallagen. Bekannt dafür ist die Region um Skinés, wo jedes Jahr ein großes Orangenfest gefeiert wird. Drei markante Halbinseln ragen an der westlichen Nordküste weit ins Meer hinaus; nur eine davon, die Halbinsel Akrotíri, ist besiedelt. Die West- und Südküste ist kaum bewohnt, letztere ist an vielen Stellen sogar unzugänglich und nur vom Schiff aus zu erreichen.

Einen großen Teil des Kreises Haniá nimmt das Massiv der »**Weißen Berge**« ein, dessen höchster Gipfel Páhnes (2452 m) nur wenig unter dem des Psiloritis (2456 m) liegt. Allein vierzig Gipfel sind höher als 2000 Meter. Tiefe und teilweise unzugängliche Schluchten führen hinab zur Südküste.

Verläßt man Haniá in Richtung Flughafen nach Osten, so weisen die Schilder nach sechs Kilometern zu den **Venizélos-Gräbern.** Auf einem Plateau über der Stadt liegt die Familie des berühmtesten kretischen Politikers begraben. Von hier aus bietet sich der wohl interessanteste Blick auf die Stadt Haniá und die Weißen Berge. Auf der trockenen Halbinsel **Akrotíri** gelangen wir über Kounoupidhianá und Kampáni zum Kloster **Agía Triáda**. Bis ins vergangene Jahrhundert war es eines der bedeutendsten Klöster Kretas. Es wurde 1632 von dem Venezianer Zangarola gegründet, der zum orthodoxen Glauben übertrat. Die Bauweise des Klosters verrät den venezianischen Einfluß. Heute beherbergt das Kloster ein Priesterseminar.

Nicht weit von Agía Triáda entfernt führt die Straße in einer engen Schlucht bis auf 440 Meter hinauf zum **Kloster Gouvernéto**. Es wurde 1548 erbaut, die zierliche Architektur geht ebenfalls auf venezianischen Einfluß zurück. Vom Kloster führt ein Weg hinab zur **Bärenhöhle**, so bezeichnet wegen eines Stalagmiten in der Mitte der Höhle, der einem sitzenden Bären ähnlich ist. Steigt man den Weg weiter abwärts, kommt man zur verlassenen Anlage des **Klosters Katholikó**, das teilweise in den grauen Fels gebaut wurde. Über die Schlucht spannt sich eine zur Klosteranlage gehörende 15 Meter breite und 50 Meter lange Steinbrücke, in deren Fundamenten Zisternen und Keller eingelassen sind.

Zurück nach Haniá gehen wir über die Straße nach **Soúdha**, wobei es uns nicht entgeht, daß der größte Teil der Halbinsel Akrotíri mit militärischen Stützpunkten übersät ist und zum Sperrgebiet erklärt wurde. So ist es denn auch nicht erlaubt, den Blick auf die herrliche Soúdha-Bucht fotografisch festzuhalten. Es ist die größte und am besten geschützte natürliche Bucht der Insel und dient heute als Kriegshafen. Auf der größten der drei die Einfahrt in die Bucht beherrschenden Inseln steht eine venezianische Festung, die zusammen mit den Festungen auf Gramvoússa und Spinalonga der türkischen Belagerung bis 1715 standhielt.

In der Mündung der Bucht liegt der englische **Soldatenfriedhof** für die alliierten Opfer der deutschen Invasion auf Kreta im Zweiten Weltkrieg. Das deutsche Luftlandeunternehmen fand in der Hauptsache westlich von Haniá bei Galatás statt. Die deutschen Soldatengräber liegen in Máleme, 16 Kilometer hinter Haniá.

Oberhalb der Soúdha-Bucht, gegenüber der Halbinsel Akrotíri, gibt es eine der wenigen Ausgrabungsstätten auf Westkreta, die antike Stadt Áptera. Von hier hat man eine schöne Aussicht auf die Bucht und die Halbinsel. Die Straße von Soúdha nach Haniá ist eine mit mächtigen Eukalyptusbäumen bestandene Allee. Auf der rechten Seite liegt das Gelände des landwirtschaftlichen Forschungsinstituts, dessen Arbeit darin besteht, neue Kulturpflanzen für den Anbau auf Kreta zu prüfen. So werden seit längerem Versuche mit Kaffee, Papayas und neuen Bananensorten durchgeführt. Erfolgreich in der Praxis hat sich bereits der Anbau von Avokados und Kiwis erwiesen. Innovativ hat das Institut auch bei der Einführung neuer Bewässerungsmethoden in der Landwirtschaft gewirkt, zum Beispiel der Tröpfchenbewässerung.

Verläßt man Haniá in Richtung Westen, führt die Straße einige Kilometer an der Tourismuszone um **Agía Marína** entlang. Anschließend sind Blumengärtnereien und Baumschulen und der schon erwähnte Soldatenfriedhof bei Máleme. Nach 23 Kilometern sind wir in Kolimbári, am Fuß der Halbinsel Rodopoú, in dessen Nähe das **Kloster Goniá** liegt. Es beherbergt eine große Sammlung von Ikonen. Nach dem Krieg wurde es von Bischof Irenäus geleitet, Metropolit von Kíssamos und Sélinos, der auf Kreta als großer Sozialreformer gilt und mit dessen Hilfe die erste ökumenische Akademie Griechenlands in Kolimbári gegründet wurde. Damit entstand hier ein geistig-religiöses Zentrum mit vielen tausend in- und ausländischen Besuchern und Seminarteilnehmern. Das am Ende der weit ins Meer hinausragenden, öden, von Schluchten durchzogenen Halbinsel liegende **Kap Spátha** ist nur zu Fuß oder mit dem Boot zu erreichen. An der nordöstlichen Spitze befindet sich das Diktynaíon, ein der Göttin Díktynna geweihtes Heiligtum.

Das in eine Felsenschlucht gebaute Kloster Katholikó auf der Halbinsel Akrotíri.

Weiter im Innern der Halbinsel liegt die einsame Kirche **Ágios Ioánnis Giónis**, zu der einmal im Jahr am Vorabend des 28. August eine Prozession orthodoxer Christen hinführt, um den Namenstag des Heiligen zu begehen. Der mühsame Weg soll den Gläubigen zum Segen gereichen.

Die Stadt **Kastélli** am Golf von Kíssamos ist die westlichste Stadt Kretas. Sie besitzt außerhalb einen kleinen Hafen, von dem zweimal wöchentlich Fährschiffe nach Gíthion auf dem Peloponnes abgehen. Es ist dies die kürzeste Fährverbindung zum Festland. Gleich hinter Kastélli reckt sich eine weitere Halbinsel ins Meer hinaus mit den beiden Inseln »wildes Gramvoússa« und »zahmes Gramvoússa« davor. Auf einer der beiden befindet sich ein venezianisches Kastell, das dem Ansturm der Türken am längsten standhielt. Bei dem am nordwestlichen

In abgelegenen Dörfern wird der Besucher oft nach allen Regeln der griechischen Gastfreundschaft eingeladen und bewirtet.

Ende gelegenen Bálos, das ebenfalls nur mit dem Boot oder zu Fuß erreichbar ist, erstreckt sich eine der schönsten Buchten Kretas, mit türkisblauem Wasser und Korallensand. Die Inseln und die Bucht dienten jahrzehntelang arabischen Seeräubern als Unterschlupf.

In den Bergen südlich von Kastélli fand man Reste der dorischen Bergstadt **Polirrhinía**. Wenn auch nicht mehr viel zu sehen ist, so lohnt sich allein wegen der landschaftlichen Schönheit und der würdevollen Lage dieser antiken Städte ein Ausflug dorthin. Polirrhinía stand in engem Kontakt mit einer weiteren dorischen Niederlassung, dem an der nördlichen Westküste gelegenen Falássarna. In beiden Siedlungen wurde die Göttin Díktynna-Artemis verehrt, deren Kopf auch die hier gefundenen Münzen zieren. Fundamente von Häusern und Mauerreste lassen nur wenig von der damaligen Bedeutung der Stadt und des Hafens erahnen. Auf dem flachen, dünenbesetzten Küstenstreifen von Falássarna sind in den letzten Jahren zahlreiche Gewächshäuser errichtet worden, und Gurken, Tomaten, Paprika werden von hier an die Großmärkte geliefert.

Im weiteren Verlauf der Westküste nach Süden gibt es nur wenige Dörfer, und die Schotterstraße endet schließlich an der südwestlichen Ecke Kretas bei den *Elafoníssos-Inseln*. Unweit davon befindet sich das schön gelegene Kloster **Moni Hrissoskalítissas.** Wer hier weiter will an die Südküste, kommt nur zu Fuß über Kap Kriós, an den Gewächshäusern von Gialós vorbei, nach Paleohóra. Von der Nordküste aus gibt es drei Straßen, auf denen man in umständlicher Fahrt über etliche Pässe zu den an der Südküste gelegenen Orten Paleohóra, Soúia und Hóra Sfakíon kommt. Untereinander sind diese Orte nur mit dem Boot zu erreichen.

Paleohóra ist ein lebendiger Ort mit einfachen Unterkunftsmöglichkeiten und schönen tamariskenbesetzten Sandstränden. Wer die Einsamkeit sucht, kann von hier aus ein Schiff zur Insel *Gávdos* nehmen.

Ein bei Rucksacktouristen beliebter Ort ist **Soúia**, nicht weit vom antiken Asklepios-

Heiligtum in Lissós entfernt. Etwas landeinwärts in Moní befindet sich eine der schönsten mit Fresken von Pagoménos ausgemalten Kirchen. Von Soúia kann man mit dem Schiff weiterfahren bis Agía Roúmeli am Ausgang der **Samariá-Schlucht**.

Die Einwohner leben fast ausschließlich vom Geschäft mit den Tausenden von Touristen, die in den Sommermonaten die Schlucht passieren. Im Winter ist der Ort oft tagelang von der Außenwelt abgeschlossen, wenn Wind und starker Seegang den Verkehr mit den Booten unmöglich machen. Dann liegt auch am Zugang der Schlucht, der 1050 Meter hoch gelegenen Omalós-Hochebene, meterhoch der Schnee, und der reißende Samariá-Bach macht den Durchgang unmöglich. Nach dem Frühjahrsputz der Wege ist die Schlucht von Mai bis Ende Oktober geöffnet. Der Abstieg dauert fünf bis sechs Stunden in einer der eindrucksvollsten griechischen Landschaften. Mit 18 Kilometer Länge ist die Samariá-Schlucht die größte natürliche Schlucht Europas. 1962 wurde das ganze Terrain zum Nationalpark erklärt.

Ein schöner Küstenweg verläuft von Agía Roúmeli nach Loutró und der ihm vorgelagerten Bucht mit dem antiken Phoenix. Dabei kommt man an dem Kirchlein des heiligen Paulus vorbei, der nach der Legende auf seiner Fahrt von Cäsarea nach Rom hier Neubekehrte getauft haben soll. **Loutró** ist ein malerisches Fischerdorf, das jedoch nicht unberührt blieb von den zwischen der Samariá-Schlucht und Hóra Sfakíon verkehrenden Touristenströmen. Der weitaus größte Teil wird zwar direkt nach **Hóra Sfakíon** verschifft, wo schon Dutzende Autobusse der verschiedenen Reisebüros für den Abtransport bereitstehen. Hóra Sfakíon ist ein lohnender Aufenthaltsort für Wanderungen in der Umgebung. Ein paar Kilometer weiter, vor der Kulisse des venezianischen Kastells von **Frangokástello** liegen schöne Sandbuchten mit einfachen Tavernen und Übernachtungsmöglichkeiten.

Von Hóra Sfakíon windet sich die Straße in steilen Kehren am Rande der Ímbros-Schlucht aufwärts bis zur **Askífou-Ebene**. Die Weißen Berge umschließen sie im Westen. Die vierzig über zweitausend Meter hohen Gipfel dieser Mondlandschaft ähneln einander: Kegel mit Kratern dazwischen, vegetationslos, Schotterberge. Nur wenige nehmen es auf sich, hier heraufzusteigen. Zwei Tage benötigt man für eine Durchquerung dieses Labyrinths.

Von der Askífou-Ebene geht die Straße im Norden genauso steil und kurvig wieder hinab zur kretischen Nordküste. Weiter unten zweigt eine Straße nach Alíkambos ab, wo sich eine der berühmtesten, mit Fresken von Pagoménos ausgemalten Kirchen befindet. Noch wenige Kilometer sind es von hier bis **Vrísses**, wo wir auf die Hauptstraße Réthimnon-Haniá treffen. Vrísses ist ein einladender Ort unter schattigen Platanen, bekannt für seinen Joghurt aus Schafsmilch mit Honig. Unweit davon, an der Mündung des von Vrísses kommenden Baches Almirós liegt der Ort **Georgiópolis**. Seinen Namen verdankt er dem britischen Hochkommissar, der in den ehemaligen Malariasümpfen eine Eukalyptusallee zur Entwässerung pflanzen ließ. Der Ort liegt zudem an einem der längsten Sandstrände der Nordküste. Nur wenige Stunden entfernt, in Kournás, befindet sich der einzige Süßwassersee Kretas.

Sonnenuntergang am Leuchtturm von Haniá.

1 Vom Kloster Gouvernéto zum Kloster Katholikó (Akrotíri)

Tourencharakter: Unschwierige Schluchtwanderung.
Beste Jahreszeit: Während des ganzen Jahres möglich.
Reine Gehzeit: 2 Std. für Hin- und Rückweg.
Markierung: Vorhanden.
Höhenunterschied: Aufstieg 200 m, Abstieg 400 m (einfache Strecke).

Obwohl ein Großteil der Halbinsel Akrotíri Militärstützpunkt ist, birgt sie doch einige interessante Sehenswürdigkeiten. Wenn man Haniá nach Osten auf der Straße zum Flughafen verläßt, erreicht man nach 6 Kilometern auf dem Kamm eines Hügelzuges die **Grabstätten der Familie Venizélos**. Der Besuch lohnt sich, da man von hier den wohl schönsten und umfassendsten Blick auf die Stadt Haniá hat.

Eleftheríos Venizélos, kretischer Politiker, vollzog 1908 den Anschluß des unter der Verwaltung der Großmächte stehenden Kretas an Griechenland. Er wurde 1910 griechischer Ministerpräsident und trug durch gemäßigte Reformen zum Aufbau des modernen griechischen Staatswesens bei. Er wird noch heute von den Kretern wie ein Nationalheld verehrt.

Über Kounoupidhianá und Kampáni führt die Straße weiter bis zum **Kloster Agía Triáda** (16 km ab Haniá). Es wurde unter venezianischem Einfluß gebaut und verdankt die Gründung dem im 17. Jahrhundert zum orthodoxen Glauben übergetretenen Venezianer Jeremias Zangaróla. Bis 1990 beherbergte es eine kirchliche Schule für die theologische Ausbildung. Nur gegen eine Eintrittsgebühr von 250 Drachmen kann die gesamte Klosteranlage besichtigt werden. Da die Klosteranlage von 14 bis 17 Uhr geschlossen ist, sollte man sie auf dem Hinweg ansehen.

Ein kleines Museum steht dem Besucher offen; dort wird jedem Gast ein Gläschen Rakí angeboten. Sehenswert ist der Kirchenraum mit dem Altar. Rechts vor dem Kirchenportal ist ein interessanter Zitrusbaum, der vier Fruchtsorten aufweist: Bitterorange, Orange, Mandarine und Zitrone.

Der Wegverlauf

Von Agía Triáda führt eine Straße hinauf zum **Kloster Gouvernéto**. Wer zu Fuß gehen möchte, braucht für die Strecke eine Stunde. Das Kloster liegt 440 Meter hoch in den Bergen und wurde 1548 erbaut. Wie Agía Triáda entstand auch Gouvernéto unter venezianischem Einfluß.

Seinen Ruhm verdankt es hauptsächlich dem Eremiten Johannes, der in der Schlucht unterhalb des heutigen Klosters in einer Höhle lebte und sich nur von Kräutern und Wurzeln ernährte. Vom Leben des Heiligen und von seinem Tod erzählt eine im Vorraum der Kirche aufgestellte Ikone. Der nur mit einem härenen Gewand bekleidete Einsiedler wurde eines Tages beim Sammeln von Kräutern von einem umherstreifenden Jäger erschossen, der ihn für ein wildes Tier gehalten hatte.

Unser Weg zur Höhle des Eremiten beginnt gleich oberhalb des Klosters. Von dort führt ein vielbegangener Weg hinab, auf dem man nach 20 Minuten zu einigen Ruinen und rechts, direkt am Weg, zu einer Höhle gelangt. Diese trägt den Namen **»Arkoudhiótissa«**, Bärenhöhle, da ein mächtiger Stalagmit im Innern einem Bären ähnelt. Die Kapelle im Innern stammt aus dem 16. Jahrhundert.

Der breite, aus den Felsen gehauene Weg führt weiter nach unten, und nach 20 Minuten kommt man zu einer **zweiten Höhle**, eben jener, in welcher der heilige Johannes gelebt hat. Die Höhle führt 135 Meter weit in den Berg hinein und weist einige Stalagmiten und Stalaktiten auf. Jedes Jahr am 7. Oktober, dem Namenstag des Heiligen, strömen Scharen von Pilgern in die Schlucht. Viele kommen schon am Vor-

Das Kloster Agía Triáda im venezianischen Baustil ist einer der Hauptanziehungspunkte in der Nähe von Haniá.

Der Weg vom Kloster Gouvernéto hinab zur Bärenhöhle und zum Katholikó.

abend und verbringen nach der abendlichen Messe die Nacht und den kommenden Morgen an diesem Ort.

Wenige Meter tiefer kommen wir zu der Anlage des schon lange nicht mehr bewohnten **Klosters Katholikó**. Es wurde nach dem Einfall arabischer Piraten im 16. Jahrhundert verlassen, die Mönche übersiedelten ins weiter oben gelegene Gouvernéto. Besonders eindrucksvoll ist der mächtige *Brückenbogen*, in dessen Pfeilern Keller und Zisternen verborgen sind. Er ist 50 Meter lang, 15 Meter breit und überspannt 30 Meter hoch die Schlucht. Gleich nach der Überquerung der Brücke führt der Weg wenige Meter steil rechts hinab auf den Schluchtgrund, von wo aus eine eindrucksvolle Wanderung unter hohen Felsen in 20 Minuten zum Meer führt. An der Felsenküste sind noch die Abstufungen eines alten Steinbruches und eines überdachten Bootshauses aus Stein zu erkennen.

Denselben Weg geht es in einer Stunde wieder zurück zum Kloster Gouvernéto. Wer auf der Rückfahrt noch etwas Zeit hat und sich für Filmgeschichte interessiert, kann über Horafákia nach *Stavrós* abzweigen. An dem etwa 250 Meter hohen Hang wurde seinerzeit die für den Transport von Baumstämmen vorgesehene Seilbahn aufgebaut, die im Film »Aléxis Sorbás« so dramatisch zusammenbricht. Oberhalb von Stavrós liegt eine gut sichtbare Höhle. Von ihr aus hat man einen schönen Blick über den Ort und die Bucht. Auf- und Abstieg eine halbe Stunde.

Nützliche Informationen

Ausgangspunkt: *Kloster Gouvernéto* (Halbinsel Akrotíri bei Haniá). Wanderung führt zum Ausgangspunkt zurück.
Gehzeiten: Insgesamt 2 Std.; Gouvernéto – Bärenhöhle: 20 Min.; Bärenhöhle – Katholikó: 20 Min.; Katholikó – Küste: 20 Min.
Verkehrsverbindungen: Busverbindungen: Zum Kloster Agía Triáda werktags 7.30 Uhr; 12.00 Uhr (sonntags 7.30 Uhr), sonst Bus nach Hordáki und bei der Abzweigung zum Kloster Agía Triáda aussteigen; günstigste Möglichkeit zum Ausgangspunkt ist ein privates Fahrzeug. Haniá – Réthimnon –

Iráklion: alle 30 Min. bis 1 Std. Flugverbindungen von Haniá nach Athen. Schiffsverbindung vom Hafen Soúdha täglich nach Piräus (19.30 Uhr).
Taxi, Leihwagen und Zweiräder: Haniá und Flughafen.
Auskunft: Touristeninformation, Odós Kriari 40, Tel. (08 21) 264 26 und 426 24, Mo–Fr 8.15–15.00 Uhr.
Übernachtungstips: Luxushotels: *Amphora,* Parados Theodokopoulou 20, Tel. 429 98 und 431 32; *Casa Delfino,* Odos Theofanous 9, Tel. 426 13, 12 Appartements. Mittelklasse: *Porto Veneziano,* Akti Enoseos, Tel. 293 11; *Xenia,* Odos Theotokopoulo, Tel. 245 61. Einfache Hotels: *Meltemi,* Angelou 2, Tel. 401 92; *Loukia,* Akti Koundourioti, Tel. 218 21; *Stella's,* Angelou 10, Tel. 437 56. Günstige Privatzimmer: Pension *Diana* (100 m nördlich vom Busbahnhof), 33 Parth-Kelaidi-Str., Tel. (08 21) 978 88. *Angelou 10,* bei Maria, Tel. 510 52. *Jugendherberge:* Drakanianou Str. 33, Tel. (08 21) 535 65. *Campingplätze:* Haniá, Tel. 510 90. Agía Marina, Tel. 685 55, 685 65.
Restauranttips: *Karnagio,* Platia Katechaki 8, Tel. 533 66; *Alana,* Odos Zambeliou 19, Tel. 514 23; *Yannis,* Odos Thaskalogianni.
Einkaufsmöglichkeiten: Odos Skridlof (Lederstraße): typische kretische Lederartikel, Odos Karaoli Dimitrou: typische kretische Jagdmesser, Odos Angelou: Kunsthandwerk, Stickereien, Keramik, Schmuck.
Sehens- und Wissenswertes: • *Archäologisches Museum,* Odos Halidon 25.
• *Historisches Museum,* Odos Sfakianaki 20.
• *Nautisches Museum,* Akti Koundourioti.
• *Volkskundemuseum,* Odos Chalidon 46b. • Venezianische und türkische Altstadtteile, alter Hafen, Markthalle.
Außerhalb: • Ausgrabungen in Áptera.
• Deutscher Soldatenfriedhof in *Máleme.*
Sonstiges: Deutsches Konsulat (siehe Anhang).

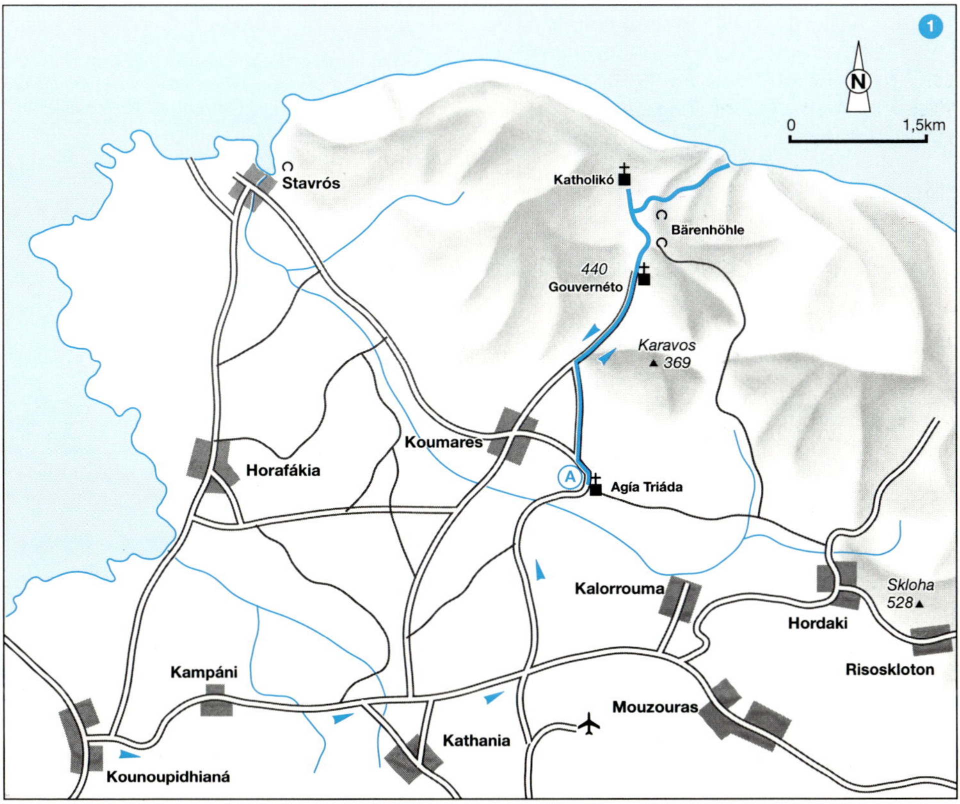

2 Die Díktamos-Schlucht

Von Katohóri nach Stílos

Tourencharakter: Einfache Schluchtwanderung mit leichtem Gefälle.
Beste Jahreszeit: Frühjahr bis Herbst, ausgenommen nach sehr intensiven Regenfällen. Sehr schattige Wanderung.
Reine Gehzeit: 3½ Std.
Markierung: Blaue Pfeile.
Höhenunterschied: 250 m.

Diese Schluchtwanderung führt uns in eine sehr grüne Region, in den hügeligen Bereich der nördlichen Ausläufer der Weißen Berge. Der einzige Bus, der täglich von Haniá aus zum Ausgangspunkt fährt, verläßt die Stadt um 6.00 Uhr morgens.

Der Wegverlauf

Der Bus hält, von Maláxa kommend, unmittelbar vor einer Brücke. Geradeaus, dem Schild »Haniá 21 km« folgend, bis zu einer scharfen Linkskurve, wo links ein betonierter Fahrweg an der kleinen Kapelle vorbei in das Dorf **Katohóri** führt. Am Dorfplatz unter hohen Platanen liegt ein Kafeníon. Der Blick Richtung Norden aus dem Dorf hinaus zeigt uns bereits das beginnende **Tal**, das sich später als Díktamos-Schlucht fortsetzt.

Im flachen Talgrund folgen wir dem Weg durch Orangenhaine, an dem kleinen Bach entlang, in das tiefer werdende Tal hinein. Im Frühjahr und nach längeren Regenfällen ist dies eine nasse Angelegenheit. Markierungen *(blaue Pfeile)* weisen deutlich den Weg, der Bach wird manchmal überquert, tiefere Wasserstellen werden umgangen. Beeindruckend sind die großen Platanen, ausgewaschene Felsgebilde und große Wurzelstöcke in der Schlucht. Nach gut einer Stunde weitet sich der enge Talgrund, ehe die Wände wieder näher zusammenrücken. Das Wandern im Bachbett ist zu keinem Zeitpunkt schwierig, nur wenige Felsen müssen umgangen werden.

Unvergleichliche Landschaftsimpressionen machen die Wanderung durch die Díktamos-Schlucht zu einem Erlebnis.

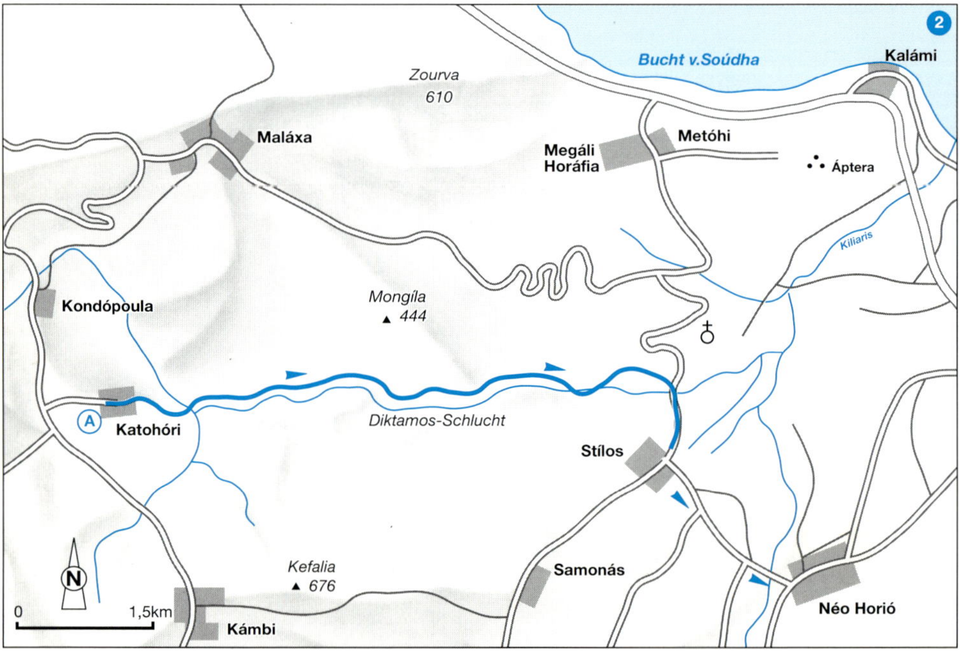

Nach 2½ Stunden weitet sich die Schlucht, flaches Gelände liegt vor uns, und die blauen Markierungen führen rechts hinauf auf einen parallel verlaufenden *Feldweg.* Nach wenigen Minuten an einer Weggabelung links das Bachbett queren auf den Hügel zu, an den Häusern vorbei, rechts auf einen Betonweg, der nach 10 Minuten auf die Straße *Richtung Stílos* führt.

Man kann auch immer im Bachbett bleiben und vor einer Brücke aus dem etwas tiefer eingeschnittenen Bachbett nach rechts auf die Straße Richtung Stílos aufsteigen.

Der Teerstraße nach rechts folgen, und nach 10 Minuten erreichen wir **Stílos**. Dieses Dorf ist bekannt für sehr gutes Trinkwasser, ein kleiner Betrieb stellt verschiedene Getränke her und füllt Trinkwasser in Flaschen ab. Am späten Nachmittag fährt hier ein Bus nach Haniá ab. In gut 20 Minuten Gehzeit, der Straße folgend, erreicht man das nächste Dorf, *Neo Horió,* wo eine häufigere Busverbindung nach Haniá besteht.

Nützliche Informationen

Ausgangspunkt: *Katohóri.* Wanderung führt nicht zum Ausgangspunkt zurück. Wegen der Busverbindung ist die umgekehrte Wanderrichtung nicht zu empfehlen.
Gehzeiten: Insgesamt 3 bis 3½ Std.; Bushaltestelle – Dorfplatz: 20 Min.; Dorfplatz – Schluchtende: 2 Std.; Schluchtende – Straße – Stílos: 40 Min.
Verkehrsverbindungen: Bus Haniá – Kámbi: 6.00 Uhr; Stílos – Haniá: wochentags 11.15, 13.10, 17.30 Uhr, an Wochenenden 11.15, 16.20, 18.30 Uhr. Die Busfahrten sind nicht im Busfahrplan enthalten, deshalb nochmals nachfragen.
Übernachtungsmöglichkeiten: Siehe Haniá (Tour 1).
Tavernentips: In Stílos und Neo Horió.
Sehens- und Wissenswertes: • Auf der Anfahrtsstrecke oberhalb von Kalámi in aussichtsreicher Lage, hoch über der Bucht von Soúdha, die antike Stadt *Áptera* aus dem 5. vorchristlichen Jahrhundert. • 2 km vor Stílos eine alte byzantinische Kirche sowie Ausgrabungen von Resten einer minoischen Stadtanlage.

3 Rund um die Halbinsel Rodopoú

Tourencharakter: Unschwierige Wanderung. Gutes Schuhwerk ratsam. Der Rückweg ist der schönste Küstenweg auf einer der drei Halbinseln im Westen Kretas.
Beste Jahreszeit: Oktober bis Mai. Im Sommer sehr heiß.
Reine Gehzeit: 4¾ Std.
Markierung: Auf dem Rückweg orange Markierung (schwach).
Höhenunterschied: 580 m.

Die Halbinsel Rodopoú ist die östlichere der beiden den Golf von Kíssamos einrahmenden Halbinseln im äußersten Nordwesten Kretas. Sie streckt sich ca. 18 Kilometer ins Meer und hat eine Breite von 6 Kilometern. Die längs verlaufende Mittelrippe gewinnt immerhin eine Höhe bis zu 748 Meter. Ansonsten ist sie eher öde und karg.

Von Haniá kommend liegt gleich hinter Kolimbári an aussichtsreicher Stelle das **Kloster Goniá**. Gegründet wurde es zwischen 1618 und 1634 von einem Mönch aus Zypern, dem hl. Blasius, der hier als Einsiedler gelebt hatte. Das Kloster entwickelte sich rasch und wurde zu einem der reichsten auf Kreta. 1645 wurde es eines der ersten Opfer der türkischen Attacken gegen die venezianische Herrschaft auf der Insel. 1662 wurde es wieder aufgebaut, nachdem der Abt Isaias bei der Pforte in Konstantinopel die Bewilligung dafür erhalten hatte.

In der Zeit der Aufstände gegen die Türken wurde das Kloster zwischen 1823 und 1867 mehrmals zerstört, wobei auch die wertvolle Bibliothek verbrannte. Heute gehört zum Kloster die »Ökumenische Akademie Griechenlands«, in der öfters auch internationale Seminare veranstaltet werden. Untrennbar ist es mit dem Namen von Bischof Irenäus, dem Metropoliten von Kissamós verbunden, der die Akademie 1965 ins Leben rief. Der heute über Achtzigjährige hat auch den Bau einer Straßenverbindung zum Kirchlein Ágios Ioánnis Giónis veranlaßt, wo sich jedes Jahr vor und nach dem 29. August Tausende Gläubige versam-

Einer der schönsten Küstenwege Kretas führt auf der Ostseite des Golfs von Kíssamos von Ágios Ioánnis Giónis zurück zum Dorf Rodopós.

meln. Ungeachtet seines Alters zelebriert Bischof Irenäus die Messe, die mit Lautsprechern verstärkt wird, und nimmt die Taufe von Neugeborenen und größeren Kindern vor. Außerhalb der drei bis vier Tage dauernden Feierlichkeiten im August ist der Fleck eine Oase idyllischer Ruhe. Die beiden kleinen Kirchen bleiben für den Wanderer allerdings geschlossen.

Der Wegverlauf

Unser Weg beginnt auf dem **Dorfplatz von Rodopós**, um den sich drei einfache Kafenía gruppieren. Eine Ecke des Platzes ziert eine *Büste*. An dieser vorbei folgen wir der Straße aus dem Ort heraus an einer großen, kitschigen, hellblau-weiß gestrichenen *Kirche* vorbei bis zum Ortsende. Wir tauchen ein in die karstige Landschaft. Nach 1,1 Kilometern, bei einer *Linkskurve* (Abkürzungsweg), endet der asphaltierte Fahrweg, und eine *Schotterpiste* zieht langsam aufwärts. Noch nach 3,6 Kilometern begegnen uns vereinzelte Weinberge. Nach einer Dreiviertelstunde führt die Straße zwischen zwei *Betonpfeilern* hindurch (rechter umgekippt) geradeaus weiter. Immer leicht ansteigend dem Hauptweg geradeaus folgen. Der Anstieg wird entschädigt durch den Blick aufs Meer. Nach 6,3 Kilometern ein *Wegweiser* bei einer **Zisterne** mit zwei Deckeln: *Pros*

Ágios Ioánnis. Es ist der Fahrweg zur Kapelle.

Wir gehen jedoch den Weg links an der *Zisterne vorbei* (breiter Schotterweg) und überschreiten 10 Minuten später einen Paß (links ein Häuschen). Bei einem hellblauen **Wegschrein** auf einer Mauer haben wir einen schönen Tiefblick zu der viereckig umzäunten Kirchenanlage und zu den Gramvoússa-Inseln. Lustig ist auch der kleine Modellkirchen-Schrein am Wegrand. Wir können den Golf von Kastélli überblicken und die weißen Häuser der Stadt in der Ferne erkennen. Nach gut 2 Stunden kommen wir an diesem grünen Kleinod inmitten der kargen Landschaft an.

Wir wundern uns über die vielen Toilettenhäuschen ringsum, mit deren Wellblechwänden der Wind sein Spiel treibt. Ein freundlicher älterer Hirte erzählt, daß zu dem alljährlichen Fest viele tausend Menschen kommen. Es gibt Grill- und Getränkestände, abends spielen Musiker auf. Auf dem runden Gemäuer vor den beiden alten Kirchen (Ágios Ioánnis und Ágios Nikólaos) ist der Taufstein, wo Patriarch Irenäus die Taufen vornimmt. Über Lautsprecher ertönen Liturgie und Messe. Im schattigen Hain daneben stehen lange Reihen Steintische, so als würde die wunderbare Brot- und Weinvermehrung neu zelebriert, und Irenäus weiht denn auch Brot, Wein und Öl der Gläubigen.

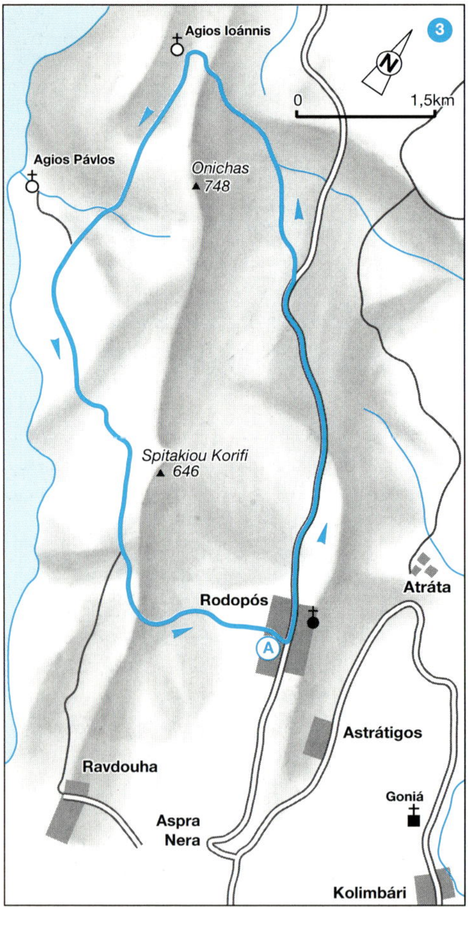

Wir verlassen **Ágios Ioánnis** am Tor zur Kirche auf einem südwärts verlaufenden Weg (ab hier schwache Markierung orange) und auf einem Pfad geradeaus weiter zu einem **Schafpferch**. Dann immer geradeaus weiter, bis nach 15 Minuten Kastélli und das Meer zu sehen sind.

Der Pfad quert eine zum Meer hinabziehende **Schlucht** oberhalb. Unten sehen wir die **Kapelle Ágios Pávlos**. Der Weg verläuft zuerst leicht abfallend und dann in gleichem Maße wieder hochziehend an der westlichen Seite der Halbinsel nach Süden und schließlich die Halbinsel einwärts, bis sich eine Schotterstraße anschließt. Bei einer Gabelung umgehen wir links einen Weinberg. Jetzt immer geradeaus, bis wir die Häuser von **Rodopós** sehen können. Jetzt rechts auf den Pfad achten, der von der Straße wegführt (rechts an einem *Sportplatz* vorbei). Er mündet in eine betonierte Schleife des Fahrwegs, auf dem wir bald das Dorf erreichen.

Nützliche Informationen

i

Ausgangspunkt: *Rodopós.* Mit dem Auto zu erreichen, indem man von Kolimbári auf der Old Road Kastélli nach 2,2 km abzweigt. Von dort ca. 5 km bis Rodopós.
Gehzeiten: Insgesamt 4¾ Std.; Rodopós – Abzweigung/Zisternen: 1 Std. 20 Min.; Abzweigung – Ágios Ioánnis Giónis: 45 Min.; Ágios Ioánnis Giónis – Paßhöhe: 1 Std. 50 Min.; Paßhöhe – Rodopós: 50 Min.
Verkehrsverbindungen: Bus von Haniá nach Rodopós (7.30, 13.30 Uhr) oder Buslinie Haniá – Kastélli bis Kolimbári (Abfahrtszei-

Türkisblaues Wasser und feiner Korallensand in der Piratenbucht.

ten siehe Tour 4) und von dort mit Taxi. Rückfahrt: Falls kein Bus, vom Kafeníon in Rodopós Taxi aus Kastélli anfordern oder Mitfahrgelegenheit.
Taxi, Leihautos und Zweiräder: Kolimbári.
Übernachtungsmöglichkeiten: Kolimbári: *Dimitra* (letztes Haus), Tel. (08 24) 2 22 44; *Lefka; Rose-Marie.*
Tavernentip: Kolimbári: *Lefka.*
Einkaufsmöglichkeiten: Am besten in Kolimbári.
Sehens- und Wissenswertes: • *Kloster Goniá, Diktynaion.*

4 Zur Piratenbucht Gramvoússa

Tourencharakter: Unschwierige Wanderung mit mäßigen Steigungen. Wanderung führt zum Ausgangspunkt zurück.

Beste Jahreszeit: Oktober bis Mai. Während des ganzen Jahres möglich. Im Sommer sehr heiß.
Reine Gehzeit: 5 bis 6 Std. (Hin- und Rückweg).
Markierung: Vorhanden.
Höhenunterschied: Aufstieg 150 m, Abstieg 150 m (einfache Strecke).

Ausgangspunkt ist **Kastélli**, die Hauptstadt des Bezirkes Kíssamos und Handelsmetropole im Nordwesten Kretas. Von hier gibt es eine Schiffsverbindung nach Gíthion auf dem Peloponnes, die kürzeste übrigens zum Festland. Von Haniá besteht eine regelmäßige Busverbindung nach Kastélli. Kastélli selbst ist Ausgangspunkt für den Busverkehr im Nordwesten. Tourismus in so großem Umfang gibt es hier nicht, doch bestehen gute Übernachtungsmöglichkeiten. Ausflüge lohnen sich landeinwärts, z.B. nach Polirrhinía, der ersten dorischen Niederlassung auf Kreta aus dem 8. Jahrhundert v. Chr., oder zum antiken Hafen von Falássarna.

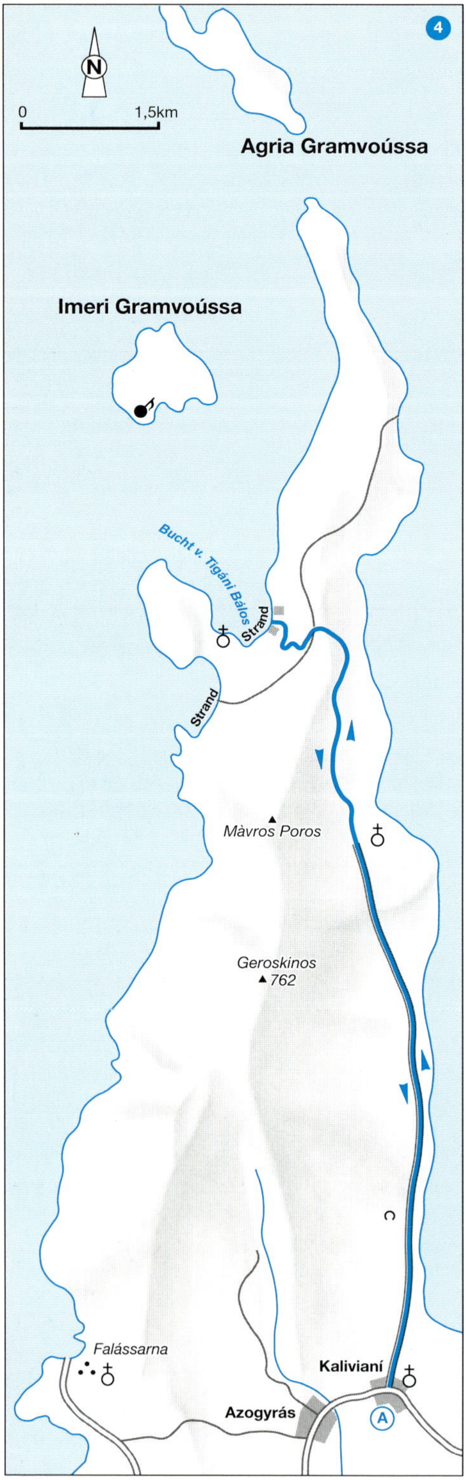

Wir beschließen, zu einem der ältesten Piratenschlupfwinkel des Mittelmeeres aufzubrechen, allerdings von der Landseite her.

Der Wegverlauf

Für diese Wanderung mietet man sich am besten in **Kastélli** für einen Tag ein Fahrzeug, oder man nimmt ein Taxi bis **Kalivianí**. Von dort beginnt unsere Wanderung, vorbei an einem gestrandeten Frachtschiff.

Der Fahrweg, auf dem wir gehen, wird gegenwärtig auf der Trasse des alten Wanderweges vorangetrieben. Vorbei an einer **Höhle** beginnt die Straße anzusteigen. Zurückblickend über das Meer läßt sich Kastélli in der Ferne gut erkennen.

Ein tief zum Meer abfallender Landeinschnitt wird von oben umgangen. Schattige Johannisbrotbäume laden zu einer kurzen Rast ein, doch ist es lohnender, noch ein wenig zu gehen bis zu einer gefaßten *Quelle* inmitten von Oleanderbüschen. Ein Stück nach der am Wegrand stehenden **Kapelle** endet die im Bau befindliche Straße und verläuft etwas unterhalb als Fußweg weiter. Der Anschluß an den Fußweg ist leicht zu erreichen. Ziegenherden ernähren sich von der kargen Vegetation, weiter unten sind Schäfer erkennbar. Dann führt der Weg nach links, die Halbinsel durchquerend.

Bevor man wieder abwärts steigt, lohnt sich das Verlassen des Weges um einige Meter, um einen phantastischen Blick in die Piratenbucht zu werfen. Der eigentliche Name der Bucht ist *»Tigáni Bálos«*, was soviel wie Bratpfanne heißt, aber nichts mit den Gepflogenheiten der Piraten zu tun hat, sondern mit der seichten Lagune. Hier oben zweigt ein nicht sehr guter, auch nicht markierter Weg ab, der weiter nach Norden verläuft.

Gegenüber liegen die Inseln **Agria Gramvoússa** (= wilde) sowie **Imeri Gramvoússa** (= zahme, sanfte). Auf dieser steht ein venezianisches Kastell, das erst 1692 vor den Türken kapitulierte. Die Festung thront weit oben auf den Felsen und ist relativ gut erhalten. Auf dem Meeresgrund liegen noch zahlreiche antike Gegenstände, die aber aus Geldmangel von der Regierung nicht

Erst kurz vor dem Abstieg zur Bucht von Tigáni Bálos mit ihrem korallenroten Sand zeigt sich der mächtige Mávros Póros dem Wanderer.

gehoben werden können. Ähnlich sieht es auch an anderen Stellen der kretischen Küste aus.

Der Weg hinab in die Bucht ist flankiert von einem massigen Berg auf der linken Seite, dem **Mávros Póros**. Nach einer halben Stunde sind wir unten an der Lagune mit ihrem türkisklaren Wasser und dem feinen Korallenstrand. Ohne Zweifel ist es eine der schönsten Buchten Kretas. Zwei Hütten stehen am Strand, im Sommer werden hin und wieder Getränke und Essen verkauft. Leider ist der Strand sehr von angetriebenen Ölresten verschmutzt.

Nützliche Informationen

Ausgangspunkt: *Kalivianí,* ca. 7 km nach Kastélli, Wanderung kehrt zum Ausgangspunkt zurück.
Gehzeiten: Insgesamt 5 bis 6 Std.; Kalivianí – Ende der Straße: 1 ¾ Std.; Fußweg bis in die Bucht von Tigáni Bálos: 1 ¼ Std.
Verkehrsverbindungen: Busverbindungen Haniá – Kastélli: 6.00, 7.15, 8.30, 10.00, 11.00, 12.00, 13.00, 14.30, 15.30, 16.30, 17.30, 18.30, 20.00 Uhr; Kastélli – Haniá: 5.00, 6.00, 7.00, 7.30, 8.00, 8.30, 9.30, 10.30, 11.30, 12.30, 14.00, 15.30, 16.15, 17.30, 19.00 Uhr. Kastélli – Ágios Geórgios: ein- bis zweimal täglich, von dort 2 km bis Kalivianí; günstigste Möglichkeit, zum Ausgangspunkt zu kommen, ist ein privates Fahrzeug.
Schiffsverbindung von Kastélli nach Kíthira und Peloponnes zweimal wöchentlich.
Taxi: Kastélli (Tel. [08 22] 2 23 20, 2 31 11).
Leihwagen und Zweiräder: Kastélli.
Übernachtungstips: Kastélli: *Mandy-Appartments* (Straße am Strand), *Korakas* (Uferstraße), neuerbaute Zimmer direkt unterhalb des Platzes.
Tavernentips: Kastélli: *Papadaki* und *Makedonia* (an der Uferstraße).
Einkaufsmöglichkeiten: Supermarkt und Bäckerei in Kastélli.
Sehens- und Wissenswertes: • Erste dorische Niederlassung auf Kreta in *Polirrhinía,* antike Hafenstadt in *Falássarna.*
• Insel Imeri Gramvoússa: *venezianisches Kastell.*

5 Von Kalivianí nach Falássarna

Tourencharakter: Unschwierige, über einen Bergrücken führende Wanderung.
Beste Jahreszeit: Oktober bis Mai. Im Prinzip während des ganzen Jahres möglich. Im Sommer sehr heiß.
Reine Gehzeit: 2½ Std.
Markierung: Rote Pfeile.
Höhenunterschied: Aufstieg 150 m, Abstieg 200 m.

Wie bei der Tour 4 beginnen wir auch diesmal wieder in **Kalivianí**, der nordwestlichsten Ortschaft Kretas. Man gelangt dorthin mit dem Bus von Kastélli bis Ágios Geórgios, muß dann 30 Minuten zu Fuß laufen, oder man nimmt sich ein Taxi.

Der Wegverlauf

Beim ersten Haus in **Kalivianí** beginnt auf der linken Straßenseite unser Wanderweg (roter Pfeil auf Felsen). Zuerst an einigen Agaven entlang aufwärts zu einem *Fahrweg*, von dem aber gleich darauf ein Pfad (roter Pfeil) nach links abzweigt. Über Felsplatten leicht aufwärts. Im ersten Teil der Wanderung ist der Blick auf den Küstenstreifen zwischen der Halbinsel Gramvoússa und der Halbinsel Rodopoú wunderschön. Gleich darauf kommen wir wieder auf den Fahrweg

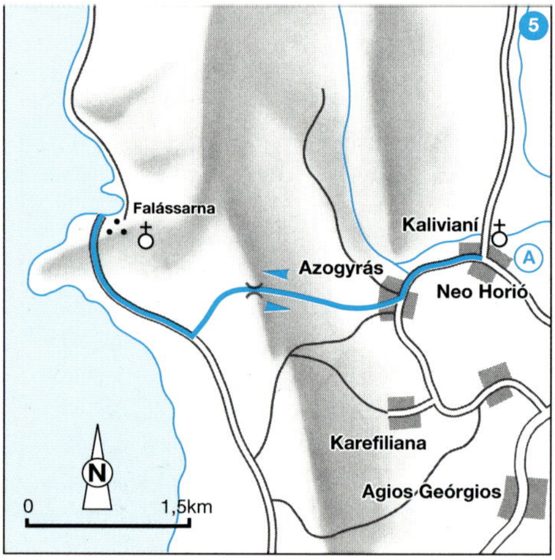

und gelangen auf diesem bis zu den Häusern von **Azogyrás**.

Hier verzweigt sich der Fahrweg, wir biegen nach *links* ab. Dann geht es geradeaus weiter. Die roten Wegmarkierungen sind zum Teil auf die Olivenbäume gemalt. Ca. 15 Minuten nach Azogyrás passieren wir einen *Weidezaun* und biegen kurz darauf nach *links* ab. Orientiert man sich an der Wegmarkierung, findet man ohne Schwierigkeiten den weiteren Wegverlauf. Nach etwa einer Stunde sind wir oben auf dem Bergrücken, und vor uns eröffnet sich ein grandioser Blick auf die Küstenebene von Falássarna und die in der Sonne gleißenden Gewächshäuser. Hinunter brauchen wir nochmals eine halbe Stunde, bis wir bei den Tavernen ankommen, wo wir uns eine Pause gönnen. Unterhalb der an der Böschung stehenden Taverne entspringt eine stark fließende **Quelle**; kaltes Wasser kommt hier aus den Felsen und wird sofort in Leitungen gefaßt.

Anschließend geht es auf der Straße noch einen Kilometer nach Norden, vorbei an Gewächshäusern und Olivenbäumen. Die einstige antike Hafen- und Handelsstadt **Falássarna** war benannt nach einer Nymphe. Die Stadt war mit Mauern umschlossen und vermutlich durch Kanäle mit dem Meer verbunden. Mit Polirrhinía war sie eng verbündet, beide verehrten Díktynna-Artemis als Göttin. So könnte auch der am Weg stehende steinerne Thron das Bildnis einer Göttin getragen haben.

Das erste, was man von der antiken Siedlung sieht, sind **Gräber** am Wegesrand. Folgt man der Straße weiter, kommt man links zum Meer hin zu den antiken **Steinbrüchen**, quadratisch aus dem Fels herausgearbeiteten Terrassen und Becken, wie man sie ähnlich auf der Halbinsel Akrotíri in Stavrós und am Ende der Gouvernéto-Schlucht sieht. Das eigentliche antike Stadtgebiet ist damit noch nicht erreicht. Es konzentriert sich auf den Hügel weiter nördlich, wo noch die Reste einer Umfassungsmauer und der alten Akro-

Abstieg zur Küstenebene von Falássarna und ihren Gewächshäusern.

polis erkennbar sind. Ebenso aus dem Fels herausgehauene Zisternen.

Weiterweg Richtung Tigáni Bálos: Ein schmaler Weg zieht sich Richtung Norden immer oberhalb der steilen Küste entlang, er ist teilweise gut zu finden und oft mit *Steinmännchen* markiert. Nach zwei Stunden endet er in einer kleinen Bucht; von dort aus den Weg bis Gramvoússa zu finden, ist schwierig und nur mit einer Übernachtung im Freien durchführbar.

Wer den gleichen Weg nach Kaliviani zurückgeht, sollte dafür 3 Stunden einplanen. Ansonsten kann man in Falássarna auch übernachten.

Nützliche Informationen

Ausgangspunkt: *Kaliviani* (siehe Tour 4).
Gehzeiten: Insgesamt 2½ Std., hin und zurück 5 Std.; Kaliviani – Paßhöhe: 1 Std.; Paßhöhe – Falássarna: 1 Std.
Verkehrsverbindungen: Bus: Kastélli – Falássarna: 10.00, 17.00 Uhr. Kastélli – Plátanos viermal täglich.
Taxi: Kastélli, Tel. (08 22) 2 23 20, 2 31 11.
Leihwagen und Zweiräder: Kastélli.
Übernachtungstips: Falássarna: *Falássarna; Sun Set.*
Taverntips: Falássarna: *Sun Set* (Terrasse).
Sehens- und Wissenswertes: • Antike Hafenstadt in Falássarna. • Erste dorische Niederlassung auf Kreta in *Polirrhinía.*

6 Durch die Tsikhlianá-Schlucht nach Polirrhinía

Tourencharakter: Unschwieriger, in schöner Schlucht verlaufender Weg mit anschließendem lohnenden Rundblick über den Golf von Kastélli.
Beste Jahreszeit: März bis Oktober. Im Sommer sehr heiß.
Reine Gehzeit: 2½ bis 3 Std.
Markierung: Rot.
Höhenunterschied: Abstieg 330 m, Aufstieg 220 m.

Wie bei vielen Ausgrabungsorten auf Kreta sind es in **Polirrhinía** nicht die Steine, die den Besucher begeistern, sondern die nicht zu übertreffende Wahl der Vorväter bei der Anlage ihrer Tempel, Paläste und Siedlungen. Sicherlich war es auch der strategische Gesichtspunkt, der die Dorer vor mehr als 2700 Jahren veranlaßte, ihre erste Siedlung auf Kreta auf diesem aussichtsreichen Hügel mit mächtigen Zyklopenmauern zu umgeben. Nachfolgende Geschlechter bedienten sich freizügig an dem vorhandenen Mauerwerk, und auch die Venezianer legten auf dem Areal eine Festung mit tiefen Zisternen an. In Kombination mit der Wanderung durch die Tsikhlianá-Schlucht ist der Besuch von Polirrhinía eine der lohnendsten Wanderungen auf Westkreta.

Der Wegverlauf

Am Dorfende von **Sirikári** erkennen wir eine abseits stehende *Kirche* (10 Min.). Zuerst müssen wir 150 Höhenmeter bis zum Schluchtgrund absteigen. Direkt gegenüber dem *Kirchentor* geht es durch einen *Zaun* den gut erkennbaren Pfad über Terrassen abwärts. Über einen Zaun kreuzen wir einen breiten Weg und folgen weiter einem schmalen Pfad hinab. Bei einer Pfadgabelung nach links, den gegenüberliegenden Gebäuden zu. Abermals durch einen Zaun kommen wir hinab zum *Bach.* Nach dem Überqueren hinauf zu den Gebäuden. Rechts um das unterste Haus herum, nach 40 Metern bei Steinen nach links, abwärts in die Schlucht.

Nach dem Passieren eines Gatters erheben sich die grandiosen Felswände der **Tsikhlianá-Schlucht** vor uns. Bei einem zerfallenen Steg überqueren wir das Bachbett und wandern jetzt auf der orographisch rechten Seite des mit Oleander und Platanen bewachsenen Bachlaufs weiter. Beeindruckend sind die steilen Schluchtwände, die ein wenig an die Wanderung durch das Tal der Toten in Ostkreta erinnern. Nach 1½ Stunden beginnt der Weg anzusteigen, um dann wieder zum Bachlauf abzufallen. Über eine kopfsteingepflasterte **Bogenbrücke** wird der Bach überquert, die Schluchtwanderung ist zu Ende. Wir sehen die in der Ferne lie-

Blick aus einer Höhle über dem Weg die Tsikhlianá-Schlucht hinauf.

genden Häuser von *Polirrhinía.* Nach dem Durchqueren eines Zauns, an einem Brunnenrohr vorbei, beginnt ein *Fahrweg,* dem wir immer geradeaus folgen, durch Olivenhaine hindurch, bis wir im Dorf **Polirrhinía** sind. Ziemlich am Ortsanfang, am Brunnen, finden wir eine Taverne mit einer schönen Terrasse.

Es lohnt sich, hier Rast zu machen, denn bis auf den Gipfel des über dem Ort liegenden Hügels, auf dem sich das antike Polirrhinía befunden hat, sind es nochmals 150 Höhenmeter bzw. ½ Stunde hoch. Wir gehen von der Taverne ins Dorf und steigen links von einem kleinen *Kafeníon* die steilen Treppen hoch. An Häusern und Stallungen vorbei kommen wir schließlich oben beim **Friedhof** heraus. Dort beginnt ein Weg, der sich rechts um den Berg hochschraubt. Doch die Mühe hinauf lohnt sich. Weniger

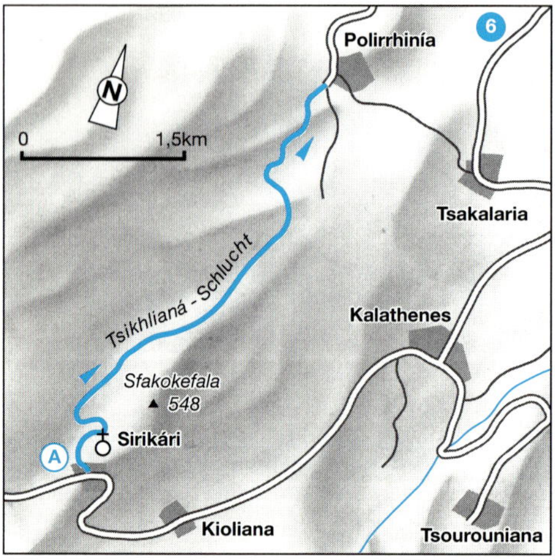

wegen der antiken Reste – hier ist kaum etwas verblieben –, sondern weil der Hügel im Frühjahr ein bunter Blumenteppich mit einem Artenreichtum ohnegleichen ist. Und der Rundblick von ihm ist bestechend.

Wegbeschreibung von Polirrhinía nach Sirikári

Wir verlassen Polirrhinía an der Taverne vorbei auf der Straße nach **Kastélli**. Am Ortsende führt ein Weg nach links hinab in entgegengesetzte Richtung. Bei der Weggabelung an der *Schule* links abwärts. Kurz nach dem letzten, mit rotem Eternit gedeckten Haus bei einer Fahrweggabelung nach rechts, dann den Hauptweg weiter, bis dieser in die beginnende Schlucht führt. Nach einer halben Stunde über eine steinerne **Bogenbrücke** auf die andere Uferseite.

Hier beginnen die *roten Markierungspunkte*. Nach 1¼ Stunden bei einigen Wasserträgen das Ufer wechseln, ein Seitenbett queren und durch ein Gatter aufwärts bis zu mehreren Gebäuden. Beim ersten Haus gleich den Weg unter einem *Johannisbrotbaum* wieder abwärts zum Bach. Auf der gegenüberliegenden Seite durch ein Gatter hoch und bei einer Pfadgabelung rechts. Bei der nächsten Gabelung links, bis gleich ein Fahrweg kommt. Diesen überqueren, durch ein Gatter und weiter über Terrassen steil hoch bis zur *Kirche*. Nach rechts in das Dorf **Sirikári**.

Nützliche Informationen

i

Ausgangspunkt: *Sirikári*, 19 km von Kastélli.
Gehzeiten: Insgesamt 2½ bis 3 Std.; Sirikári – Schluchtanfang: 45 Min.; Schlucht: 1 Std.; Schluchtende – Polirrhinía: 45 Min.; Besteigung des Hügels von Polirrhinía: 30 Min.
Verkehrsverbindungen: Bus von Kastélli nach Sirikári zweimal wöchentlich (Montag und Freitag 14.00 Uhr). Bus von Kastélli nach Polirrhinía zweimal täglich (7 km von Kastélli).
Taxi: Kastélli (Tel. [08 22] 2 23 20, 2 31 11).
Übernachtungsmöglichkeiten: Kastélli (siehe Tour 4).
Taverntips: Polirrhinía (am Ortsanfang); Sirikári: Kafeníon.
Sehens- und Wissenswertes: • *Polirrhinía* (antike Anlage).

7 Von Moní Hrissoskalítissas nach Paleohóra

Tourencharakter: Unschwierige Wanderung über Bergrücken in Küstennähe.
Beste Jahreszeit: Oktober bis Mai. Während des ganzen Jahres möglich. Im Sommer sehr heiß.
Reine Gehzeit: 4 bis 6 Std.
Markierung: Rot und Steinmänner. E 4.
Höhenunterschied: 400 m.

Auch in der südwestlichen Ecke Kretas ist die Zeit nicht stehengeblieben. Hieß es noch in der ersten Auflage dieses Wanderführers von **Elafoníssos**, daß Herberge der freie Himmel ist und Nahrungsmittel sowie Getränke selbst mitgebracht werden müssen, so haben auch hier die allerorts bekannten *»Rent Rooms«* und Snack Bars Platz gefunden.

Trotzdem ist es noch paradiesisch schön, durch das türkisfarbene kniehohe Wasser zu den Dünen des kaum 50 Meter vom Land entfernten Eilandes zu waten. Auch um das **Kloster Hrissoskalitíssas** herum sind Zimmer entstanden, so daß wir nicht mehr auf die schlichten Klosterzellen

Vor der kargen und abgelegenen Westküste Kretas erhebt sich das schon von weitem sichtbare Kloster Moní Hrissoskalitíssas.

bei der Suche nach einer Unterkunft verweisen müssen.

Ausgangspunkt unserer Wanderung ist die Sandstraße von Moní Hrissoskalítissas nach Elafoníssos. Von Moní Hrissoskalítissas sind auf dieser Straße 3,5 Kilometer (45 Minuten) zu laufen, bis eine Abzweigung (bei einem eingezäunten Pferch gegenüber verfallenen Steinhäusern) zu einem von weitem sichtbaren **weißen Kirchlein** am Fuß der Berge abzweigt. Falls der Bus bis Elafoníssos fährt, kann man den Fahrer bitten, dort anzuhalten. Oder man beginnt die Wanderung gleich in Elafoníssos.

Der Wegverlauf

An der **Zisterne** vor dem Kirchlein beginnt ein deutlicher Pfad mit Markierungen und Steinmännern, der nach Osten führt. Nach einem strammen Aufstieg auf einen Sattel erreicht man 45 Minuten nach dem Kirchlein eine *Schotterpiste*. Diese wird überquert (Steinmänner). Auf der einen Seite des rechtsliegenden Hanges hoch auf ein etwas eingesenktes Plateau. Noch weiter aufwärts über eine Senke in südöstlicher Richtung, wo bald der Blick aufs Meer und zurück auf Elafoníssos frei wird. Wenig später zeigen sich die in der Ferne liegenden, in der Sonne gleißenden Gewächshäuser von **Gialós**.

Nach fast drei Stunden führt der Weg oberhalb der **Kapelle Ágios Ioánnis** vorbei, ungefähr dort, wo sich früher einmal das antike Viéna befunden haben soll. Dort, bei einer Tränke, umgeben von Oleanderbüschen, ist ein schattiger Rastplatz. Jetzt ist es gerade noch eine halbe Stunde Weg bis zum Strand von **Gialós**. 7 Kilometer sind es allerdings von dort noch bis **Paleohóra**.

Weg von Paleohóra nach Elafoníssos

Am besten mit dem Taxi von **Paleohóra** nach **Gialós** (7 km). Orientierungspunkt ist eine **weiße Villa** mit blau gestrichenen Fenstern am Ende des Strandes von *Gialós*. Unterhalb, bei einer kreuzartigen Stange, führt ein Schotterweg hoch zu einem **Ziegenpferch**. Weiter steil bergan auf einen durch zwei Schluchten begrenzten Bergrücken.

Nach circa einer halben Stunde wird auf einem **Paß** (Steinruinen) der Blick bis Elafoníssos frei. Nach ca. 40 Minuten erreicht der Weg einen Rastplatz bei einer *Tränke*, oberhalb der **Kapelle von Ágios Ioánnis**. Dann lang anhaltend aufwärts und über ein langgezogenes Plateau. Nach gut 2 Stunden Queren einer Schotterstraße, danach abwärts bis zur **Kapelle** und weiter nach **Moní Hrissoskalitíssas** oder direkt zu den Inseln.

Nützliche Informationen

Ausgangspunkt: Straße von Moní Hrissoskalitíssas nach Elafoníssos; Abzweigung bei eingezäuntem Pferch, verfallenen Steinhäusern gegenüber: 3,5 km von M. Hrissoskalítissas, 1,5 km vor Elafoníssos. Dann Feldweg bis zu weißem Kirchlein (1,5 km).
Gehzeiten: Insgesamt 4 bis 6 Std.; Moní Hrissoskalitíssas – Kapelle: 1 Std.; Elafoníssos – Kapelle: 40 Min.; Kapelle – Querung Schotterpiste: 45 Min.; Querung Schotterpiste – Ágios Ioánnis: 1 Std. 45 Min.; Ágios Ioánnis – Gialós: 30 Min.; Straße Gialós – Paleohóra: 1½ Std.
Verkehrsverbindungen: Einmal täglich Busverbindung von Kastélli nach Moní Hrissoskalitíssas (9.30 Uhr), fährt im Sommer auch nach Elafoníssos weiter; mehrmals täglich Busverbindung Haniá – Paleohóra (in der Saison 9.00, 10.30, 12.00, 14.30, 17.00 Uhr. Paleohóra – Haniá: 7.00, 12.00, 13.30, 15.30, 17.00 Uhr).
Schiffsverbindung: In der Saison täglich Paleohóra – Soúia – Agía Roúmeli und dienstags zur Insel Gávdos.
Taxi: Paleohóra, Tel. 41140 oder 41340.
Leihautos und Zweiräder: Paleohóra.
Übernachtungsmöglichkeiten: Steigendes Zimmerangebot in Moní Hrissoskalitíssas; Elafoníssos: *Inahorion* und *Elafoníssos,* Tel. (0822) 61123; mit Zelt Übernachtungsmöglichkeiten am Strand. Paleohóra: reichliches Zimmerangebot, z. B. *Oriental Bay* auf dem Weg zum Campingplatz; *Calypso* an der

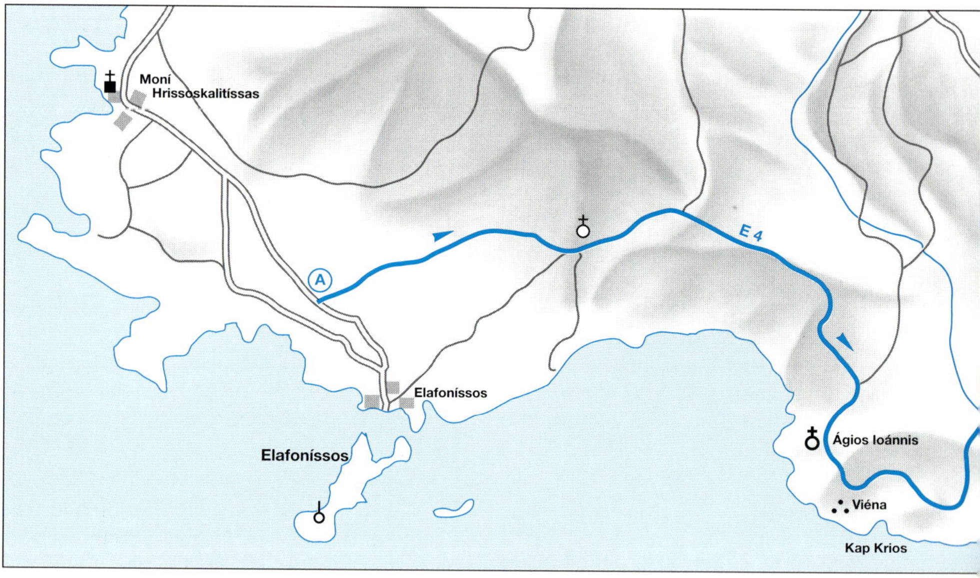

Straße zum Strand; *Oasis* in der Antonio Xenaki Str. 4; *Blue Sky Maria* neben der Hauptstraße; *Campingplatz*, ca. 20 Min. in östlicher Richtung.
Post/Geldwechsel: Paleohóra: Postamt an der Straße am Sandstrand; mehrere Banken.
Telefonieren: Paleohóra: OTE-Zentrale an der Hauptstraße (Mo–Fr 7.30–15.00 Uhr), sonst in der Taverne rechts davon.
Tavernentips: Moní Hrissoskalitíssas: Café/Taverna *Golden Step* (Rooms); *Café Ouzerie Isichi Gonia, Stavroulaki* (Rooms). Elafoníssos (während der Saison): Snack Bar *Elafoníssi*; Restaurant *Inahorion*; Restaurant *Elafoníssos*. Paleohóra: *Pelican* am Hafen; *Savvas* und *Dionysos* an der Hauptstraße; Pizzeria *Niki* an der Straße zum Strand; *Galaxias* an der Strandwestseite.
Einkaufsmöglichkeit: Paleohóra: Supermarkt an der Straße am Sandstrand.
Apotheke: Paleohóra.
Reisebüro: Auskünfte erteilt der »Reiseladen« in Paleohóra.
Sehens- und Wissenwertes: • Kloster *Moní Hrissoskalitíssas.* • *Viéna:* Antiker Fleck.
• Byzantinische und andere Kirchen: *Váthi:* Arhangelos-Michail-Kapelle und Ágios-Geórgios-Kapelle. • *Kefáli:* Ágios-Atanásios- und Metamorfósi-tou-Sotíros-Kapelle.
• Kirche Ágios Ioánnis in *Kondokinigí.*
• Paleohóra: Venezianisches Kastell.

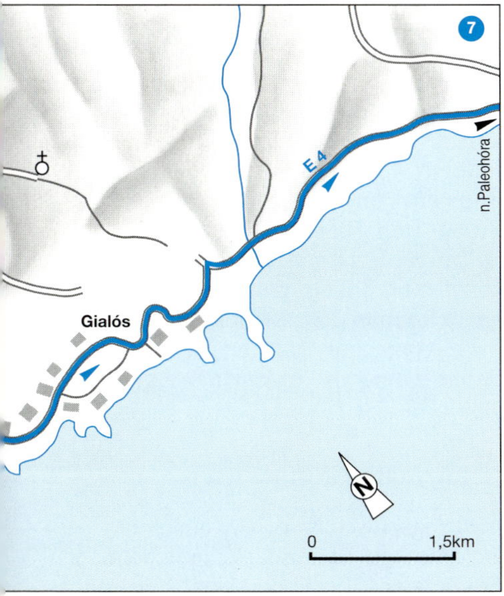

8 Von Paleohóra nach Soúia

Tourencharakter: Unschwierige, jedoch lange Wanderung entlang der Küste.
Beste Jahreszeit: Oktober bis Mai. Während des ganzen Jahres möglich. Im Sommer sehr heiß.
Reine Gehzeit: Ca. 5 Std.
Markierung: Gelb und E4.
Höhenunterschied: 300 m.

Paleohóra, einer der bekanntesten Orte im Südwesten Kretas, ist ein guter Ausgangspunkt für Touren in alle Richtungen. Als Städtchen mit genügend Unterkunftsmöglichkeiten, Cafés, Tavernen, Diskotheken eignet sich Paleohóra auch als Verweilplatz für einige Tage, zumal es schöne Strände in der Umgebung hat. Auch ein Campingplatz ist vorhanden. Auf einer sich ins Meer erstreckenden Landzunge schmiegt sich die Altstadt um das venezianische Kastell.

Der Wegverlauf

Man verläßt **Paleohóra** auf der Fahrstraße zum *Campingplatz* in östlicher Richtung. Nach 30 Minuten geht der Fahrweg in einen Fußpfad über. Entlang dem Kieselstrand und dem mahlenden Geräusch von rollenden Steinen, das die Brandung des Libyschen Meeres beim Zurückziehen verursacht, vorbei an Sand, Felsblöcken, Geröll verläuft der gut ausgeprägte Weg; dahinter Paleohóra, das sich ins Meer reckt.

Wacholdersträuche, Mastixgewächse, Oreganopolster und die allerorts vorhandene Meerzwiebel *(Asphódelos)* bestimmen das Bild der Natur. Bizarr ausgewaschene Felsen, dann wieder feiner Sand – durch diese Landschaft führt der abwechslungsreiche Weg, immer unter der senkrecht stehenden Sonne. Unter Touristen geht das Gerücht um, an klaren Tagen könne man von der Südküste Kretas bis nach Afrika blicken. Mehr als Wolkenbänke am Horizont dürften es aber nicht gewesen sein, denn bis zur flachen libyschen Küste sind es immerhin rund 300 Kilometer, und das wäre schon ein erstaunlicher Fernblick. Bademöglich-

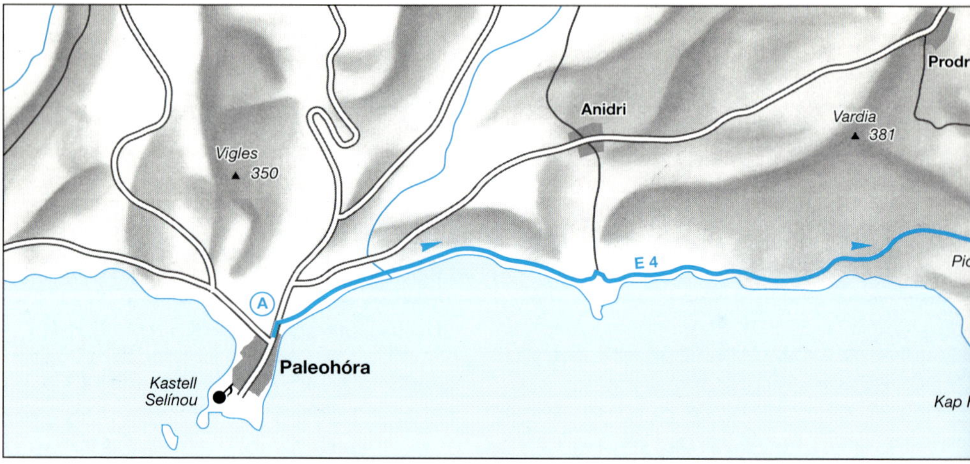

keiten gibt es viele, doch ziehen wir es vor, nicht während der heißen Sommermonate diesen Weg zu gehen. Beste Zeit: Oktober bis Mai.

Nach einer Dreiviertelstunde weist ein Pfeil *links* hoch, und wir folgen weiter der *Markierung*. Nach zwei Stunden Weg ist Paleohóra noch gut zu sehen. Nach einer weiteren halben Stunde steigt der Weg an, um einen hoch ins Meer ziehenden Ausläufer der Steilküste **(Kap Flomés)** zu überwinden. Damit enden vorerst die mannigfachen Ausweichmöglichkeiten, um ein Bad im Meer zu nehmen. Oben stößt man auf einen *Fahrweg*, der sich nach 20 Minuten nach rechts und links gabelt. Man geht auf keinem der beiden Fahrwege weiter, sondern verfolgt *geradeaus* den Pfad, der alsbald abwärts zu der Bucht des antiken Lissós führt. Nach drei Stunden Wanderung sind wir an dem historischen Platz **Lissós**, einst Hafen der von den Achäern gegründeten Stadt Hyrtakína. Seine Rolle verdankte Lissós seinem Asklepios-Heilbad (Panstatue im Museum in Haniá), das in der römischen Epoche verschönert und gepflegt wurde.

Das antike Gelände ist eingezäunt, doch läßt ein Blick über den Zaun den römischen Mosaikboden und Mauern aus steinernen Quadern erkennen. Unter den wenigen Überresten auf dem Gelände weiter unten in der Bucht fügt sich die kleine byzantinische Kapelle malerisch in das Bild ein.

Man verläßt *Lissós* vorbei an dem antiken Gelände, überquert einige *Quellbäche* und folgt dem nun ansteigenden Weg aufwärts über mehrere **Terrassen**. Der Weg läßt sich nicht immer auf Anhieb unterscheiden, so daß die Markierung hier sehr hilfreich ist. Auf der Höhe verläuft der gut ausgeprägte Weg nach kurzer Zeit wieder bergab in eine kiefernbewachsene **Schlucht**. Unter hohen überhängenden Felswänden führt er uns in ein mit Oleanderbüschen bewachsenes *Flußbett*. Hier und an anderen schattigen Plätzen findet sich im Frühjahr vielfach der prächtige Aronstab. Am Ende der Schlucht erreichen wir den Fischerhafen von **Soúia**. Von hier sind es noch 5 Minuten bis zu den Häusern des Ortes.

Soúia, einst Hafen des antiken Élyros (Statue eines Redners im Museum in Haniá), ist ausreichend mit Privatzimmern ausgestattet und ein schöner Badeplatz mit einladenden Buchten. Am westlichen Strandteil bei der Kirche sind Fußbodenmosaiken mit gut erhaltenen Tier- und Pflanzendarstellungen aus der byzantinischen Periode zu besichtigen. Hat man Zeit, lohnt sich ein Abstecher nach **Moní** (mit dem Bus zu erreichen) zu den Pagoménos-Fresken der **Ágios-Nikólaos-Kirche**.

Nützliche Informationen

Ausgangspunkt: *Paleohóra* auf einer Halbinsel (mehrmals täglich mit dem Bus von Haniá oder mit dem Schiff von

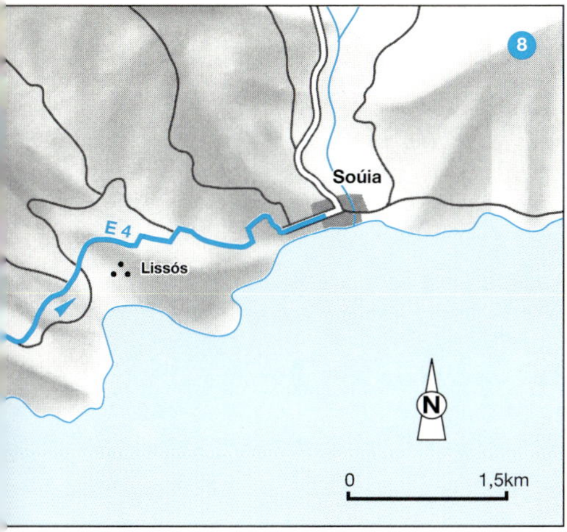

Agía Roúmeli aus zu erreichen). Wanderung kehrt nicht an den Ausgangspunkt zurück.
Gehzeiten: Insgesamt 5 Std.; Paleohóra – Lissós: 3 Std.; Lissós – Soúia: 2 Std.
Verkehrsverbindungen: Mit dem Bus: Haniá – Paleohóra (Abfahrtszeiten siehe Tour 7) und Haniá – Soúia (9.00, 13.30 Uhr); Soúia – Haniá (7.00, 14.30, 17.00 Uhr). Mit dem Schiff: Paleohóra – Soúia – Agía Roúmeli (täglich während der Saison); Paleohóra – Soúia – Insel Gávdos (jeden Donnerstag).
Taxi: Paleohóra, Tel. 41140 oder 41340, und Soúia.
Übernachtungstips: Paleohóra (siehe Tour 7); Soúia: Pension *Galini* am nördlichen Ortsausgang, Tel. (0823) 51488; *Zorbas* an der Uferstraße zum Hafen, Tel. (0823) 51353; *Filoxenia, Lissós,* Tel. (0823) 51341; *Paradisos,* Tel. (0823) 31359; am östlichen Ortsausgang; *Ririka,* Tel. (0823) 51160-51337. Freies Zelten wird toleriert.
Tavernentips: Paleohóra (siehe Tour 7); Soúia: *Filoxenia, If you want* (Self-Service), *Omikron* und *Lotos* (leckere Kuchen und Salate).
Einkaufsmöglichkeiten: Paleohóra (siehe Tour 7); Soúia: Mini-Markt.
Disco: *Alabama,* östlich vom Ort.
Sehens- und Wissenswertes: • *Paleohóra:* Venezianisches Kastell. • *Lissós:* Antike Stätte. • *Soúia:* Fußbodenmosaiken.
• Byzantinische Kirchen in Moní, Teménia, Anidri, Prodrómi, Asfendilés.

Weit ins Meer streckt sich im Hintergrund die Landzunge, auf der Paleohóra und das venezianische Kastell (Kastélli Selínou) liegen.

9 Das kretische Naturwunder: die Samariá-Schlucht

Tourencharakter: Vielbegangene, unschwierige Abstiegswanderung. Eventuell Bachquerungen. Eintritt 1000 Drachmen. Das gesamte Schluchtgebiet ist Nationalpark. Eine Übernachtung dort ist nicht erlaubt!
Beste Jahreszeit: Mai bis Oktober (von November bis Mai geschlossen).
Reine Gehzeit: 5 bis 6 Std.
Markierung: Der Weg ist ausgebaut und markiert. E 4.
Höhenunterschied: Abstieg 1300 m.

Hauptanziehungspunkt aller Wanderungen auf Kreta ist die **Samariá-Schlucht**. Mit ca. 18 Kilometern Länge und einem Höhenunterschied von 1300 Metern erhebt sie auch den Anspruch, die längste Schlucht Europas zu sein. Teilweise passieren während der Sommermonate täglich weit mehr als tausend Personen die Schlucht. Das gesamte Gebiet der Samariá-Schlucht ist von der griechischen Regierung zum Nationalpark erklärt worden (1962). Umrahmt ist sie von mächtigen und schwer zugänglichen Bergmassiven, so dem Páhnes (2455 m), dem Gíngilos (2080 m) und dem Volakiás (2116 m), um nur einige der vierzig Gipfel der »Weißen Berge« zu nennen.

Zu erreichen ist die Samariá-Schlucht über die Omalós-Hochebene (1100 m), auf der im Winter bis zu zwei Meter Schnee liegen können. Hätte die Omalós-Hochebene nicht einen durch Karsterscheinungen und Höhlensysteme bedingten unterirdischen Abfluß (zugleich die größte, noch fast unerforschte Höhle Kretas; anhand von Wasserproben konnte ein unterirdischer Wasserlauf bis in die Nähe Haniás festgestellt werden), dann wäre hier mit Sicherheit ein See.

Während der verschiedenen Besatzungszeiten Kretas war die Samariá-Schlucht unbezwinglicher Aufenthaltsort und Rückzugsgebiet der Widerstandskämpfer. Sowohl von der Omalós-Ebene als auch von Agía Roúmeli am Libyschen Meer versuchten die Türken das Gebiet unter ihre Kontrolle zu bringen, was ihnen dauerhaft nie gelang und mit Niederlagen endete. An den »Eisernen Pforten«, dem engsten Durchlaß der Schlucht, versperrte ihnen der Waffenführer Jannis Bonatos mit 200 getreuen Sfakioten den Weg und zwang sie nach großen Verlusten wieder zurück aufs Meer.

Noch im Jahr 1944 mußte der damalige König von Griechenland, Georg II., mit seiner Gefolgschaft und dem Ministerpräsidenten Tsoudhéros auf der Flucht vor den Deutschen den Weg durch die Schlucht nach Agía Roúmeli nehmen, wo er von einem britischen Kriegsschiff aufgenommen wurde.

Der Wegverlauf

Die Fahrstraße von Haniá über Fournés und Lákki durchquert die Omalós-Ebene und endet bei **Xylóskalo** (Holztreppe) auf 1300 Meter Höhe. Dort sind inzwischen verschiedene touristische Einrichtungen entstanden: Übersichtstafeln, die über die geologischen und botanischen Besonderheiten der Samariá-Schlucht informieren, Taverne und Kiosk sowie Imbißstände.

Gegen eine Eintrittsgebühr von etwa 10,– DM kann die Schlucht betreten werden. Es beginnt sofort mit einem steilen Abstieg. Mächtig erhebt sich der Gipfel des Gíngilos, fast als wäre er der Wächter der Schlucht. Über dem Schluchteingang liegt die **Xénia-Schutzhütte**. Sie darf nicht mehr als Unterkunftshaus genutzt werden, da sie bereits auf dem Nationalparkgelände liegt. Aber von einer kleinen Terrasse hinter der Schutzhütte hat man einen schönen Blick hinab in die Schlucht. Der Weg durch die Samariá-Schlucht ist gut ausgebaut, muß aber jedes Jahr neu instandgesetzt werden, da Schnee- und Regenfälle während der Wintermonate Schäden verursachen; kurze Wegpassagen werden regelmäßig vom Hochwasser weggespült.

Die »Eisernen Pforten« (Sidheropórtes) bilden die engste Stelle der Samariá-Schlucht. Die teils überhängenden Felswände sind hier fast 300 Meter hoch.

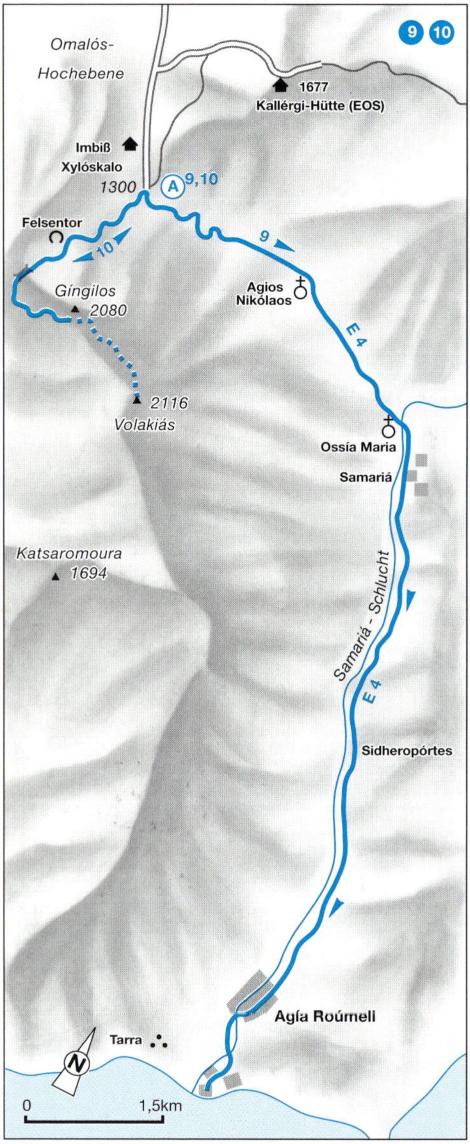

Ein Risiko für den Wanderer, sofern er auf den dafür vorgesehenen Wegen bleibt und die Öffnungszeiten der Schlucht beachtet (Mai bis Oktober), besteht nicht. Vor allem nach stärkeren Regenfällen existiert aber in den engen Schluchtpassagen eine große Steinschlaggefahr; dies gilt für die meisten Schluchten Kretas.

Der erste Teil des Weges führt steil abwärts bis zur Kapelle **Ágios Nikólaos**. Der Name »Xylóskalo« kommt daher, daß man früher, um den steilen Abstieg zu erleichtern, eine Holztreppe über den Abgründen befestigt hatte. Der Weg verläuft nun parallel mit dem Flußbett. Große Felsblöcke, Platanen, Zypressen, verwitterte Bäume und Quellen machen die einmalige Schönheit dieser Schlucht aus. Der Weg bis zur ehemaligen Siedlung **Samariá** führt durch schattiges, bewaldetes Gebiet.

Als 1962 die Schlucht zum Nationalpark erklärt wurde, sind die letzten Bewohner von Samariá ins heutige Agía Roúmeli umgesiedelt worden. Der Name Samariá kommt übrigens nicht von der gleichnamigen Provinz im Heiligen Land, sondern ist abgeleitet von der naheliegenden Kapelle Ossía Maria – Sia Maria – Samariá. Das alte Dorf liegt in einer Lichtung zwischen Felswänden, so daß die Sonne nur zwischen zwei und sechs Uhr nachmittags hineinscheint.

Etwas mehr als die Hälfte der Tour ist hier geschafft und es lohnt sich, eine Rast einzulegen. Auf dem weiteren Weg ziehen sich die Felswände immer enger zusammen, bis sie bei der engsten Stelle, den **Sidheropórtes** (Eisernen Pforten) nur mehr drei Meter voneinander entfernt sind. Die teilweise überhängenden Wände sind fast 300 Meter hoch und lassen die Sonnenstrahlen mittags nur kurz in die Schlucht fallen. Anders ergeht es den Wanderern nach dem Passieren der Engstelle, wo völlig unerwartet die Sonne auf dem letzten Wegstück mit großer Hitze in das Tal knallt. Doch es ist nicht mehr weit bis zu den ersten Häusern von **Agía Roúmeli**, mit seinen Kafenía und Tavernen und nicht zuletzt der Möglichkeit, im Libyschen Meer ein erfrischendes Bad zu nehmen.

Nützliche Informationen

Ausgangspunkt: Xylóskalo (Omalós-Ebene), 1300 m, 42 km von Haniá entfernt. Wanderung führt nicht zum Ausgangspunkt zurück.

Gehzeiten: Insgesamt 5 bis 6 Std.; Xylóskalo – Ágios Nikólaos: 1½ Std.; Ágios Nikólaos – Samariá: 1½ Std.; Samariá – Agía Roúmeli: 2½ Std.

Blick vom Gíngilos (2080 m) über die tiefeingeschnittene Samariá-Schlucht nach Osten zu den Hauptgipfeln der Weißen Berge.

Verkehrsverbindungen: Busverbindung Haniá – Omalós: 6.15, 8.30, 16.30 Uhr; Omalós – Haniá: 7.30, 10.00, 18.00 Uhr; nur während der Saison. Rückfahrtszeiten von Hóra Sfakíon nach Haniá: siehe Wanderung 14; Schiffsverbindung: Agía Roúmeli – Loutró – Hóra Sfakíon mehrmals täglich während der Saison; Agía Rouméli – Paleóhora zweimal täglich; Agía Roúmeli – Gávdos einmal wöchentlich (Do) in der Saison.
Übernachtungstips: Omalós: *Neos Omalós,* Tel. (08 21) 6 72 69-9 67 35 (ganzjährig geöffnet); Agía Roúmeli: *Agía Roúmeli,* Tel. (08 25) 9 12 93; Tara*; Oasi, Stratos Tsatsimakis, The Beach,* Tel. (08 25) 9 10 93.
Tavernentips: Omalós: *Neos Omalós* und Imbißstände in Xylóskalo (nur während der Saison); Agía Roúmeli: *Tara, Zorbas.*
Sehens- und Wissenswertes: • Alte *türkische Festung* bei Agía Roúmeli. • *Kirchlein des hl. Paulus:* 1 Stunde Fußweg Richtung Osten am Strand entlang.

10 Die Besteigung des Gíngilos

Tourencharakter: Mittelschwere Bergwanderung, zum Teil im felsigen Gelände. Trittsicherheit erforderlich.
Beste Jahreszeit: Sommer und Herbst. Von Dezember bis Mai ausgedehnte Schneefelder.
Reine Gehzeit: 6 Std. (Hin- und Rückweg).
Markierung: Rot, Steinmännchen.
Höhenunterschied: Aufstieg 1500 m, Abstieg 1500 m.

Ausgangspunkt für diese herrliche Bergwanderung ist die **Omalós-Hochebene** bzw. **Xylóskalo** auf 1300 Meter Höhe.

Am Ende der von der Omalós-Ebene emporkommenden Fahrstraße liegt unterhalb der ehemaligen *Xénia-Schutzhütte* ein großer **Parkplatz**; die Fahrstraße endet hier (Bushaltestelle). An mehreren Imbißständen läßt sich der Tagesproviant noch ergänzen, bevor man über einen Fußweg hinauf zur Schutzhütte gelangt. Von der Terrasse der Schutzhütte aus lohnt sich ein Rundblick auf die attraktive Umgebung. Im Osten erheben sich die vielen Gipfel der **Weißen Berge**, mit dem Hauptgipfel Páhnes (2452 m). Direkt unterhalb der Schutzhütte bricht tief die **Samariá-Schlucht** ab, aus deren Talgrund sich die 1000 Meter hohe Nordostwand des Gíngilos erhebt, eine Felswand, wie sie auf ganz Kreta wohl einmalig ist.

Der Gíngilos überragt als eindrucksvolle Felspyramide die Samariá-Schlucht und erscheint von dieser Seite aus nahezu unbesteigbar.

Der Wegverlauf

Wenige Meter nach der Schutzhütte steht ein *Hinweisschild,* das auf die Gehzeiten verweist. An diesem Schild vorbei verfolgen wir den alten, gut ausgebauten Weg, der in vielen Serpentinen den steilen Bergrücken hinaufzieht. Nach einer halben Stunde quert der Weg leicht fallend in das von der Samariá-Schlucht heraufziehende enge Seitental hinab. Viele große alte Kiefern, bizarre Wurzelgebilde, steile, glatte und mächtige Felsformationen halten Vergleichen mit den schönsten alpinen Regionen durchaus stand.

Der Blick reicht immer wieder über die tief unter uns liegende **Samariá-Schlucht** hinüber zum Massiv des **Páchnes**, dessen schneebedeckte Flanken sich hell gegen den blauen Himmel abheben.

Durch ein großes **Felsentor** hindurch, vorbei an großen alten Steineichen, deren Laub sich im Herbst orange und rot verfärbt, geht es in die Schlucht hinab.

Der breit angelegte Weg führt uns nach gut 1 Stunde Gehzeit zu einer klaren, kalten **Quelle**, die das ganze Jahr Wasser führt. Sie ist in einem kleinen Becken gefaßt und versorgt die Xénia-Hütte mit Trinkwasser. Von der Quelle ab geht nun ein schmaler Weg, deutlich *rot markiert,* in vielen Serpentinen über Geröllfelder und Blockgestein hinauf.

Gut 30 Minuten sind wir seit der Quelle unterwegs. Wir verlassen den schattigen und kühlen Bereich und erreichen einen Sattel. Plötzlich stehen wir im gleißenden Sonnenlicht, vor uns, durch bewaldete Vorberge getrennt, das Libysche Meer. Im Süden erheben sich die Umrisse der Insel Gávdos aus dem glitzernden Wasser.

Vom Sattel aus in Richtung Osten zieht sich der Weg nun einen steilen Felshang hinauf; viele Steinmännchen und Markierungspunkte erleichtern die Suche durch das Felsengewirr. Direkt an einem schmalen, senkrecht in die Tiefe des Berges ziehenden **Schacht** vorbei, mit schönen Stalagtiten in der Öffnung, führt der Weg nun immer häufiger über Felsspalten und größere Felsblöcke. Im meist sehr festen Fels gewinnen wir schnell an Höhe. Einzelne leichte Kletterstellen und Altschneefelder (Ende Oktober) erinnern an alpine Regionen.

Im Frühjahr oder nach stärkerem Schneefall werden diese zugedeckten Felsspalten und Höhlen zur größten Gefahr im kretischen Hochgebirge.

Nach ca. 3½ Stunden Aufstieg stehen wir auf dem flachen Gipfelplateau des **Gíngilos** auf 2080 Meter Höhe. Ein faszinierender Rundblick – bei guter Sicht sind zwei Meere, im Norden Haniá mit der grünen Küstenregion, die fast kreisrunde Omalós-Ebene, nach Osten die Weißen Berge und im Süden die Inseln Gávdos und Gavdopóula zu sehen.

Diese Verbindung von Gebirge und Meer, das unmittelbare Heraussteigen aus der Enge der Schluchten in ein fast unendlich erscheinendes Blickfeld, stellt eine besondere Faszination der kretischen Bergwelt dar.

Ein kurzer Abstieg und Aufstieg, immer am Gratrücken entlang, führt weiter auf den **Volakiás** (2116 m). Hin und zurück 1½ Std. Für den Rückweg vom Gíngilos werden 2 bis 2½ Stunden gerechnet.

Nützliche Informationen

Kartenskizze: Auf Seite 50.
Ausgangspunkt: *Parkplatz bei Xylóskalo* (1300 m), 42 km von Haniá entfernt. Wanderung führt zum Ausgangspunkt zurück.
Gehzeiten: Insgesamt 6 Std.; Parkplatz – Quelle: 1 Std.; Quelle – Sattel: 45 Min.; Sattel – Gipfel: 1½ Std.; Rückweg: 2–2½ Std.
Weitere Informationen: Siehe Tour 9.

Das fast 600 Meter hoch gelegene Dorf Anópolis vor der Kulisse der schneebedeckten Weißen Berge.

11 Von Agía Roúmeli nach Hóra Sfakíon

Tourencharakter: Unschwierige, aber Ausdauer verlangende Wanderung.
Beste Jahreszeit: Oktober bis Mai. In den Sommermonaten sehr heiß.
Reine Gehzeit: Ca. 8 Std.
Markierung: Bis Ágios Ioánnis gelb.
Höhenunterschied: 800 m.

Agía Roúmeli liegt an der Südküste, am Ausgang der **Samariá-Schlucht** unterhalb der gewaltigen Steilabbrüche der Lefká Óri (Weißen Berge). Ein schmaler Küstenstreifen zieht sich am Rand der Gebirgsflanke entlang dem Libyschen Meer und vermittelt uns den weiteren Verlauf der Wanderung.

Der Wegverlauf

Wir verlassen **Agía Roúmeli** in östlicher Richtung und überqueren den aus der Samariá-Schlucht führenden *Bach,* was im Winter oft nur durch einen gewagten Sprung oder durch Waten im reißenden, eiskalten Wasser des Samariábaches möglich ist. Anfangs führt der Weg teilweise durch Sand, teilweise über Kiesel, bis wir nach ca. 40 Minuten am Ausgang der **Eligías-Schlucht** und nach einer weiteren halben Stunde am Kirchlein des heiligen Paulus (**Ágios Pávlos**) vorbeikommen. Die Kirche wurde an der Stelle errichtet, wo der Legende nach der heilige Paulus auf seiner Reise nach Rom an Land ging, um Neubekehrte zu taufen.

Der Weg führt durch *Kiefernbestände* in etwa 30 Meter Höhe über dem kristallklaren Wasser des Libyschen Meeres. Nach ca. 1½ Stunden ab Agía Roúmeli zweigt nach links oben der Weg nach **Arádhena** ab (gelbe Markierung), den wir weiter verfolgen. Der Weg geradeaus führt längs der Küste nach Loutró und Hóra Sfakíon (markierter Weg ca. 4 bis 5 Stunden).

Steil schlängelt sich der Weg in Kehren nach oben. Im Winter und Frühjahr blühen die kleinen weißen Alpenveilchen. Steineichen und Zypressen mischen sich in die Vegetation, Felswände rücken näher, der Blick hinunter wird immer tiefer. Agía Roúmeli liegt bereits weit unten, eng an die Felsen gedrückt vor dem blauen Meer. Nachdem wir etwas mehr als eine Stunde gestiegen sind, wird der Weg breiter, altes Steinpflaster kommt zum Vorschein, der Weg ist erstaunlich gut erhalten.

Drei Stunden, nachdem wir Agía Roúmeli verlassen haben, sind wir oben angelangt. Leicht ansteigend, unter Kiefern- und Zypressenbeständen führt der Weg weiter vorbei an der **Kapelle der Panagía** bis zur Schule (jetzt Kafeníon) des Dorfes **Ágios Ioánnis** am östlichen Dorfende. Das Dorf gehörte noch vor wenigen Jahren zu den abgelegensten Kretas, denn bis dahin mußte man bis zum Straßenanschluß in Anópolis zwei Stunden zu Fuß gehen. Die Straße ist jetzt bis an die Dorfkirche herangeführt worden. Von Ágios Ioánnis führt ein Weg in die Weißen Berge.

An der ehemaligen **Schule** beginnt die neue Schotterstraße. Der alte, teilweise kopfsteingepflasterte Weg nach Arádhena verläuft parallel rechts unterhalb der Straße. Es ist aber bequemer, auf der Straße zu laufen, auf der wir nach einer Stunde **Arádhena** (4,8 km) erreichen. Das Dorf, welches an der Stelle des antiken Aradén liegt, ist halb verlassen und wirkt selbst schon wieder antik. Von der einstigen Bedeutung zeugt die Kirche des Erzengels Michael, deren kreuzförmiger Kuppelbau aus antiken Steinen erbaut und mit Fresken bemalt wurde.

An der Ostseite des Dorfes führt der alte Weg in steilen Serpentinen hinab auf den Grund der **Arádhena-Schlucht**, um gleich wieder auf dieselbe Höhe gegenüber anzusteigen.

Wer über Kletterkenntnisse und Schwindelfreiheit verfügt, kann in 2½ Stunden die Schlucht durchwandern: sie mündet in eine wunderbare **Felsenbucht** (siehe Wanderungen 12 und 13).

Einige Stellen müssen aber abgeklettert werden (mit Sicherungsseil!).

Über eine neu erbaute Eisenbrücke führt der von *Agios Ioánnis* kommende Fahrweg direkt an *Arádhena* vorbei bis nach Anópolis. Von der Brücke eröffnet sich uns ein prachtvoller Blick in die Schlucht hinein.

800 Meter nach der Brücke verlassen wir den Fahrweg nach rechts und gelangen über den alten gepflasterten Fußweg in knapp einer Stunde nach **Anópolis** (Fahrweg = 3,5 km). Hier ziert neuerdings ein Denkmal von Dhaskalogiannis, einem kretischen Widerstandskämpfer gegen die Türken, den runden Dorfplatz. Zwei *Kafenía* gruppieren sich um ihn und laden zu einer kurzen Rast ein. Wer des Wanderns gänzlich müde ist, kann von hier aus versuchen, eine Mitfahrgelegenheit zum 12 Kilometer entfernten *Hóra Sfakíon* zu bekommen, oder er übernachtet hier. Die meisten Zimmer und zwei Restaurants sind am östlichen Ende von Anópolis zu finden.

Für den Weiterweg gibt es zwei Möglichkeiten: ins Fischerdorf **Loutró** (1 Stunde – siehe Wanderung Nr. 13) oder durch die **Anópolis-Schlucht** nach Hóra Sfakíon.

Wir entscheiden uns für den alten Weg von Anópolis nach Hóra Sfakíon durch diese Schlucht.

Wir beginnen den Abstieg nach Hóra Sfakíon am *Ortsende* von **Anópolis** auf der Teerstraße Richtung Hóra Sfakíon. Wir gehen ca. 10 Minuten auf der Straße, bis bei einer *Haarnadelkurve* ein Weg abwärts zu einem *Pumpenhäuschen* (und einer langge-

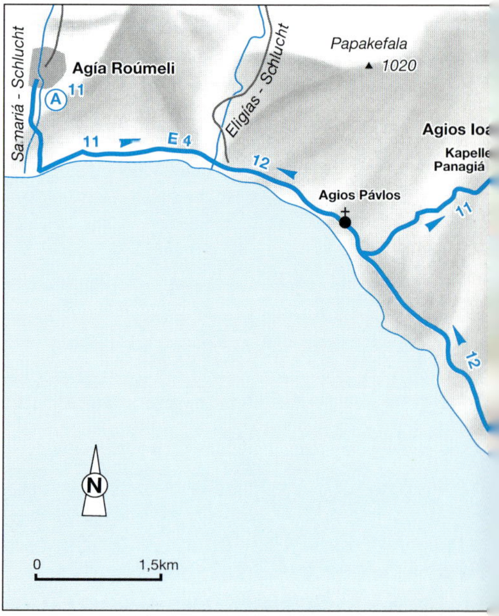

zogenen Stallung) geht. Im Taleinschnitt abwärts bis zu einem weiteren *Pumpenhäuschen* bei einem *Umspannungsmasten.* Am rechten Rand der nach Osten ziehenden *Rinne* abwärts, dann auf die linke Seite und schließlich in die Rinne hinein, bis wir nach einer Wegstunde auf eine breite, zum Meer hin ziehende (»Inlingias-Beach«) **Schlucht** stoßen. Der auf der anderen Seite der Schlucht hochziehende Weg läßt sich gut erkennen. Von hier ist es noch eine halbe Stunde bis **Hóra Sfakíon**.

Nützliche Informationen

Ausgangspunkt: *Agía Roúmeli* (Samariá-Schlucht). Wanderung führt nicht zum Ausgangspunkt zurück.
Gehzeiten: Insgesamt 8 Std.; Agía Roúmeli – Weggabelung Arádhena bzw. Loutró: 1½ Std.; Weggabelung – Agíos Ioánnis: 2½ Std.; Agíos Ioánnis – Arádhena: 1 Std.; Arádhena – Anópolis: 1 Std.; Anópolis – Hóra Sfakíon: 2 Std.; Anópolis – Loutró: 1½ Std.
Verkehrsverbindungen: Zu Fuß durch die Samariá-Schlucht nach Agía Roúmeli (siehe Wanderung Nr. 9). Mit dem Schiff: Paleohóra – Agía Roúmeli, täglich in der Saison; Agía Roúmeli – Loutró – Hóra Sfakíon, mehrmals täglich in der Saison, Agía Galíni – Plakiás – Hóra Sfakíon – Agía Roúmeli, mehrmals wöchentlich in der Saison; Gávdos – Agía Roúmeli, einmal wöchentlich (Do) in der Saison.
Busverbindungen: Haniá – Omalós (Samariá-Schlucht): 6.15, 8.30, 16.30 Uhr; Haniá – Hóra Sfakíon: 8.30, 11.00, 14.00 Uhr; Hóra Sfakíon – Haniá: 7.00, 11.00, 16.30 Uhr und 17.30 – 19.00 Uhr nach Bootsankunft; Hóra Sfakíon – Anópolis: 14.30 Uhr; Anópolis – Hóra Sfakíon: 7.00, 14.00 Uhr; Hóra Sfakíon – Frangokástello – Plakiás: 16.30 Uhr.
Taxi: Hóra Sfakíon.
Übernachtungsmöglichkeiten und Verpflegung: Agía Roúmeli: siehe Tour 9, Loutró: siehe Tour 12, Finix: siehe Tour 12, Anópolis und Hóra Sfakíon: siehe Tour 14.
Apotheke: Hóra Sfakíon.
Post/Geldwechsel: Hóra Sfakíon.
Sehens- und Wissenswertes: • Schluchten: *Samariá, Eligías, Anópolis* und *Arádhena.*
• *Agía Roúmeli* und *Loutró:* Festungen.
• *Byzantinische Kirchen:* Agios Pávlos (Freskenmalerei), Sotíros Chrístos bei Loutró, Agios Ioánnis: Panagía; Arádhena: Erzengel Michael.

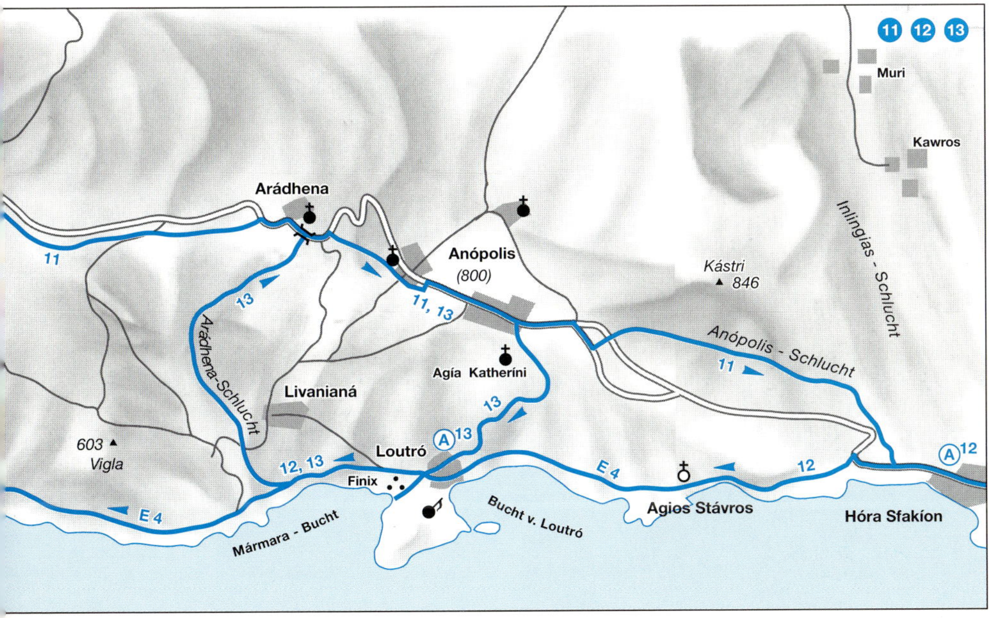

12 An der Küste von Hóra Sfakíon nach Agía Roúmeli

Tourencharakter: Unschwieriger Küstenweg mit kurzen felsigen Wegpassagen.
Beste Jahreszeit: Oktober bis Mai. Während des ganzen Jahres möglich. Im Sommer sehr heiß.
Reine Gehzeit: 7 bis 8 Std.
Markierung: Vorhanden. Und E4.
Höhenunterschied: Aufstieg 600 m, Abstieg 600 m.

Der Wegverlauf

Man verläßt **Hóra Sfakíon** auf der Straße nach *Anópolis.* Die Straße quert nach ca. 1,5 Kilometern eine Schlucht, an deren Ende eine schöne Kiesbucht (**Inlingias Beach;** Taverne, Zimmer) liegt. Nach weiteren 500 Metern, in der ersten scharfen *Rechtskurve* (nach etwa 30 Minuten), zweigt der Fußweg von der Straße ab und führt in Serpentinen hinab zum Meer. Über Blockgestein geht man auf dem gut gebauten Weg nur wenige Meter über dem Meer. Dann verliert sich der Weg, und wir gehen meist nahe am Wasser über Kies und Sand durch eine Bucht; danach ist der Weg wieder gut zu erkennen.

Sfakiote in der typischen schwarzen Kleidung und der traditionellen Kopfbedeckung der Hirten.

Nach etwa einer Stunde kommen wir an der kleinen Kapelle von *Ágios Stávros* vorbei. Gleich darauf sehen wir die Bucht von **Loutró**. Das kleine Fischerdorf hat etliche Pensionen, Hotels und Tavernen. Selbst im Winter ist es nicht ganz verlassen, da auch zu dieser Zeit regelmäßig Touristen ankommen. Im Sommer dagegen ist dieser malerische Ort oft ausgebucht. Loutró hat keine Straßenverbindung, Personen und Güter werden mit Booten befördert, die zwischen Hóra Sfakíon und Agía Roúmeli verkehren. Bei starkem Seegang findet jedoch kein Schiffsverkehr statt. Dann bleibt nur die Möglichkeit, zu Fuß nach Anópolis hochzusteigen oder nach Hóra Sfakíon zu laufen.

Bei dem Schild *»Pension Phinix«* an der Hafenmole führt der Weg in Kehren steil aufwärts zu den Ruinen des **Kastells**, das auf einer kleinen Halbinsel liegt. Der Weg verläuft ein Stück über die freie Fläche des Hügels. Nach links der Abstecher zur Festung, von rechts oben erreicht uns der Verbindungsweg von Anópolis, der hinab in die nächste Bucht leitet.

Südlich des alten Kastells, bis hinab in die Bucht, erstreckte sich früher die antike Stadt **Phoenix**, die zu ihrer Blütezeit mehr als 30000 Einwohner zählte. In den Bergen darüber wird das Dorf Livanianá sichtbar, zu dem wir nicht hochsteigen. Der Weg führt am Meer entlang, bis wir nach einigen Metern leichter Kletterei, nach einer Stunde ab dem Dorf Loutró, zum Ausgang der **Arádhena-Schlucht** kommen. Dem hellblauen Planschpool mit seinen marmornen Sonnenbänken ist nicht zu widerstehen. Der Weg verläuft nun ziemlich gerade, ca. 50 Meter über dem Meer hangwärts. Nach etwa 3 Stunden Weg ab Loutró wird die spärliche Vegetation durch mannigfachen Kiefernbestand abwechslungsreicher und das Gelände schattiger.

Agía Roúmeli und der Ausgang der Samariá-Schlucht liegen bereits in Sichtweite vor uns. Nach weiteren 45 Minuten biegt nach rechts oben ein markierter Weg nach Arádhena ab. Wir gehen geradeaus weiter. Der

Kirchlein des Heiligen Paulus an der Stelle, wo der Legende nach der Apostel auf seiner Reise nach Rom an Land ging, um Neubekehrte zu taufen. Im Hintergrund der Ausgang der Samariá-Schlucht bei Agía Roúmeli.

schöne Weg führt unter den Felswänden durch einen Kiefernwald, bis wir nach 3½ Stunden, ab Loutró, nach kurzem Abstieg die alte **Kapelle des heiligen Paulus** erreichen. Die Geschichte sagt, daß hier der Apostel Paulus auf seiner Reise als Gefangener von Cäsarea nach Rom an Land ging, um Neubekehrte zu taufen.

An mehreren Stellen dieses Strandabschnittes tritt aus dem feinen Kies nahe am Wasser kaltes Quellwasser aus dem Boden. Das Sprudeln von Wasser an der trockenen, heißen Südküste mutet wie ein Wunder an, und die Geschichte, daß der Apostel hier Menschen getauft habe, wird somit verständlich.

Eine halbe Stunde nach dem Kirchlein kommen wir an den Ausgang der **Eligías-Schlucht**, die parallel zur Samariá-Schlucht zum Meer abfällt, jedoch nicht ohne einfache Kletterkenntnisse passierbar ist. Von hier aus ist es nochmals eine halbe Stunde bis nach *Agía Roúmeli* und zur **Samariá-Schlucht**, aus der sich in den Sommermonaten ein wahrer Strom von Menschen ergießt. Im Winter ist der Ort wie ausgestorben. Es lohnt sich, den Abend hier in dem kleinen Ort zu verbringen und die faszinierende Abendstimmung, wenn die untergehende Sonne die gewaltige Felsenküste beleuchtet, mitzuerleben. **Agía Roúmeli** ist nur mit Booten von Paleohóra und Hóra Sfakíon aus erreichbar. Oder durch die Schlucht.

Nützliche Informationen i

Kartenskizze: Auf Seite 54/55.
Ausgangspunkt: *Hóra Sfakíon.* Wanderung führt nicht zum Ausgangspunkt zurück.
Gehzeiten: Insgesamt 7 bis 8 Std.; Hóra Sfakíon – Beginn des Fußweges: 45 Min.; Fußweg bis Ágios Stávros: 45 Min.; Ágios Stávros – Loutró: 30 Min.; Loutró – Arádhena-Schlucht: 1¼ Std.; Arádhena-Schlucht –

Ágios Pávlos: 2½ Std.; Ágios Pávlos – Agía Roúmeli: 1¼ Std.
Verkehrsverbindungen: Busverbindungen: Haniá – Hóra Sfakíon (siehe Tour 14); Haniá – Omalós (siehe Tour 9); Schiffsverbindungen: Hóra Sfakíon – Loutró – Agía Roúmeli – (Gávdos) – Souía – Paleohóra (s. Tour 11).
Taxi: Hóra Sfakíon.
Übernachtungstips: Hóra Sfakíon: siehe Tour 14; Loutró: *Porto Loutró,* Tel. (08 25) 9 10 91; Fínix: *Phönix,* Tel. (08 25) 9 12 57; Agía Roúmeli: siehe Tour 9.
Tavernentips: Hóra Sfakíon: siehe Tour 14; Loutró: mehrere Tavernen; Fínix: *Phönix;* Agía Roúmeli: siehe Tour 9.
Einkaufsmöglichkeit: Hóra Sfakíon: Supermarkt, Bäckerei; Loutró: Minimarkt; Agía Roúmeli: Supermarkt.
Sehens- und Wissenswertes: • *Samariá-Schlucht.* • Byzantinische Kirchen: *Ágios Pávlos* (Freskenmalerei), *Sotíros Hristós* bei Loutró. • Festung bei *Loutró* und *Agía Roúmeli.*

13 Rundweg durch die Arádhena-Schlucht nach Anópolis

Tourencharakter: Landschaftlich großartige Rundtour mit schwieriger Schluchtbegehung. Kletterkenntnisse erforderlich.
Beste Jahreszeit: Das ganze Jahr über möglich. Im Sommer sehr heiß.
Reine Gehzeit: 6 Std.
Markierung: Teilweise markiert. Gute Orientierungsmöglichkeit.
Höhenunterschied: Aufstieg 700 m, Abstieg 700 m.

Der Wegverlauf

Von **Loutró** aus auf dem Küstenweg (siehe Tour 12) Richtung Westen in einer Stunde in die *Mármara-Bucht,* wo die tiefeingeschnittene **Arádhena-Schlucht** aus Richtung Norden mündet.

Von der schön gelegenen Badebucht geht es direkt im Kiesbett des Baches in die Schlucht hinein. Gleich zu Beginn bauen sich zu beiden Seiten bis zu 200 Meter hohe senkrechte, rötlich gefärbte Felswände auf. Diese Schlucht ist im unteren Teil wie ein Canyon gebaut, mit ebenem Talboden und absolut senkrechten Wänden.

Der sehr schattige erste Abschnitt verleitet auch an heißen Tagen zu einer Begehung. Der ebene Talgrund steigt nach einer halben Stunde immer mehr an, Felsblöcke versperren den Weg und zwingen immer wieder zu kleinen Kletterpartien; wo es unübersichtlich wird, weisen *Steinmännchen* den Weg. Nach 45 Minuten ab Schluchtbeginn finden wir unter einem großen Felsblock eine **Quelle**, die fast das ganze Jahr über Wasser hat. Nach weiteren 15 Minuten weitet sich die Schlucht, und über den grünbewachsenen Hang auf der rechten Talseite führt ein schmaler Steig in 20 Minuten zum schön gelegenen Dorf **Livanianá** hinauf.

Der breite Talboden verengt sich wieder, und die Schlucht zieht sich in kleineren Windungen mit großen Felsblöcken durchsetzt und dicht bewachsen bergauf. Wie so viele Schluchten in Kreta ist auch die Arádhena-Schlucht Rückzugsgebiet für seltene Blumen, Vögel und Insekten und ideales Klettergelände für die halbwilden Ziegen. Wir wandern und klettern immer im Schluchtgrund und erreichen nach ca. einer Stunde und 45 Minuten die schwierigste Stelle dieser Wanderung.

Ein *Felssturz* hat mit gewaltigen Blöcken die Schlucht versperrt. Ein ca. 12 Meter hoher, blank geschliffener und senkrechter *Felsblock* muß mit Hilfe einer befestigten Eisenkette und mehreren alten Seilen überklettert werden. Es ist ratsam, für diese Tour ein 15 bis 20 Meter langes Kletterseil und einen Klettergurt für eine Sicherung von oben dabei zu haben. Nach weiteren 20 Minuten sehen wir hoch über uns eine neu erbaute *Eisenbrücke* der Verbindungsstraße Anópolis – Arádhena. Und kurz darauf führt in vielen Serpentinen der alte Weg von der rechten Talseite herab, quert die Schlucht und zieht sich in ebenso vielen Kehren links hinauf in das alte Dorf **Arádhena**.

Die Reste der ehemals großen Stadt Arádhena, die auf einer schönen freien Geländeterrasse (600 Meter hoch) liegen, zeigen nur noch wenig von den gewaltigen Ausdehnungen des früher dicht besiedelten Gebietes. Die minoische Stadt Arádhena hatte mehr als 30000 Einwohner und war bis in die römische Zeit hinein bewohnt. Sehenswert ist die Kirche des Erzengels Michael, ein kreuzförmiger Kuppelbau mit noch recht gut erhaltenen Fresken.

Durch die Ruinen des Dorfes und dann weiter auf der Fahrstraße gehen wir über die erwähnte Brücke *Richtung Anópolis.* Nach ca. 500 Metern verlassen wir vor einer *grauen Steinmauer* nach rechts die Straße. Eine *rote Markierung* weist auf den alten, noch gut erhaltenen *Pflasterweg* hin, der uns über einen Höhenrücken in 45 Minuten nach **Anópolis** bringt. (Die Fahrstraße führt in einem Bogen ebenfalls in das Dorf: 3,5 km.) Die Häuser liegen weit verstreut in dieser grünen fruchtbaren Talsenke. Anópolis ist eines der größten Dörfer in der Sfakiá und blieb bis heute vom Tourismus nahezu unangetastet.

Die Bewohner leben in dieser Region von der Landwirtschaft. Obst, Gemüse, Wein und Getreide gedeihen dank des vielen Wassers aus den Weißen Bergen und dank der Höhenlage sehr gut.

Vom Dorfplatz direkt neben der *Taverne* bringt uns eine schmale Teerstraße zum südlichen Ortsrand. Am letzten Haus führt ein alter Weg in Serpentinen den Hügelrand hinauf an einem einzelstehenden, noch bewohnten Haus vorbei in Richtung Osten. 10 Minuten nach dem Dorf direkt auf der Anhöhe gelangt man in wenigen Minuten hinauf zur Kirche **Agía Kateríni**.

Dieser Abstecher lohnt sich, denn von dort oben haben wir einen phantastischen Rundblick nach allen Seiten: tief unter uns die Küste, Loutró, Hóra Sfakíon, weit im Osten Frangokástello und der bis in den Frühsommer verschneite Gipfel des Psilorítis. Im Norden der weite Talboden mit Anópolis und dahinter die noch verschneiten Weißen Berge.

Ein gut gepflasterter alter Weg führt in steilen Kehren bis auf den Grund der Arádhena-Schlucht und zieht sich auf der Gegenseite wieder hinauf.

Das in einer malerischen Bucht gelegene Fischerdorf Loutró war bis vor kurzem nur zu Fuß oder mit dem Boot erreichbar.

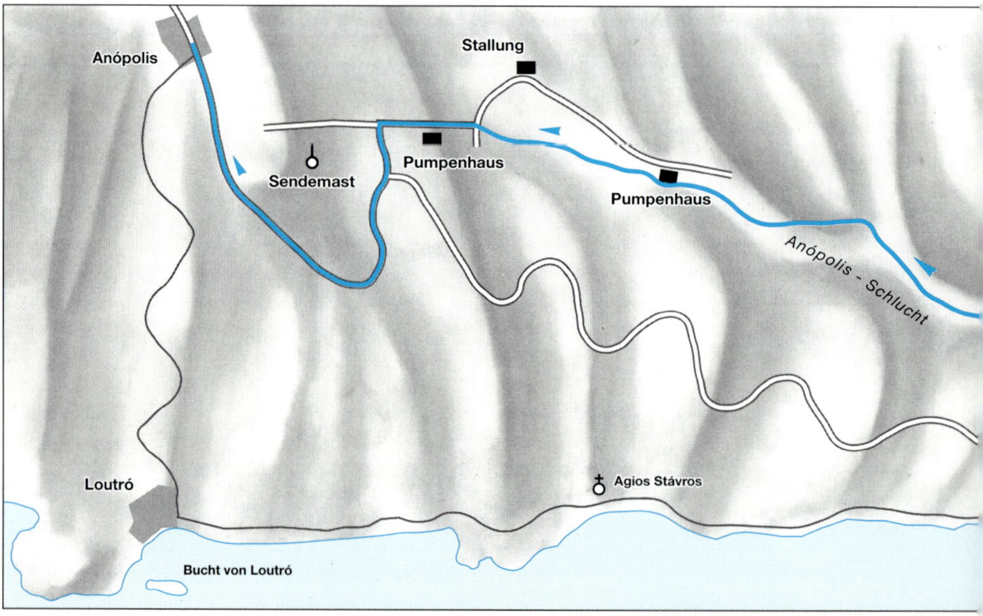

Zurück zu unserem Abstiegsweg, der südseitig in vielen Kehren die 650 Höhenmeter hinab in *Richtung Loutró* führt. 5 Minuten unterhalb der Kapelle mündet vom östlichen Ortsrand von Anópolis kommend ein Weg ein.

Kurz vor *Loutró* verzweigt sich der Weg, die *rote Markierung* weist auf die Halbinsel zwischen Loutró und Fínix hin (kürzester Abstieg nach Fínix). Geradeaus geht es in 15 Minuten hinab nach **Loutró**.

Nützliche Informationen

Kartenskizze: Auf Seite 54/55. Informationen siehe Tour 12 und 14.
Ausgangspunkt: *Loutró.* Wanderung führt zum Ausgangspunkt zurück. Sie kann wegen der guten Orientierung auch in umgekehrter Richtung gegangen werden.
Gehzeiten: Rundtour bis Loutró ingesamt 6 Std., bis Fínix insgesamt 6½ Std.; Loutró – Mármara-Bucht: 1 Std.; Schluchtbegehung: 2 Std. 15 Min.; Aufstieg Arádhena – Anópolis: 1 Std.; Anópolis – Agía Iríni: 30 Min.; Agía Iríni – Loutró: 1 Std. 15 Min.; Agía Iríni – Fínix: 1 Std. 30 Min.

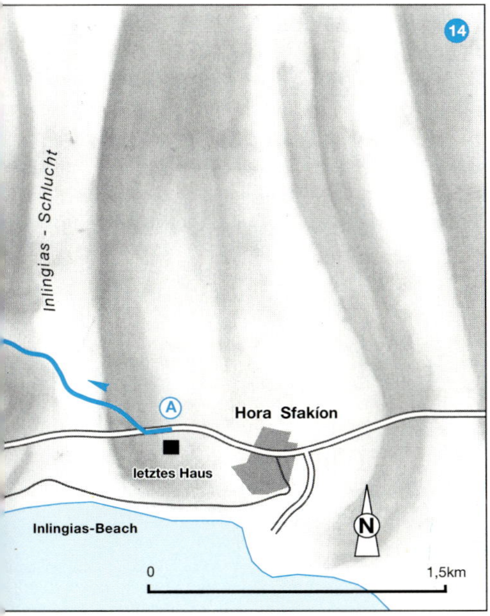

14 Durch die Anópolis-Schlucht

Tourencharakter: Unschwierige Wanderung auf schönem alten Verbindungsweg zwischen Hóra Sfakíon und dem Bergdorf Anópolis.
Beste Jahreszeit: Frühjahr bis Herbst. Im Sommer sehr heiß.
Reine Gehzeit: 2 Std.
Markierung: Keine.
Höhenunterschied: 590 m.

Hóra Sfakíon ist ein guter Ausgangspunkt für Wanderungen in der Umgebung. Ein schöner Weg führt vom Ort hinauf nach Anópolis. Von dort gibt es mehrere Möglichkeiten des Weiterwegs, z. B. zur atemberaubenden Arádhena-Schlucht oder über das Fischerdorf Loutró zurück nach Hóra Sfakíon.

Der Wegverlauf

Wir beginnen den Weg auf der Straße nach **Anópolis**. 80 Meter hinter dem letzten Haus des Ortes beginnt rechts ein alter *gepflasterter Weg.* Nach 25 Minuten, vor einer tiefen Schlucht, kommt links ein *Fahrweg* herauf, der hier endet. Jetzt rechts einwärts, über den rechten Rand der Schlucht, wo sich uns plötzlich eine fast alpine Szenerie eröffnet. Deutlich erkennen wir den gemauerten Weg, wie er sich auf der anderen Seite hochzieht. Darauf folgt ein westwärts ziehender schmaler *Einschnitt,* der sich nach einer halben Stunde gabelt. Zwischen den beiden Gräben aufwärts in eine *Rinne,* die nach 20 Metern gequert wird, und auf deren linkem Rand aufwärts steigen, bis wir zu einer **Pumpstation** kommen.

Neben einer **Stromleitung** mit dünnen Masten verläuft der Weg weiter Richtung Westen auf einer Schotterstraße. Nach 10 Minuten *Abzweigung nach links,* wo der alte Weg neben der Leitung weitergeht. 5 Minuten auf diesem, dann Überschreiten des Schotterwegs und hoch zu einer weiteren *Pumpstation.* Links über dieser ist der alte Pfad wieder begehbar, der dann zur *Asphaltstraße* hochführt. Auf dieser noch 15 Minu-

Durchquerung der Inlingias-Schlucht auf dem alten Weg von Hóra Sfakion nach Anópolis.

ten bis zum Ortsanfang von **Anópolis**. Zwei Restaurants und einige »*Rent Rooms*« finden sich in diesem Teil des Dorfes. Bis zum Ortskern sind es dann nochmals 1,5 Kilometer zu laufen.

Von Anópolis gibt es mehrere Möglichkeiten des Weiterwegs, z.B. den Rückweg über Loutró (siehe Tour 13) oder nach Arádhena (siehe Tour 13) oder nach Agía Roúmeli (siehe Tour 11).

Nützliche Informationen

Ausgangspunkt: Hóra Sfakíon.
Gehzeit: Insgesamt 2 Std.
Verkehrsverbindungen: Busverbindungen: Haniá – Hóra Sfakíon: 8.30, 11.00, 14.00 Uhr; Hóra Sfakíon – Haniá: 7.00, 11.00, 16.30 Uhr und 17.30 – 19.00 Uhr nach Bootsankunft; Hóra Sfakíon – Réthimnon: 16.30 Uhr; Réthimnon – Hóra Sfakíon: 7.00, 14.00 Uhr; Hóra Sfakíon – Frangokástello – Plakiás – Agía Galíni: 11.30, 16.30 Uhr; Pakiás – Hóra Sfakíon: 9.30 Uhr. Schiffsverbindungen: Hóra Sfakíon – Loutró – Agía Roúmeli (täglich 10.30 Uhr); Hóra Sfakíon – Plakiás – Agía Galíni (mehrmals wöchentlich mit der Elvira); Hóra Sfakíon – Gávdos: Sa, So.
Übernachtungstips: Hóra Sfakíon: *Hotel Stavris*, Tel. (08 25) 9 12 20-9 12 01, über der Post; *Alkion-Hotel* I.&P. Dourountakis, Tel. (08 25) 9 11 80; Hotel/Restaurant *Inlingias-Beach*, ca. 1 km von Hóra Sfakíon unterhalb der Straße nach Anópolis (herrlicher Strand).
Anópolis: *Tria Adelfia*, Tel. 9 12 28; *Rooms*, Tel. 9 12 29; *Rooms Taverna Panorama*, alle am Ortsende nach Hóra Sfakíon.
Taverntips: Hóra Sfakíon: Restaurant *Samariá*; Fischtaverne *Tria Adelfia*. Anópolis: Restaurant *Tria Adelfia* am Ortsende Richtung Hóra Sfakíon; Kafenía am Dorfplatz.
Einkaufsmöglichkeit: Supermarkt und Bäckerei in Hóra Sfakíon.
Taxi, Reisebüro: Hóra Sfakíon.
Apotheke: Hóra Sfakíon.
Sehens- und Wissenswertes: • Erzengel-Michael-Kirche in *Arádhena*. • Blick von der Brücke in die Arádhena-Schlucht.

15 Auf alten Wegen durch die Ímbros-Schlucht

Tourencharakter: Unschwierige Wanderung auf dem Schluchtgrund.
Beste Jahreszeit: Frühjahr und Spätherbst. Im Sommer sehr heiß.
Reine Gehzeit: 2½ Std.
Markierung: E4.
Höhenunterschied: 580 m.

Ímbros liegt 780 Meter über dem Meer auf der Paßstraße von Hóra Sfakíon nach Vrísses. Kommt man von Haniá oder Réthimnon, so beginnt gleich hinter dem Ort Vrísses (was soviel wie »Wasserhähne« heißt und wo es einen vorzüglichen Schafsjoghurt mit Honig gibt) die Straße in abenteuerlichen Kehren hochzuziehen bis zur Askífou-Ebene. Hier wachsen Kartoffeln, Wein, Getreide und Walnußbäume. Man folgt der Ebene nach Süden bis zum zweiten Paßübergang bei Ímbros. Anschließend windet sich die Straße wieder steil nach unten. 16 Kilometer sind es von Ímbros hinunter bis Hóra Sfakíon.

Der Wegverlauf

Der Weg schluchtaufwärts beginnt am östlichen Ortsschild von **Komitádes** (Hinweisschild: *To Ímbros-Gorge*). Bereits nach 20 Minuten rücken die Schluchtwände zusammen. Da der Schluchtgrund von Schotter bedeckt ist, ist es nicht immer angenehm zu laufen. Ungefähr nach einer halben Stunde zeigen sich die Strukturen des ehedem gepflasterten Wegs, kurz bevor wir ein imposantes **Felsentor** erreichen.

1867 hat sich hier ein Drama im Widerstand gegen die Türken ereignet. Frauen und Kinder waren hierher geflohen und hatten sich in einer Höhle versteckt. Die türkischen Trupps haben sie jedoch aufgespürt und getötet.

Die anfangs nackten Schluchtwände werden mehr und mehr von Zypressen begrünt. Es ist eine Wohltat für die Füße, wenn wieder ein Stück des alten gepflasterten Wegs, der hier einst die Verbindung zwischen Nord- und Südküste herstellte, auftaucht.

Nach etwas mehr als einer Stunde Weg erreichen wir eine **Zisterne** und **Viehtränke**. Zum Herausholen des tief unten befindlichen Wassers (nicht trinkbar!) liegt ein arg verrosteter Blechkübel bereit. Gleich darauf

Bereits nach einer halben Wegstunde beeindruckt den Wanderer in der Imbros-Schlucht dieses imposante Felsentor.

windet sich die Schlucht schlaufenförmig und wird so eng, daß man mit ausgestreckten Armen die Wände berühren kann. Dann wird die Kulisse etwas sanfter, die Schlucht läuft schließlich nach oben hinaus, und nach 2½ Stunden erreichen wir die Häuser von Ímbros.

Beginn des Wegs von Ímbros: Am südlichen Ortsausgang von Ímbros in die nach Süden verlaufende Einsenkung, in deren Richtung auch eine Telegrafenleitung gezogen ist. Nach 1½ Stunden verläuft die Schlucht in einem Schotterbett, von dem es dann rechts nach Komitádes hochgeht. Sehenswert ist die **Kapelle des heiligen Georg**, die etwas außerhalb des Ortes steht. Sie stammt aus dem Jahre 1314 und ist von dem berühmten Freskenmaler Pagoménos ausgemalt.

Die Legende erzählt, daß das mehrfach von Seeräubern überfallene Dorf zum Dank für einen Sieg über die Räuber das Kirchlein erbauen ließ.

Wer nach Hóra Sfakíon will, muß 5 Kilometer auf der Straße gehen, ein Auto anhalten oder auf den Bus warten.

Nützliche Informationen

Kartenskizze: Auf Seite 65.
Ausgangspunkt: *Komitádes* (5 km von Hóra Sfakíon) oder *Ímbros*.
Gehzeiten: Insgesamt 2½ Std.; Komitádes – Felsentor: 30 Min.; Felsentor – Zisterne: 35 Min.; Zisterne – Ímbros: 1½ Std.
Verkehrsverbindungen: Busverbindung: Hóra Sfakíon – Komitádes – Frangokástello – Plakiás – Agía Galíni: 16.30 Uhr; Agía Galíni – (Komitádes) – Hóra Sfakíon: 8.30 Uhr (Fahrzeit: 3 Std.); Hóra Sfakíon – Ímbros – Haniá: siehe Tour 14.
Taxi: Hóra Sfakíon.
Übernachtungsmöglichkeiten: Ímbros: Zimmer; Komitádes: Zimmer; Hóra Sfakíon und Frangokástello (Tour 14 bzw. 17).
Verpflegung: Komitádes: Café/Bar, Restaurant, Taverne, Mini-Market. Ímbros: Mini-Market, Kafeníon.
Sehens- und Wissenswertes: • Kirche *Ágios Geórgios* bei Komitádes (Pagoménos-Fresken). • *Venezianisches Kastell* in Frangokástello.

16 Von der Askífou-Ebene nach Ásfendou und durch die Ásfendou-Schlucht

Tourencharakter: Unschwierige, aber Ausdauer erfordernde, größtenteils abwärts verlaufende Wanderung.
Beste Jahreszeit: Frühjahr und Herbst. Während des ganzen Jahres möglich.
Reine Gehzeit: 5 Std.
Markierung: Teilweise E4.
Höhenunterschied: Aufstieg 400 m, Abstieg 940 m.

Der wohl älteste Verbindungsweg der Dörfer auf der Askífou-Ebene mit dem Dorf Ásfendou und der Südküste führt quer über die Ebene. Am nördlichen Rand der Áskifou-Ebene liegt das Dorf **Karés** (Ruine einer türkischen Festung).

Der Wegverlauf

Wir steigen von der Straße hinab, durch das Dorf bis zum letzten Haus am südöstlichen Rand des Dorfes. Direkt nach dem Haus (drei flache Betondächer) beginnt die **alte Straße**, die streckenweise noch die alte Pflasterung aufweist und immer noch befahren wird. Sie führt uns durch die fruchtbare Ebene hindurch nach *Goní*. Nach gut 500 Metern zuerst nach links, dann nach rechts unterhalb der alten Festung vorbei in den Taleinschnitt hinein.

Wer am frühen Morgen unterwegs ist, erlebt die faszinierende Stimmung des beginnenden Tages. Pfauengeschrei mischt sich in das Krähen der Hähne, die von der Ebene her antworten, und die Vogelstimmen vervollständigen diese Melodie. Im Schatten der umliegenden Berge erreichen wir nach 25 Minuten das Dorf **Goní**; kurz vorher mündet die *Teerstraße* von Amoudári von rechts. Wie alle Dörfer in dieser fruchtbaren Ebene wurde auch das Dorf Goní wegen des Schmelz- und Regenwassers am Rande der Ebene, auf einem kleinen Hügel, gebaut. Die Straße führt rechts vorbei, weiter durch die Felder in das nach Süden ziehende Tal hinein. Das Tal wird enger, die *Schotterstraße* steigt langsam an und endet an einem *Schafpferch*.

Knapp 1½ Stunden sind wir jetzt gegangen. Der alte Fußweg, der jetzt nur mehr von Hirten und ihren Herden benutzt wird, zieht sich weiter in das linke Talende hinein, und nach 20 Minuten erreichen wir eine kleine **Hochebene**. Die bisher üppige Vegetation ist verschwunden; Zistrosen, Salbei, Thymian, Eichen überwiegen. Vorbei an einer *Zisterne* mit Schaftränke, über noch gut erhaltene, alte Serpentinen erreichen wir den vor uns liegenden *Sattel* und treten jetzt erst in die heiße Vormittagssonne. Der Ausblick in das vor uns liegende Tal zeigt über

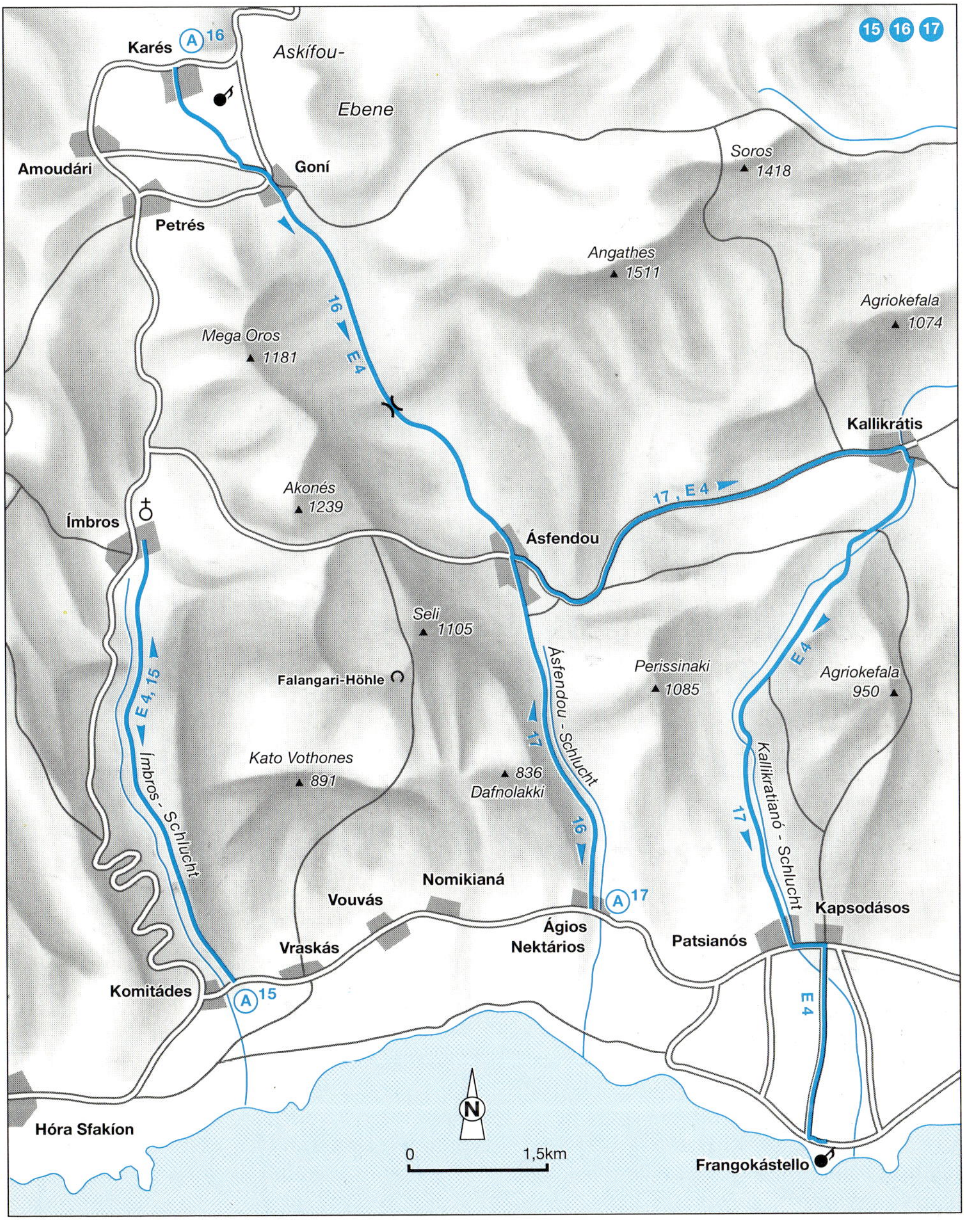

weite Strecken einen fast unbeschädigten alten Weg, der sich den Geländeformen unauffällig anpaßt. Ein fast zeitloses Gefühl entsteht beim langsamen Absteigen. An einer kleinen Hochebene vorbei mit Zisternen und Schafpferchen geht es über mehrere Ebenen hinab. Der Weg mündet in eine *Schotterstraße*, auf der es noch eine halbe Stunde zu laufen ist.

Vor uns liegen die grauen Häuser von **Ásfendou**; rechts oben die Dorfkirche und der Friedhof. Die einzelnen Häuser unter großen Birnbäumen, das Geläute der Schafe und der Ruf der Hirten vermitteln eher den Charakter einer Alp als den eines kretischen Dorfes. Der Schotterweg mündet in die *Straße nach Kallikrátis*, auf dieser 200 Meter, rechts einen Feldweg weiter, der in einen Hohlweg zum Beginn der **Ásfendou-Schlucht** führt. (Wer den Abstieg durch die Kallikratianó-Schlucht bevorzugt, nimmt am besten die Schotterstraße nach Kallikrátis und von dort den Weg in die Schlucht – siehe folgende Wanderung.)

Der alte Abstiegsweg durch die Ásfendou-Schlucht bedarf keiner weiteren Beschreibung (Aufstieg siehe folgende Wanderung). Nach 1½ Stunden erreichen wir über den orographisch rechten Rand das Dorf **Ágios Nektários**. Jetzt können wir entscheiden, wo wir für den Rest des Tages Quartier beziehen möchten, in Hóra Sfakíon oder in Frangokástello. Von den Bademöglichkeiten her gesehen liegt der Vorzug eindeutig bei Frangokástello.

Nützliche Informationen

Ausgangspunkt: *Karés* (Askífou-Ebene). Wanderung führt nicht zum Ausgangspunkt zurück.
Gehzeiten: Insgesamt 5 Std.; Karés – Goní: ½ Std.; Goní – Sattel: 1¾ Std.; Sattel – Ásfendou: 1¼ Std.; Ásfendou – Ágios Nektários: 1½ Std.
Verkehrsverbindungen: Karés (Buslinie Haniá – Hóra Sfakíon: siehe Tour 14); Ágios Nektários (Buslinie Hóra Sfakíon – Plakiás: Abfahrtszeiten siehe Touren 14 und 25).
Übernachtungsmöglichkeiten und Tavernentips: Askífou-Ebene (siehe Tour 18); Hóra Sfakíon (siehe Tour 14).

17 Über die Ásfendou-Schlucht nach Kallikrátis

Durch die Kallikratianó-Schlucht nach Frangokástello

Tourencharakter: Unschwierige, aber sehr lange und Ausdauer erfordernde Wanderung.
Beste Jahreszeit: Frühjahr und Herbst.
Reine Gehzeit: 6½ Std.
Markierung: Teilweise E4.
Höhenunterschied: Aufstieg 650 m, Abstieg 850 m.

Der Wegverlauf

Der Weg beginnt in **Ágios Nektários**. Von der *Kirche* führt eine Straße direkt auf die Schlucht zu. Bei einem doppelten Strommast am *linken Rand* der auslaufenden Schlucht hoch zu einer *Stallung* mit blauen Fenstern. Ein breiter, zum Teil gepflasterter alter **Maultierpfad** zieht sich am linken Schluchtrand hoch. Nach einer guten Stunde steigt der Weg nach einer Steinhütte in mehreren Serpentinen hoch. Es geht beständig steil aufwärts, aber auf gut begehbarem Weg. Nach gut 2 Stunden Aufstieg nähern wir uns dem Schluchtende und sehen die ersten Häuser von **Ásfendou**.

Weg von Ásfendou nach Kallikrátis

Gleich zu Beginn sehen wir rechts oben ein *Haus mit blauen Fenstern*, zu dem ein Weg hochführt. An diesem vorbei kommen wir zu einer *Schotterstraße*, die uns direkt in den Ortskern von **Kallikrátis** führt (6 km). Sehenswert ist die Kirche mit ihrer Sonnenuhr sowie die schöne Brunnenanlage. Zwei Kafenía sind den Sommer über geöffnet, im Winter ist das Dorf zumeist verlassen, die Bevölkerung zieht dann ins tiefer gelegene Kapsodásos oder nach Patsianós am Schluchtausgang. Der Verbindungsweg zur Küste wird von den Bewohnern noch regelmäßig benutzt, sofern nicht größere Mengen

Durch die Ásfendou-Schlucht führt ein alter Verbindungsweg von der Askífou-Ebene zur Südküste.

Gepäck zu transportieren sind. Mit dem Auto ist ein weiter Umweg notwendig, um beide Orte zu erreichen. Die Bewohner von Kallikrátis leisteten in der Zeit der Türkenbesetzung erbitterten Widerstand; das Dorf konnte nie besetzt werden.

Durch die Kallikratianó-Schlucht nach Frangokástello

Die **Schlucht** beginnt an der tiefsten Einsenkung des Talrandes im Süden. Im Dorf beginnen wir unseren Weg in diese Richtung. Orientierungspunkt ist eine auf einem Hügel gelegene Kirche. Rechts davon verläuft ein **trockenes Bachbett**. Durch Farnwiesen links neben dem ausgetrockneten Bachbett führt der Weg sacht in den Schluchtanfang hinein. Der alte Weg ist klar und eindeutig zu verfolgen. Innerhalb einer halben Stunde quert er mehrmals das ausgebleichte Bachbett. Die Schlucht wird enger, der zum Teil zementierte Weg steiler. Aufgeschreckte Ziegen ergreifen die Flucht.

Unverhofft öffnet sich die Schlucht zu einem Kessel. Kalkfelsen türmen sich hoch auf, bei einem Blick nach oben könnte man einen Augenblick lang glauben, in den Dolomiten zu sein. Kurz darauf, nach etwas mehr als einer Stunde ab Kallikrátis, öffnet sich die Schlucht endgültig und gibt den Blick auf die weite Küstenebene vor Frangokástello frei. Vorbei an riesigen Oleanderbüschen erreicht man über den rechten Schluchtausgang das Dorf **Patsianós**, über den linken das Dorf **Kapsodásos**. Nach **Frangokástello**, zu deutsch Frankenburg, sind es von hier noch 3 Kilometer.

Die 1371 von den Venezianern erbaute Burg war 1828 Schauplatz einer erbitterten Schlacht, bei der 700 kretische Kämpfer einem Heer von 8000 Türken gegenüberstanden und unterlagen. Zur Erinnerung an die Schlacht und den Führer Hadzimichális steht an der Ostseite des Kastells ein Denkmal mit seiner Büste. Im Volksglauben lebt dieses Ereignis in einer sonderbaren Spukerscheinung weiter. Alljährlich, um den 17. Mai, bewegt sich kurz vor Sonnenuntergang ein langer Zug von schwarzgekleideten Reitern und Fußvolk von Ágios Haralámbos nach Frangokástello. Man nennt dieses Phänomen *Drossoulítes-Erscheinung* (Taumänner). Die Erscheinung dauert 10 Minuten und tritt nur auf, wenn nach einigen feuchten Tagen vorläufige Windstille herrscht, be-

vor Nordwind einsetzt. Wissenschaftlich versucht man das Phänomen als Luftspiegelung unter besonderen klimatischen Gegebenheiten zu erklären.

Ganz abgesehen davon hat Frangokástello einen herrlichen Sandstrand, gute Möglichkeiten zu übernachten (keinen Massentourismus) und einige Tavernen zum Einkehren. Eine Busverbindung gibt es über Hóra Sfakíon nach Haniá.

Nützliche Informationen

Kartenskizze: Auf Seite 65.
Ausgangspunkt: *Ágios Nektários* (Straße Hóra Sfakíon – Frangokástello). Wanderung führt fast zum Ausgangspunkt zurück.
Gehzeiten: Insgesamt 6½ Std.; Ágios Nektários – Ásfendou: 2 Std.; Ásfendou – Kallikrátis: 1½ Std.; Kallikrátis – Schluchtbeginn: ½ Std.; Kallikratianó-Schlucht: 1½ Std.; Patsianós – Frangokástello: 1 Std.
Verkehrsverbindungen, Taxi: siehe Touren 14 und 25.
Übernachtungsmöglichkeiten: Frangokástello: *Appartements Castello*; *Kali*; Komitádes: *Rooms To Meltemi*; Hóra Sfakíon: siehe Tour 14.
Tavernentips: Kallikrátis: 2 Kafenía; Frangokástello: Taverne mit schöner Terrasse unterhalb des Kastells; Taverne *Petros* (gegenüber Appartements Castello).
Sehens- und Wissenswertes: • *Kallikrátis*: Kirche. • *Frangokástello*: Kastell, früher Burg des hl. Nikitas, von den Venezianern 1371 erbaut.

Einladende Strände vor der steinernen Kulisse des venezianischen Kastells in Frangokástello.

18 Von der Askífou-Ebene auf den Kástro (2218 m)

Tourencharakter: Mittelschwere, aber anstrengende Bergwanderung, große Höhenunterschiede, zum Teil wegloses Gelände, nach einem schneereichen Winter im Frühjahr nicht möglich.
Beste Jahreszeit: Frühjahr, Frühsommer und Herbst.
Reine Gehzeit: Ca. 9 Std.
Markierung: Keine.
Höhenunterschied: Aufstieg 1500 m, Abstieg 1500 m.

Die Besteigung des **Kástro** ist eine lange Bergtour, die Orientierungsvermögen, Trittsicherheit und natürlich eine gute Kondition verlangt. Eine stabile Wetterlage ist Voraussetzung, da sich auch in Kreta in Höhenlagen über 2000 Meter ganz gewaltige Temperaturstürze ereignen können. Außerdem sind besonders die »Weißen Berge« für heftige Gewitter bekannt.

Der Wegverlauf

Ausgangspunkt für unsere Bergbesteigung ist das 740 Meter hoch gelegene Dorf **Amoudári** in der Askífou-Ebene. Von der Durchgangsstraße Richtung Hóra Sfakíon führt rechts zur **Kirche** eine Straße ab. Ihr folgen wir an einer *Molkerei* und den letzten Häusern vorbei, bis wir die Schotterstraße an der ersten engen *Linkskurve* verlassen. Wir gehen geradeaus auf einem alten Weg, an einer neu erbauten großen **Zisterne** und links an einem großen **Schafstall** vorbei in den beginnenden Wald hinein nach oben. Vom Dorf aus nach etwa 30 Minuten steigen wir kurz etwas steiler wieder auf die Straße hinauf und überqueren sie. Diese Schotterstraße führt in einem weiten Bogen auf die Hochebene hinauf.

Auf der anderen Seite verfolgen wir nun immer den alten Weg, der sich im lichten Bergwald aus Kiefern und Eichen in vielen Serpentinen nach oben zieht. Bereits am frühen Morgen bescheint die Sonne diesen

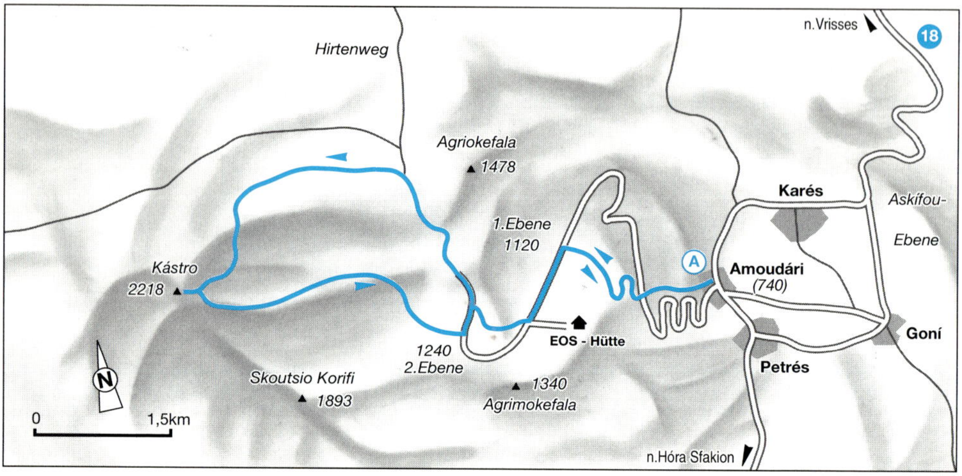

Osthang, der von dem alten, teilweise noch gepflasterten Weg überwunden wird. Nach einer weiteren halben Stunde gehen wir an einer kleinen *Lichtung* vorbei; die Morgensonne kommt hier nur zögernd durch die Bäume; nur das Gezwitscher der Vögel und das Summen der Bienen ist zu hören.

Ein kleiner Taleinschnitt vermittelt den weiteren Aufstieg auf die **erste Hochebene**; sie liegt auf 1140 Metern; im Frühjahr dicht bewachsen von einem bunten Blumenteppich und die Hänge ringsherum noch üppig grün. In der Mitte der Ebene, vor einem eingezäunten Gemüsefeld, folgen wir wieder nach links der **Fahrstraße**, auf die wir hier wieder treffen. Diese Schotterstraße zieht sich in einem weiten Bogen hinauf zur höher gelegenen zweiten Hochebene; rechts der Straße verläuft in einem kleinen Tal der nur mehr bruchstückhaft erhaltene alte Weg. Eine Weggabelung führt zur neu erbauten **Berghütte des EOS**, die in 300 Metern Entfernung auf einem aussichtsreichen Platz liegt.

Gleich zu Beginn der wesentlich größeren **zweiten Ebene** (sie liegt auf 1240 Metern) verlassen wir die Straße, gehen an der großen **Zisterne** vorbei und überqueren die Ebene in Richtung nördliches Ende; die Straße führt immer an ihrem Rande in einem weiten Bogen entlang. Von der freien flachen Ebene ziehen sich Ziegenpfade weglos hinauf bis zur Straße weiter oben. Auf ihr noch 100 Meter bis zu ihrem Ende.

Nun bleibt uns wieder der *alte* Weg. Über einen kleinen Sattel hinab und auf eine unter Bäumen gelegene **Zisterne** zu. Vor uns zieht sich nach links ein langer Rücken zum Gipfelmassiv des Kástro hinauf.

Etwa 30 m vor der Zisterne weisen **rote Markierungen** nach links. Diesen Markierungen und vereinzelten Pfadspuren folgen wir, bis wir nach gut einer halben Stunde in 1500 m Höhe einen weiten **Kessel** erreichen.

Das Gelände ist stark zerfurcht; scharfkantige Felspartien, immer wieder von tiefen Löchern und Rissen durchzogen, sind dicht mit der hier oben üblichen dornigen Pyrghána bewachsen. Direkt dahinter das Massiv des Kástro, bestehend aus drei fast gleich hohen Kegeln.

Der **Kamm**, der den Kessel auf der rechten Seite begrenzt, stellt unseren weiteren Aufstiegsweg dar. Teils auf dem breiten Rücken, teils auf dem schmalen Grat geht es nach oben. Die Vegetation ist fast ganz verschwunden, wir steigen nur noch über Fels und Geröll. Nach Westen verliert sich der Blick in einem schier endlosen Gewirr aus

Auf dem größten Gebirgsmassiv der Insel, den »Weißen Bergen«, liegt bis in den Sommer hinein Schnee. Blick auf das Ziel dieser Tour, den Kástro.

Die Askífou-Ebene. Rechts der vielen Serpentinen führt der Fußweg vom Dorf Amoudári über die erste Hügelkette hinauf zum Kástro.

Felskegeln und Geröllfeldern – eine Steinwüste auf 2000 Metern Höhe.

Vor dem letzten Aufschwung queren wir unterhalb des ersten Kegels nach *links* auf gleicher Höhe in einen erst jetzt sichtbaren kleinen *Kessel* hinein; in der Mulde am Ende eines langen Schneefeldes ein kleiner Teich. Am mittleren, niedrigsten Kegel noch vorbei steigen wir über ein langes, steiles Geröll- und Blockfeld immer bergauf. Wir erreichen den Grat, der uns zum Plateau mit der Gipfelsäule, die in Trümmern zerstreut liegt, bringt. Wir haben den östlichsten Punkt der Weißen Berge, den **Kástro** (2218 m), erreicht.

Im Westen breiten sich Dutzende von Bergspitzen der **Léfka Óri**, die über 2000 Meter hoch sind, aus; eingebettet in ein bizarres Gewirr von farbigen Felsplatten und -bändern, teils durchlöchert und ausgefressen, teils als großflächige Platten daliegend. Geröllfelder schieben sich wie Zungen dazwischen, und immer wieder bohren sich tief eingeschnittene Krater und Schächte weit in den felsigen Grund. Im Süden die dunstige Küste mit einer Andeutung des Ortes Anópolis, vor dem blauen, sich im Weiß verlierenden Libyschen Meer und im Norden das grüne, hügelige Vorland mit üppiger Tallandschaft, Vrísses und vielen anderen Dörfern und der im Dunst liegenden Bucht von Georgiópolis.

Der *Rückweg* führt uns direkt nach Osten, auf einem weiter rechts hinabziehenden ausgeprägten **Gratrücken** auf die oberste Ebene hinab. Den Grat verfolgen wir, bis uns nach einem ebenen Stück ein steiler Abbruch zum Ausweichen in die tiefer liegende **Senke** (rechts) zwingt. Dieser Senke folgen wir und steigen über Felsplatten, durch kantige Felstürme und den vielen tiefen Löchern ausweichend, in diesem leichten Einschnitt nach unten. Zum Schluß queren wir nun schon im flacheren Gelände durch dichtes Gebüsch und unter kleinen Bäumen auf die freie Ebene hinaus, nachdem wir wieder die Schotterstraße überquert haben.

Über den uns schon bekannten Aufstiegsweg gelangen wir in eineinhalb Stunden hinab nach **Amoudári**.

Mehrere Tavernen und Kafenía bieten sich nach dieser langen Bergtour als Ruheplatz an, jetzt können wir auch den Rakí genießen, der in diesen hochgelegenen Dörfern oft einen besonders guten Geschmack hat.

Nützliche Informationen

Ausgangspunkt: *Amoudári* in der Askífou-Ebene (740 m). Wanderung führt zum Ausgangspunkt zurück.
Gehzeiten: Insgesamt ca. 9 Std.; Amoudári – erste Hochebene: 1½ Std.; erste Hochebene – Straßenende: 1¼ Std.; wegloser Aufstieg zum Kástro: 2½ Std.; wegloser Abstieg über Ostgrat: 2 Std.; Abstieg nach Amoudári: 1½ Std.
Verkehrsverbindungen: Busverbindungen: Haniá – Amoudári – Hóra Sfakíon: siehe Tour 14.
Taxi: Vrísses oder Hóra Sfakíon.
Übernachtungstips: Amoudári: Hotel, Pensionen und Privatquartiere; Hóra Sfakíon: siehe Tour 14.
Tavernentips: Amoudári: mehrere Tavernen und Kafenía.
Einkaufsmöglichkeit: Amoudári: Mini-Markt; Bäckerei.
Post/Geldwechsel: Amoudári.
Sehens- und Wissenswertes: • Byzantinische Kirche in *Alíkambos*, mit ungewöhnlich gut erhaltenen Fresken von Pagoménos (1315/1316).

19 Von Georgiópolis nach Likotineréa

Tourencharakter: Unschwierige Wanderung, ohne große Höhenunterschiede, teilweise auf geteerter Straße.
Beste Jahreszeit: Winter und Frühjahr wegen der Blütezeit. Das ganze Jahr über möglich.
Reine Gehzeit: 4½ Std.
Markierung: Blau und Rot.
Höhenunterschied: Aufstieg 350 m, Abstieg 350 m.

Das sehr wasserreiche und dichtbewaldete Gebiet an den nordöstlichen Ausläufern der

Weißen Berge entsendet den Almirós-Fluß nach Norden, ins Kretische Meer. Verschiedene Mündungsarme erreichen das Meer direkt bei dem Dorf **Georgiópolis**, das den schönsten und längsten Sandstrand der kretischen Nordküste vorweisen kann. Das Dorf liegt abseits der großen Straße unter mächtigen Eukalyptusbäumen und verdankt seinen Namen dem ersten Hochkommissar Kretas, Prinz Georg.

Der Wegverlauf

Unsere Wanderung führt aus der üppigen grünen Tallandschaft hinauf auf die kargen Hügel, eingerahmt von der Silhouette der Weißen Berge und der silbernen Fläche des Kretischen Meeres. Wir verlassen das Dorf **Georgiópolis**, das über die neue Straße eine gute Busverbindung (Réthimnon – Haniá) aufweist, vom Dorfplatz Richtung Norden. Direkt am *Fischerhafen* vorbei über die Brücke führt uns die Teerstraße durch üppige Gartenanlagen mit Gemüseanbau, Orangen-, Zitronen- und Olivenhainen Richtung *Exópolis* und **Argiromóuri**. Letzteres erreichen wir in 45 Minuten. Die letzten Serpentinen der Straße lassen sich auch durch einen Fußweg abkürzen; er endet am Dorfanfang von Argiromóuri. Mehrere Tavernen hier haben sich sehr schön am Hang etabliert mit weitem Ausblick hinab ins Tal und auf die gegenüberliegenden Berge.

Direkt neben der Taverne von Georgía weist ein Schild nach **Likotineréa**; zwischen Gärten hindurch, an einem neugebauten Haus vorbei, den blauen und roten Markierungen folgend, geht es den Hang hinauf. Es ist einer von den vielen alten Verbindungswegen auf Kreta, die immer wieder in den unwegsamsten Gegenden zu finden sind; streckenweise sind noch das alte Pflaster und Stützmauern erhalten.

In weitem Bogen führt der Weg den Hang hinauf; immer wieder hallt der Ruf der Schäfer durch die Landschaft und vermischt sich mit dem Glockengeläute der Schafherden zu einer einzigartigen Melodie. Eine ganze Palette von Dörfern taucht nach und nach in der weiten Tallandschaft unter uns auf. Die bislang recht karge Vegetation, bestehend aus Meerzwiebeln, Wolfsmilchgewächsen,

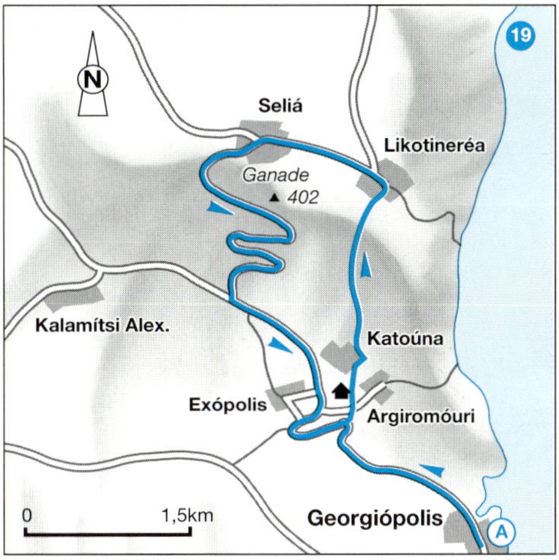

Thymian, Salbei und verschiedenen Dornengewächsen, weicht langsam wieder üppigerem Grün. Die ersten Gärten kündigen das nahe Dorf an.

Auf der Hochfläche angekommen, nach ca. 45 Minuten ab den Tavernen, gelangen wir auf eine neu ausgeschobene Straße oberhalb des schon sichtbaren Dorfes **Likotineréa**.

Nach etwa 300 Metern auf dieser Straße beginnt nach rechts bergab wieder der alte schmale Weg, unter Olivenbäumen und durch Gärten hinein in das Dorf, an alten Häusern und Ruinen vorbei auf die Dorfstraße. Auf ihr noch 100 Meter nach rechts, bis sich ein wundervoller Ausblick auftut. Eine große freie *Terrasse*, direkt über dem glitzernden Meer. Ein weiter Ausblick nach Osten, den weißen Strand entlang bis hin zur Felsenküste vor Réthimnon.

Als Rückweg wählen wir die nur wenig befahrene Straße. Wer den gleichen Weg zurückgehen möchte, muß nach der letzten Hausruine von Likotineréa an der Wegverzweigung rechts gehen und erreicht dann wieder die *Schotterstraße*.

Durch das Dorf gehen wir bis zur Verbindungsstraße **Kefalá – Seliá**, wo auch die einzige Taverne des Dorfes liegt. 15 Minuten folgen wir der Teerstraße bis **Seliá**; es muß einst ein großes und bedeutendes Dorf gewesen sein, die alten stattlichen Häuser und die Ausdehnung verraten es noch. Am Ende des Dorfes folgen wir an einer Straßengabe-

lung der neu gebauten *Teerstraße* nach links, sie bringt uns in einigen Serpentinen wieder tiefer auf die Verbindungsstraße Vámos – Georgiópolis und auf ihr links zurück nach Argiromóuri.

Im Schatten der Maulbeerbäume genießen wir noch einmal den schönen Blick, bevor wir uns auf den Rückweg nach **Georgiópolis** machen. Sich für eine der zahlreichen Tavernen von Georgiópolis zu entscheiden, fällt schwer. Besonders schön gelegen ist die weiß getünchte Taverne an der Flußmündung gegenüber der kleinen weißen Kapelle, wo sich an heißen Tagen immer eine kühle Brise bemerkbar macht. Für das wohl beste Essen in Georgiópolis kehren wir abends noch in der Taverne von Jorgo, direkt an der Bushaltestelle an der Schnellstraße ein.

Nützliche Informationen

i

Ausgangspunkt: Georgiópolis, Wanderung führt zum Ausgangspunkt zurück.
Gehzeiten: Insgesamt 4½ Std.; Georgiópolis – Argiromóuri: 45 Min.; Argiromóuri – Likotineréa: 1½ Std.; Likotineréa – Seliá – Argiromóuri: 1½ Std.; Argiromóuri – Georgiópolis: 45 Min.
Verkehrsverbindungen: Busverbindung: Haniá – Georgiópolis – Réthimnon: jede halbe Stunde in der Saison.
Taxi: Georgiópolis: am Dorfplatz.
Leihautos und Zweiräder: Georgiópolis.
Übernachtungstips: Georgiópolis: *Gorgona*, Tel. (08 25) 6 13 52; *Nicolas*, Tel. 2 24 82; *Zorbas*, Tel. 6 13 81; *The Egeon*, Politemi Mavroulis, Tel. (08 25) 6 11 61-6 11 71; *Irene*, Tel. (08 25) 6 12 78; *Kalivaki* (Bungalows mit eigenem Restaurant direkt am kleinen Strand); Exópolis: *Rooms Spíro*, Tel. (08 25) 6 12 55, mit schönem Ausblick.
Tavernentips: Georgiópolis: *Arkadi* (direkt am Meer gegenüber der kleinen Kapelle); *Jorgos Taverne* (versteckt an der Bushaltestelle), *Café To Steki* (nahe dem Dorfplatz); Exópolis: die Tavernen von *Spiro, Georgia* und *Maria* (alle mit schöner Aussicht); Likotineréa: Kafeníon.
Einkaufsmöglichkeiten: Georgiópolis: mehrere Supermärkte, Bäckerei.
Apotheke, Geldwechsel, Reisebüro: Georgiópolis.
Sehenswertes: • *Kournás-See.*

Blühende Agaven auf dem Weg nach Argiromoúri vor dem Hintergrund der breiten Gipfelpyramide des Kástro.

20 Von Georgiópolis über Alíkambos zum Kournás-See

Tourencharakter: Wenig begangene, anstrengende Wanderung durch eine großartige Landschaft mit schönen Ausblicken. Orientierungsvermögen erforderlich.
Beste Jahreszeit: Das ganze Jahr über möglich. Im Sommer sehr heiß.
Reine Gehzeit: 8 Std. Alíkambos bis Georgiópolis: 5 Std.
Markierung: Teilweise vorhanden.
Tourentip: Gutes Schuhwerk, lange Hosen und genügend Trinkbares mitnehmen.
Höhenunterschied: Aufstieg 600 m, Abstieg 600 m.

Abseits des vielbesuchten und sehr touristischen Badeortes Georgiópolis führt uns diese lange Tageswanderung in kleine, schön gelegene Dörfer, durch einsame, wildverwachsene Landschaften und durch eine steile Schlucht hinab zum klaren, blauen Rund des **Kournás-Sees**. Es erfordert allerdings einige Mühen, die Pfade und Wege zu finden, über manche steilen Felsstufen hinabzusteigen und vor allem auch noch einige Kilometer auf Teerstraßen zu laufen. Proviant und ausreichend zu trinken müssen mitgetragen werden. Gut ein Drittel des gesamten Weges lassen sich durch die Anfahrt mit dem Bus abkürzen.

Der Wegverlauf

Wir verlassen das Dorf **Georgiópolis** auf der alten Straße; unter mächtigen Eukalyptusbäumen gehen wir in Richtung *Vrísses.* 4 Kilometer lang benutzen wir diese Straße, bis kurz vor der Einmündung auf die Schnellstraße nach links ein schmaler **Tunnel** abgeht. Auf der anderen Seite stehen wir vor einem Feld mit Olivenbäumen. Unter den Bäumen, durch hohes Gras und an Zypressen vorbei den Hang schräg links nach oben, den schmalen Weg benutzen, der uns den steiler werdenden Hang, der jetzt dicht bewachsen ist, hinaufführt. Im Zickzack unter dichtem Buschwerk über erdige Felsbänder nach oben, an Abzweigungen gehen wir immer *links* und erreichen nach 20 Minuten, von der Straße aus gerechnet, eine freie **Geländeterrasse** mit hohen Kiefern und Zypressen.

Ein Fußweg bringt uns nach links aus der Wiese heraus und endet an einem *Weidezaun,* der hier leicht zu übersteigen ist. Auf der anderen Seite setzt sich nun ein schmaler *Wirtschaftsweg* an der Geländekante entlang fort. Nach unten wird der Blick frei zur Schnellstraße und auf das Tal. Wir folgen dem Fahrweg; von links kommt ein *Schotterweg* hinzu und nach einer langen Rechtskurve mündet unser Weg auf eine andere Straße, die nach oben zum Dorf **Hambáta** führt.

Wir erreichen die *Verbindungsstraße Fonés – Filippoú,* gehen auf ihr rechts durch das Dorf, und 500 Meter nach Hambáta beginnt hier eine neue Schotterstraße links bergauf nach **Alíkambos**. 1,5 Kilometer zieht sich diese Schotterstraße, die auch gut befahrbar ist und immer wieder schöne Blicke sowohl auf die Weißen Berge als auch hinab ins Tal und auf die gegenüberliegende Landschaft mit den vielen Dörfern des Kreises Apokorónou bietet, hin. Gegenüber der Schule mündet unsere Straße auf die alte Dorfstraße. Ihr folgen wir nach links durch die alten Häuser auf den Dorfplatz von *Alíkambos,* wo erst mal zwei Kafenía zu einer Pause einladen. Von der Schnellstraße bis hierher etwa 3 Stunden Gehzeit.

Wer von der Verbindungsstraße Vrísses – Sfakiá kommt, muß einen Kilometer bis zum Dorfplatz von Alíkambos laufen.

Am Dorfplatz führt *Richtung Osten* eine anfangs noch geteerte Straße leicht bergauf, in einem Linksbogen durch Gemüsegärten und Olivenhaine aus dem Dorf. Nach einem Kilometer gehen wir an der ersten Verzweigung rechts, und nach weiteren 500 Metern steigt die Straße nach einer engen Rechtskurve in einem weiten Bogen nach oben. Direkt am *Beginn der Steigung* führt uns links ein schmaler alter **Fußweg** nach oben, der nach etwa 500 Metern wieder auf die

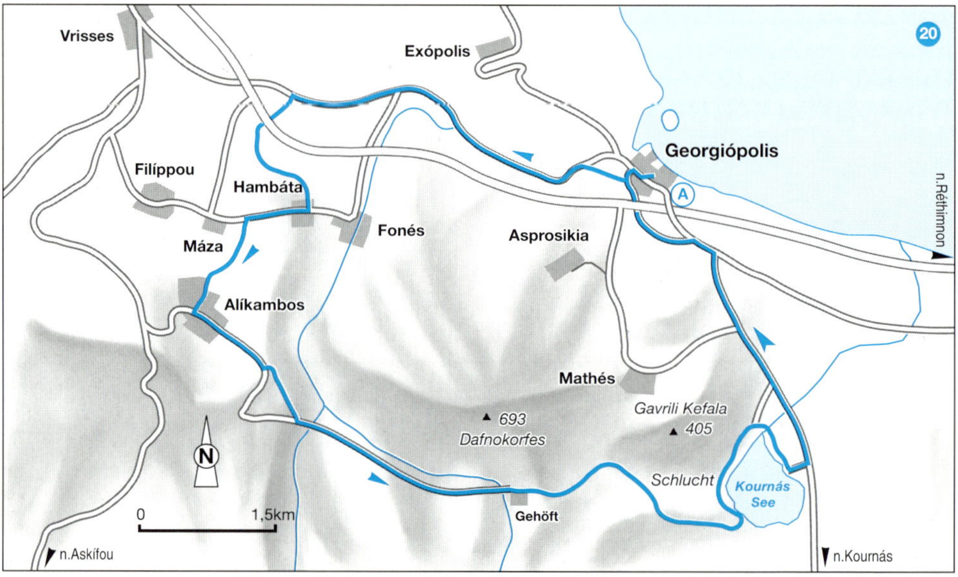

Abstieg zu Kretas einzigem Süßwassersee, dem Kournás-See bei Georgiópolis.

Fahrstraße mündet; gut einen Kilometer haben wir uns durch diese Abkürzung erspart.

Etwa 3 Kilometer verläuft die Straße fast eben durch das karge Gelände (hinter uns liegt das Bergmassiv des Kástro), an neuerbauten *Stallungen* vorbei, über einen flachen Sattel, bis sich nach 200 Metern an einer größeren *Eiche* die Schotterstraße verzweigt. Wir sind jetzt am **Dafnokórfes** (693 m) vorbeigewandert (linker Hand). Wir verfolgen diesen *Wirtschaftsweg* nach rechts, er endet nach 200 Metern an einem alten *Gehöft*. Gegenüber den Gebäuden liegt ein fast kreisrundes eingezäuntes *Feld* mit einer großen *Zisterne*. Diese grüne Talmulde mit vielen größeren Bäumen lädt zu einer Pause im Schatten ein. Vom Dorfplatz bis hierher sind wir 1½ Stunden gegangen.

Auf Höhe des Gehöftes führt nun links ein schmaler *Weg, blaumarkiert*, um den eingezäunten Bereich herum und gelangt auf der gegenüberliegenden Seite, an einem *Wassertrog*, in ein felsiges und mit stachligen Eichen bewachsenes Gelände. An *Felsblöcken* vorbei, leicht bergauf, rechts an einem alten *Schafstall* vorbei, verfolgen wir den sehr zugewachsenen Weg. Vor circa 15 Minuten haben wir die Straße verlassen, jetzt geht es etwas steiler, schräg einen felsigen Hang hinab auf eine kleine *Ebene* zu. Sie wird talseitig von flachen Hügeln begrenzt, bergseitig ziehen steile Geröllfelder die kargen Berge hinauf.

Am Ende der Ebene führt unser Weg wieder *links* leicht bergab, entlang an der rechten Hangseite und führt uns über einen kleinen *Sattel*. Wir kommen kurz danach an einer verfallenen **Alm** vorbei; intakt ist noch die alte Zisterne. Der bis hierher recht deutliche Wegverlauf verändert sich nun. Die Spuren verzweigen sich immer wieder, und oft müssen wir durch mannshohes Gestrüpp laufen, so daß eine lange, kräftige Hose von Vorteil ist.

Der Weg führt rechts den Hang hinab auf größere Eichen und Olivenbäume zu, an Mauerresten einer alten *Hütte* vorbei, durch einen kleinen Sattel hindurch auf eine flache, kreisrunde, 50 Meter tiefer liegende *Senke* hinab. Auf der gegenüberliegenden Seite in eine steile, zugewachsene **Schlucht** hinein. An ihrem linken Rand (*blaue Pfeile*) über steile Felsstufen mühsam hinab und dann in dem teils geröllbedeckten Taleinschnitt meist an der *linken Talseite* den sich oft verzweigenden Wegen folgend hinab auf den dunkelblau leuchtenden **Kournás-See** zu. Von der verfallenen Alm bis zum See 1½ Stunden Gehzeit.

Der See wird auf der linken Seite umgangen, bis genau gegenüber große *Tavernen* zur verdienten Rast einladen. Verschnaufen, baden oder mit den Tretbooten dieses ruhige und idyllische Gewässer erleben. Der See ist ein Rückzugsgebiet für Wasserschildkröten. Deshalb unbedingt die dicht bewachsene Uferregion in Ruhe lassen! Wer einen ruhigen Abend verbringen möchte, kann sich in der Taverne neben dem Tretbootverleih ein Zimmer mieten und so den Abend und den Morgen fast alleine genießen.

Vom See der Beschilderung nach **Georgiópolis** folgen; ca. 45 Minuten sind noch auf der Teerstraße zurückzulegen.

Bei **umgekehrter Wanderrichtung** und auf der gegenüberliegenden Seite des Sees der Straße folgend, bis sie an einem *Schafstall* endet. Durch das eingezäunte Gelände hindurch und den Wegspuren und der *blauen Markierung* folgend, gerade hinauf. Nicht in die rechts abgehende kleine Schlucht hinein.

Nützliche Informationen i

Ausgangspunkt: *Georgiópolis.* Wanderung führt zum Ausgangspunkt zurück. Wegen der besseren Orientierung wird die Wanderung in der beschriebenen Richtung empfohlen.
Gehzeiten: Insgesamt 8 Std.; Georgiópolis – Alíkambos: 3 Std.; Alíkambos – Altes Gehöft/Straßenende: 1 Std. 30 Min.; Altes Gehöft – Verfallene Alm: 45 Min.; Verfallene Alm – Kournás-See: 1 Std. 30 Min.; Seeumgehung: 30 Min.; Kournás-See – Georgiópolis: 45 Min.
Verkehrsverbindungen: Busverbindungen: Haniá – Georgiópolis – Réthimnon: alle halbe Stunde in der Saison. Vrísses – (Abzweigung) Alíkambos – Hóra Sfakíon: siehe Tour 14.
Übernachtungstips: Georgiópolis: siehe Tour 19; Kournás-See: *I Omorfi Limni,* Tel. (08 25) 9 62 21; direkt am See.
Tavernentips: Georgiópolis: siehe Wanderung 19; Alíkambos: zwei Kafenía; Kournás-See: *I Omorfi Limni.*
Sehens- und Wissenswertes: • Alíkambos: *Panagía-Kirche* mit ungewöhnlich gut erhaltenen Fresken von Pagoménos (1315/1316).

Der Kreis Réthimnon

Grundinformation und Sehenswürdigkeiten

Die Stadt **Réthimnon**, ungefähr in der Mitte zwischen Haniá und Iráklion an der kretischen Nordküste gelegen, ist mit ca. 20000 Einwohnern die drittgrößte Stadt Kretas und Hauptstadt des gleichnamigen Regierungsbezirks. Die Gründung der heutigen Stadt erfolgte während der venezianischen Herrschaft auf Kreta und begann mit der Befestigung der ins Meer hinausragenden Halbinsel. Unterhalb der Fortezza bildeten sich die ersten Stadtbezirke, die sich im Laufe der Jahrhunderte sowohl landeinwärts als auch nach Osten ausbreiteten.

Die Bevölkerungsentwicklung war während dieser Zeit, sei es durch Erdbeben, Seuchen oder durch kriegerische Auseinandersetzungen, großen Schwankungen ausgesetzt. So hatte die Stadt 1935 nicht mehr Einwohner als im Jahre 1600. Zwischen 1960 und 1970 stagnierte die Zahl ihrer Bewohner. Innerhalb dieser Zeit fand ein spürbarer Bevölkerungsrückgang statt, Folge der Abwanderung der ärmeren Bevölkerung aufs griechische Festland und ins Ausland. Neuerdings profitiert die Stadt viel vom Tourismus, insbesondere die Beschäftigung auf dem Dienstleistungssektor nimmt zu. Ein weiterer Gewinn für die Stadt war die Errichtung der philosophischen Fakultät der Universität Kretas. Nennenswertes produzierendes Gewerbe oder Industrie gibt es im Kreis Réthimnon kaum, es sei denn die Verarbeitung von Oliven, Fetten oder Fellen.

Die Stadt bezaubert insbesondere durch ihre gut erhaltene **Altstadt** und weist nicht die anarchische städtebauliche Ausdehnung anderer griechischer Städte mit ihren schrecklichen Ausfallstraßen auf. Einige große kretische Dichter hat die Stadt hervorgebracht, und noch heute liegt das Flair des Intellektuellen, Beschaulichen über ihr. Sie hat nichts von der Hektik manch anderer griechischen Stadt. Im Sommer ist sie aber ein beliebtes Touristenziel. Seit Fertigstellung der Umgehungsstraße Iráklion–Haniá ist die Stadt vom Durchgangsverkehr entlastet.

Der Fremde sollte sich beim Besuch der Stadt nicht von irgendwelchen katalogisierten Sehenswürdigkeiten leiten lassen, sondern zuerst zwanglos und gelassen durch die alten Gassen streifen. Venezianische Portale, Hausfassaden, türkische Holzbalkone, Türen, Fenster, Rundbögen wird er selbst entdecken. Und unvermittelt wird er dann vor dem Arimondi-Brunnen stehen, Hauptanziehungspunkt von Touristengruppen aller Länder, oder vor der venezianischen Loggia, die heute das Archäologische Museum beherbergt. Oder er trifft am Ende einer Gasse auf ein schlankes Minarett, die Moschee *»tis Nerantzes«* mit ihren drei Kuppeln.

In den Fischlokalen um den romantischen alten Hafen werden die Kellner versuchen, die Blicke der Touristen auf ihre Vitrinen zu lenken. Am Abend füllen sich die Lokale in

Die Veli-Pascha-Moschee, eine der fünf Moscheen Réthimnons, liegt nicht weit vom Busbahnhof entfernt.

den Straßen, und es beginnt die »Volta«, jenes lockere Hin- und Herschlendern am Strandboulevard. Eine Eigenheit griechischer Cafés ist es dann auch, daß die Stühle immer in einer Richtung, nämlich dorthin, wo es etwas zu sehen gibt, ausgerichtet sind. Hier am *Promenadestrand* von Réthimnon befinden sich dicht nebeneinander die meisten Restaurants. Man sollte die griechische Küche einmal quer durchprobieren: fangen wir an mit Zaziki, Auberginen- und Taramosalat, vielleicht auch Keftédes (Fleischklößchen) oder Tiropita (Käsetaschen), einen Bauernsalat selbstverständlich, das köstliche Moussaká (Auberginenauflauf), an Fleisch vielleicht Lamm oder Souvláki. Dazu einen trockenen Wein. Und schließlich den Greek Coffee.

Im Juli feiern die Réthimnoten das *Weinfest* im Stadtpark. Musik-, Tanz- und Theatergruppen treten dabei auf und machen das Fest zu einem fröhlichen Erlebnis. Über dem westlichen Altstadtteil erhebt sich die venezianische Festung, die **Fortezza**; wie die Festung in Iráklion und Haniá um die Mitte des 16. Jahrhunderts von Sanmicheli erbaut, nachdem der Pirat Heireddin Barbarossa die Stadt überfallen und geplündert hatte. Von der Festung hat man einen schönen Blick über die Dächer der Stadt. Im Sommer finden dort öfters Konzert- und Theateraufführungen unter freiem Himmel statt.

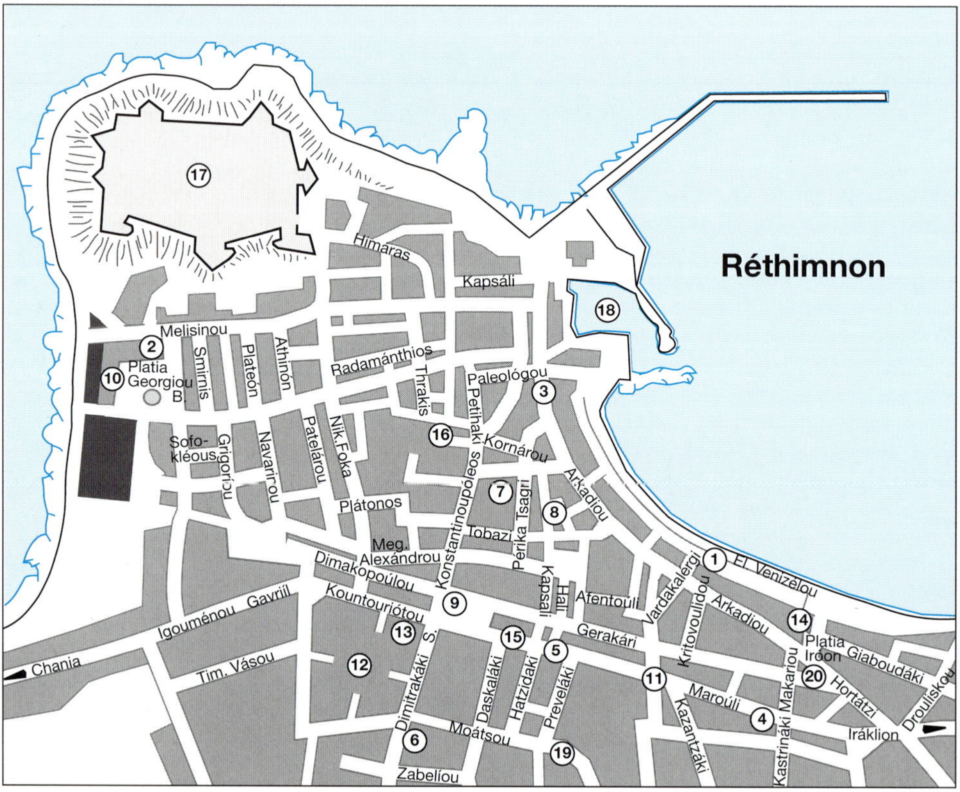

❶ Touristeninformation
❷ Touristenpolizei
❸ Museum
❹ Postamt
❺ Telefon- und Telegrafenamt
❻ Bank von Griechenland
❼ Griechische Nationalbank
❽ Griechische Handelsbank
❾ Markt
❿ Präfektur
⓫ Rathaus
⓬ Stadtpark
⓭ W. C.
⓮ Heldenplatz
⓯ Platz der vier Märtyrer
⓰ Minarett
⓱ Venezianische Festung
⓲ Venezianischer Hafen
⓳ **Hauptbusbahnhof für:** Arkádi – Pérama – Amári – Iráklion – Haniá – Spíli – Agía Galíni
⓴ Perivólia – Plataniás

Das von dem venezianischen Festungsbaumeister Michele Sanmicheli entworfene Kastell und der westliche Teil von Réthimnon. Trotz ihrer Größe war die Festung dem Ansturm der Türken nicht gewachsen, die sie 1646 besetzten.

Der Kreis Réthimnon

Der Kreis Réthimmon ist der gebirgigste der vier kretischen Bezirke. Im Osten erhebt sich das **Ida-Massiv** mit dem höchsten Berg, dem Psilorítis (2456 m). Im Norden davon, getrennt durch fruchtbare Täler, fallen die Berge des **Kouloúkonas** zum Kretischen Meer hin ab. Ungefähr in der Mitte des Bezirkes liegt das wasserreiche **Amári-Becken**, umrahmt von Psilorítis und einem weiteren klotzigen Massiv, dem Kédhros (1777 m). Südlich von Réthimnon erhebt sich eine Bergkette, deren imposanter Höhepunkt und Wahrzeichen der Berg Vríssinas (858 m) ist.

Die Berge begünstigen eine ausgedehnte Weide- und Milchwirtschaft. Ansonsten konzentriert sich die Landwirtschaft auf den Anbau von Oliven, Johannisbrot, Obst, Gemüse und dessen Verarbeitung. Auch erfreut sich der Beruf des Köhlers an den Hängen des Psilorítis noch größerer Beliebtheit; kein Wunder bei der großen Anzahl von Grillgerichten, die die griechische Küche kennt. Im allgemeinen waren aber die schlechten Erwerbs- und Verdienstmöglichkeiten der Grund für die jahrzehntelange Abwanderungswelle nach Athen und ins Ausland. Erst in den letzten Jahrzehnten ist die Bevölkerung wieder im Wachsen begriffen. Grund dafür dürfte die Zunahme der Beschäftigungsmöglichkeiten durch den Tourismus und eine steigende Zahl von Rückkehrern sein.

Zu den besuchenswerten Sehenswürdigkeiten im nördlichen Teil des Regierungsbezirks gehört mit Sicherheit das **Kloster Arkádi**, das durch seinen heldenhaften Widerstand gegen die Türkenherrschaft zum nationalen Denkmal wurde. Der 9. November, jener Tag, an dem 1866 unter Führung des Abtes Gavriíl das Pulvermagazin in die Luft gejagt wurde, um möglichst viele der eindringenden Türken zu vernichten, was aber auch den Tod der Verteidiger, Frauen und Kinder bedeutete, wird heute als kreti-

Ohne die mühsame Arbeit der Köhler, wie hier beim Dorf Doxaró, wären die vielen köstlichen Grillgerichte der kretischen Küche nicht denkbar.

scher Nationalfeiertag begangen. Einer Übermacht von 15000 Belagerern standen 250 kretische Kämpfer gegenüber, deren Parole »Freiheit oder Tod« lautete. 1500 Türken fielen, über 800 kretische Männer, Frauen und Kinder fanden dabei den Tod.

Inmitten der festungsartigen Umfassungsgebäude mit den Unterkünften für die Mönche, mit den Werkstätten, der Küche, dem Speiseraum und den Magazinen steht die zierliche, nach venezianischem Muster erbaute Klosterkirche aus dem 16. Jahrhundert.

Nicht weit von Arkádi liegt das Töpferdorf **Margarítes**, ein Zentrum des keramischen Kunsthandwerks der Insel. Hier haben sich nicht nur Töpfer aus Kreta angesiedelt, sondern auch Künstler vom Festland, ja sogar aus dem Ausland. Neben dem für den Tourismus bestimmten Kitsch wird die traditionelle Kunst des Töpferns gepflegt, aber auch kunstvolle moderne Arbeiten entstehen hier. Das Dorf mit seiner Vielzahl versteckter Kirchlein hat seinen ländlichen Charakter behalten und blieb bislang weitgehend vom Tourismus verschont.

In der Nähe, bei der Stadt Pérama, befindet sich eine der größten Höhlen auf Kreta, die **Melidóni-Höhle**. 1824 ereignete sich hier ein Drama, bei dem 500 Bewohner der Umgebung, meist Frauen und Kinder, den Tod fanden. Auf der Flucht vor türkischen Plünderern versteckten sie sich in der Höhle. Die Türken entfachten vor dem Eingang ein stark qualmendes Feuer, das für die Eingeschlossenen den Erstickungstod brachte. Für die Erkundung der Höhle auf eigene Faust benötigt man eine starke Taschenlampe sowie entsprechende Kleidung.

Die Landschaft an den Nordhängen des **Psiloritís** ist wasserreich und fruchtbar. Obwohl das Hügelland keinen extensiven Anbau ermöglicht, werden hier saftige Orangen geerntet, Gemüse und Obst angebaut. Eine eindrucksvolle Fahrt über viele dieser Dörfer kann man mit dem Linienbus von Iráklion nach Réthimnon unternehmen; dabei darauf achten, daß er die »Old Road« fährt.

Verläßt man die alte Straße bei Mourtzaná, dann sind es noch 20 Kilometer bis zum 800 Meter hoch gelegenen **Anójia**. Das Bergdorf mit heute 2500 Einwohnern hat im Zweiten Weltkrieg eine leidvolle Geschichte erlebt. Als Vergeltung für die Entführung und Gefangenhaltung des deutschen Generals von Kreipe befahl das deutsche Oberkommando am 15. August 1944 die völlige Zerstörung des Dorfes und die Erschießung aller Männer, die sich im Dorf oder im Umkreis von einem Kilometer befanden. Mit amerikanischen Geldern ist Anójia nach dem Krieg wieder aufgebaut worden. Die Bewohner leben von der Schafzucht und der Weberei, aber auch vom Tourismus.

Von Anójia windet sich eine 20 Kilometer lange Fahrstraße hinauf zur 1370 Meter hoch gelegenen **Nídha-Ebene**, die den Schäfern von Anójia im Sommer als Viehweide dient. Weitere 170 Meter über der Ebene liegt die höchstgelegene Kulthöhle Kretas, die *Idäische Grotte*. Der Überlieferung nach brachte die Göttin Rhea den neugeborenen Zeus hierher, um ihn vor dem blindwütigen Kronos zu bewahren. In der Höhle befand sich eine Vielzahl wertvoller Gegenstände, darunter Vasen, Lampen, Siegel und Münzen. Sie werden heute im Archäologischen Museum in Iráklion ausgestellt. Von der Idäischen Grotte läßt sich der Gipfel des Psilorítis (2456 m) unschwer in einem Tag besteigen.

Südlich von Réthimnon führt eine gut ausgebaute Straße über Spíli nach Agía Galíni. Zweigt man von der Straße ab, kommt man durch zwei eindrucksvolle Schluchten an die Südküste. Entweder biegt man bei Kilometer 21 hinter Réthimnon auf die Straße nach Selía ab, die durch die Kotsifou-Schlucht führt, oder man zweigt bei Kilometer 22 auf die Straße nach Lefkógia ab, auf der man durch die Kourtaliótiko-Schlucht kommt. Über beide Straßen gelangt man zu den Buchten von **Plakiás** und **Amoúdi** mit ihren schönen Sandstränden.

Eingebettet in eine wilde Landschaft, befinden sich in der Nähe die verfallenen Anlagen des Klosters **Moní Méga Potamoú**, so benannt wegen dem hier fließenden Fluß, dem »Megalopótamos« (großer Fluß). Eine malerische venezianische Bogenbrücke spannt sich über ihn. Die Straße führt dann vom verlassenen unteren Kloster weiter hinaus bis zum bewohnten Hauptkloster **Moní Préveli**, idyllisch über dem Libyschen Meer gelegen. Unweit davon geleitet ein Fußweg hinunter ans Meer zu der neben Vái wohl schönsten natürlichen Palmenbucht Kretas. Beide Ufer des hier mündenden Flusses sind weit landeinwärts mit Palmen bestanden.

Zurück in **Spíli**, einem schattigen Ort mit starker Quelle, lotst uns die Hauptstraße entlang der Südausläufer des Berges Kédhros weiter nach **Agía Galíni**. Die Häuser des einstigen Fischerdorfes schmiegen sich auf engstem Raum den Berg hinauf. Vorwiegend handelt es sich dabei um kleine Pensionen und private Zimmer. Restaurants, Tavernen, Cafés, Souvenirläden und Discos in ausreichender Zahl fehlen nicht. Entlang der Küste finden sich schöne Buchten und Strände, und wer will, kann sich mit einem Fischerboot zu den Paximádia-Inseln hinüberbringen lassen und dort den Tag verbringen.

Eine etwas langwierigere, aber ungleich schönere Fahrt führt über das **Amári-Becken** nach Agía Galíni. Der Bezirk Amári liegt fast abgeschlossen zwischen den Hängen des Ida-Gebirges und des Kédhros-Massivs. Bis weit in den Sommer ist es hier grün und fruchtbar. Das Dorf **Gerakári** ist bekannt für seine vielen Kirschbäume. Unten im Tal, bei der landwirtschaftlichen Schule in Moní Asomátion, wird auch Getreide angebaut. Über den Ortschaften **Kouroútes** und **Fourfourás** erstrecken sich moosüberzogene Steineichenwälder. Von hier aus besteht die Möglichkeit, den Psilorítis zu besteigen und von seinem Gipfel einen weiten Blick über das darunterliegende Land und die beiden Meere zu werfen.

21 Durch die Prassanó-Schlucht nach Réthimnon

Tourencharakter: Unschwierige Schluchtwanderung in ausgetrocknetem Bachbett. Diese Wanderung gehört zu den schönsten in der näheren Umgebung Réthimnons.
Beste Jahreszeit: Juli bis Oktober (im Winter und Frühjahr wasserführend).
Reine Gehzeit: 5 bis 6 Std.
Markierung: Keine.
Höhenunterschied: 215 m.

Der Wegverlauf

In **Réthimnon** nimmt man am besten den Frühbus nach Amári (über das Dorf Prassiés) und verläßt den Bus bei der Straßenabzweigung nach **Mírthios**. Zuerst geht es etwa 500 Meter weiter auf der Straße hinab, bis ein betonierter Fahrweg nach links unten abzweigt. Durch Farnwiesen diesen hinunter und an einem Schafstall rechts vorbei. Dann ca. 50 Meter auf gleicher Höhe nach Osten und darauf im rechten Winkel hinab zu dem platanenbestandenen **Bachlauf**. Diesen wandern wir abwärts, dem Eingang der Schlucht entgegen. Bald schon gesellt sich ein größerer Bachlauf hinzu, es empfiehlt

Die Prassanó-Schlucht zwischen Mírthios und Missíria.

sich, auf der rechten Seite des Bachbettes weiterzulaufen. (Der Bach führt bis Ende Juni Wasser, dann ist er trocken und begehbar.)

Unter großen Platanen und glatten, hundert Meter hohen Felswänden geht es das *Flußbett* hinunter. Die Felsblöcke werden größer, vom Wasser geschliffen, ausgespült, an den engsten Stellen geht es durch fast marmorgleiches, poliertes Gestein. Bis Mitte Juni bilden sich kleine Gumpen bis 2 Meter Tiefe im Bach. Wer zu dieser Zeit die Schlucht passieren will, muß häufig die Schuhe ausziehen. Manchmal hilft nur Schwimmen oder an den Flanken umklettern (Schwierigkeit II bis III.)

Der ganze Bachlauf ist bewachsen, überwiegend mit grünen Platanen und blühendem Oleander, und selten sonnig. Erst nachdem sich die Schlucht vollständig öffnet (nach ca. 4 Stunden), begegnet uns auch wieder die Sonne. Doch wird die Hitze oft durch eine vom Meer kommende Brise gemildert. In dem sich öffnenden Tal geht man noch etwa eine Stunde im Flußbett und kann dann nach links auf einem bequemen Pfad unter *Olivenbäumen* hochsteigen. Dann geht man nochmals eine halbe Stunde, bis man an *Gewächshäusern* vorbei auf eine Straße kommt, die zuerst eine Unterführung der neuen Straße nach Iráklion passiert, um kurz darauf bei **Missíria** auf die Landstraße nach **Réthimnon** zu kommen. Zu Fuß ist es eine halbe Stunde bis Réthimnon, wobei man am besten den Strand entlangläuft, um die Autostraße zu vermeiden. Schneller geht es mit dem Bus (verkehrt in kurzen Abständen) oder mit Taxis.

Nützliche Informationen

Ausgangspunkt: *Straßenabzweigung Réthimnon/Amári – Mírthios,* ca. 26 km von Réthimnon. Wanderung führt nicht zum Ausgangspunkt zurück.

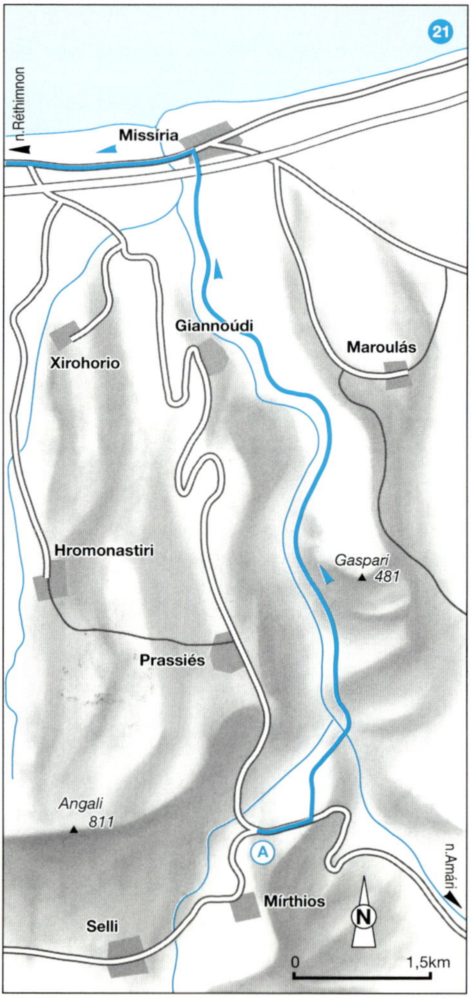

Gehzeiten: Insgesamt 5 bis 6 Std.; Straßenabzweigung – Schluchtanfang: 1 Std.; Schluchtdurchquerung: 3 Std.; Schluchtende bis Landstraße nach Réthimnon: 1 Std.
Ausrüstung: Für die Wasserstrecken ist es günstig, ein zweites Paar Schuhe (Turnschuhe, Badeschuhe) mitzunehmen.
Verkehrsverbindungen: *Mit dem Bus*: Iráklion – Réthimnon – Haniá: jede halbe Stunde in der Saison; Réthimnon – Agía Galíni (Prassanó-Schlucht): 7.00, 10.30, 13.45 Uhr; Agía Galíni – Réthimnon: 7.00, 14.30 Uhr.
Mit dem Schiff: mehrmals wöchentlich von Réthimnon nach Piräus; zweimal wöchentlich nach Santorini.
Touristeninformation: Réthimnon: Odos Eleftheriou Venizelou (am Stadtstrand, Tel. [08 31] 29148-24143).
Taxi, Leihwagen, Zweiräder: Réthimnon.
Übernachtungsmöglichkeiten: Réthimnon: Luxushotels: *Réthimna Beach*, Tel. (08 31) 29491; *Creta Star*, Tel. (08 31) 21896. Mittelklasse: *Fortezza*, Tel. 21551, unterhalb der Festung; *Olympic*, Tel. 24761, am Busbahnhof. Einfache Hotels: *Pension Castello*, Karaoli-Dimitrou-Str. 10, Tel. 23570; *Pension Zania*, Pavlou-Vastou-Str., Tel. 28169. *Jugendherberge:* Topasi 45, in der Altstadt, Tel. 22848. *Camping*: Elisabeth und Camping Arcadi, östlich der Stadt.
Tavernentips: Réthimnon: Gartentaverne Alana, Odos Salaminas; Fischtaverne Chelona, Odos Nearchou 2, am Hafen.
Shoppingtips: Kretischer Kräuterladen, Soulioustr. 58; Ikonen: Andreas Theodorakis, Soulioustr. 15; Lederwaren: Michalis Karas, Arkadioustr. 197; Wandteppiche: Dimito, Sophokli Venizelou.
Krankenhaus: Trantallidou, Tel. 27491.
Apotheke: Réthimnon.
Post/Telefonamt (OTE)/Geldwechsel: Réthimnon.
Sehens- und Wissenswertes: • *Réthimnon:* Venezianischer Hafen; venezianische und türkische Altstadt; Kastell; Moscheen; archäologisches Museum; Arimondi-Brunnen; venezianische Kirche San Francesco.
• Außerhalb: *Kloster Arkádi; Töpferdorf Margarítes.* • Weinfest im Stadtpark (Juli).

Bis Anfang Juni ist das Passieren der Prassanó-Schlucht nicht möglich. Im Hochsommer trocknet das Bachbett bis auf wenige Gumpen vollständig aus.

22 Die Schlucht des Tsiríta

Tourencharakter: Leichte Schluchtwanderung, bei der, je nach Wasserstand, kurze Strecken im Wasser gegangen werden müssen. Keine Rundtour.
Beste Jahreszeit: Frühjahr bis Herbst. Im Winter wegen zu hohem Wasserstand nicht begehbar.
Reine Gehzeit: 1 ½ bis 2 Std.
Markierung: Keine.
Höhenunterschied: Aufstieg 50 m, Abstieg 300 m.

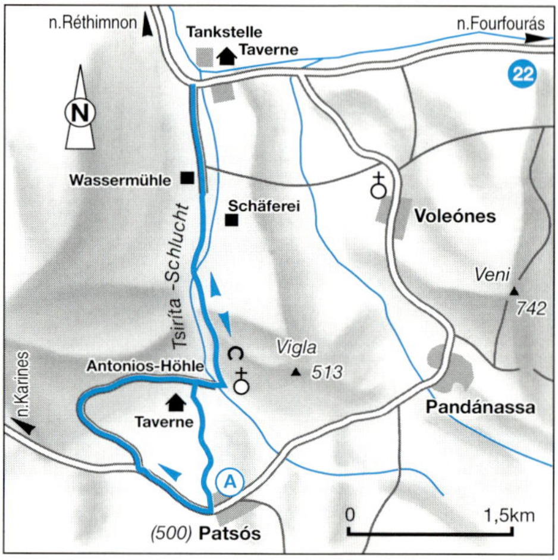

Ausgangspunkt für diese kurze, aber sehr attraktive Schluchtwanderung ist das Dorf **Patsós**. Es liegt in einem fruchtbaren, hügeligen Gelände auf 500 Meter Seehöhe nördlich des Kédhros-Massivs. Da die Region sehr grün ist, dicht bewachsen mit Laubwäldern, kann man gut zwei Drittel der Wanderung im Schatten der Bäume zurücklegen. Ideal für die heiße Sommerzeit. Der schön angelegte Dorfplatz von Patsós verführt uns bereits vor Beginn der Wanderung zu einer kurzen Pause. Wir setzen uns unter einer riesigen Platane in eine der beiden Tavernen, die sich am Platz gegenüberliegen, bewundern das große Brunnenhaus und verweilen einige Minuten bei diesem gemächlichen, ruhigen Leben hier, das nur unterbrochen wird, wenn ein Fahrzeug das Dorf erreicht.

Der Wegverlauf

Wir verlassen den Dorfplatz Richtung Westen, Richtung **Karínes**. An der *zweiten Wegabbiegung*, die nach rechts unten führt, nach einem Haus mit flachem Dach und auffälligem runden Kamin sowie einem großen Wasserbehälter, folgen wir diesem betonierten Weg. An einer alten *Wasserrinne* entlang, an der ersten Verzweigung halten wir uns *rechts*, an der nächsten nach insgesamt 10 Minuten *links*. Nach wenigen Minuten erreichen wir einen *Fahrweg*. Wir folgen ihm etwa 150 Meter bergab, wieder auf einem schmalen Weg neben einer *Wasserrinne* nach unten. Der Schluchtbeginn ist unter uns schon gut zu erkennen. Der **Tsiríta** hat sich auf einer relativ kurzen Strecke in das rötliche Gestein eine tiefe Schlucht gegraben. Direkt neben einem breiten *Gatter* erreichen wir eine Fahrstraße. Durch das Tor, dem Schild *»Ágios Antónios«* folgend, führt die Straße nach 300 Metern zu einer *Taverne* am Eingang der Schlucht.

Ein neu angelegter, gut ausgebauter Fußweg führt über Holztreppen in die Schlucht hinein zu einem großen *Rastplatz* mit Brunnenanlage und der **Antonius-Kapelle**, die unter einer überhängenden Felswand gebaut wurde. Der zum Teil tief eingeschnittene Bachlauf wird von dem angelegten Weg weit oben umgangen und führt etwa in der Mitte der Schlucht wieder direkt zum Wasser hinab. An diesem Weg wird noch gebaut. Derzeit ist eine Begehung der Schlucht nur möglich, wenn sie kein Wasser führt; sonst heißt es klettern, Schuhe und Kleidung ablegen und teilweise bis zum Bauch die tiefen Wasserbecken durchqueren. Dann empfiehlt es sich aber, ein zweites Paar Turnschuhe für die Wasserstrecken mitzunehmen!

45 Minuten sind wir etwa in der sehr

Die Schlucht des Tsiríta zählt zu den landschaftlichen Attraktionen in der näheren Umgebung Réthimnons.

schattigen Schlucht unterwegs, als sich unvermittelt das Tal öffnet und unser Weg in flaches Gelände hinausführt. Auf der linken Seite geht es talabwärts unter Platanen und Oleanderbüschen hindurch, rechts oben auf der anderen Bachseite liegt eine Schäferei. Wir kommen auf eine *Schotterstraße*, an den Ruinen einer alten **Wassermühle** vorbei, an der nächsten Wegabzweigung *geradeaus* am Bachlauf des Tsiríta entlang, zwischen Feldern hindurch zur etwa 1 Kilometer entfernten Fahrstraße. Die Straße rechts leitet über die schöne alte Bogenbrücke hinauf in das Dorf Voleónes, das nach 2 Kilometern erreicht wird.

900 Meter weiter, Richtung Amári, erreichen wir auf der rechten Straßenseite einige Häuser mit Tankstelle und zwei Tavernen, wo wir auf den Bus warten.

Wer mit dem eigenen Fahrzeug unterwegs ist, kann von **Patsós** aus die Straße Richtung *Karínes* weiterfahren. Nach etwa einem Kilometer führt sie in einem weiten Bogen nach rechts unten zu dem besagten Gatter und zum Schluchteingang. Länge der Zufahrtsstraße etwa 2,5 Kilometer.

Nützliche Informationen

Ausgangspunkt: *Patsós*, 500 m Seehöhe. Die Wanderung kann wegen der guten Orientierung auch in umgekehrter Richtung gegangen werden.
Gehzeiten: Insgesamt 1 ½ bis 2 Std.; Dorfplatz bis Schluchtbeginn: 45 Min.; Schluchtwanderung: 45 Min.; Schluchtende bis Tankstelle: 30 Min.
Ausrüstung: Für die Wasserstrecken ist es günstig, ein zweites Paar Schuhe (Turnschuhe, Badeschuhe) mitzunehmen.
Verkehrsverbindungen: Bus: Réthimnon 14.00 Uhr ab, 15.00 Uhr Patsós an. Nach kurzem Aufenthalt wieder zurück nach Réthimnon. Réthimnon – Agía Galíni: 7.00, 10.30, 13.45 Uhr; Agía Galíni – Réthimnon: 7.00, 14.30 Uhr.
Tavernentips: Patsós: zwei Tavernen mit bescheidenen Essensmöglichkeiten; am Schluchteingang eine Taverne; auf der Verbindungsstraße (Bushaltestelle) zwei Tavernen.
Sonstige Informationen: Siehe Tour 21.

23 Von Asómatos zum Palmenstrand von Préveli

Tourencharakter: Landschaftlich beeindruckende Wanderung in Küstennähe.
Beste Jahreszeit: April und Mai. Das ganze Jahr über möglich. In den Sommermonaten Juni bis Oktober sehr heiß.
Reine Gehzeit: 6 Std.
Markierung: Teilweise markiert (rot).
Höhenunterschied: 250 m.

Der Wegverlauf

Wir verlassen **Asómatos** auf der Asphaltstraße Richtung Réthimnon. Nach 800 Metern biegt nach rechts unten ein *Feldweg* ab, bevor die Teerstraße in einer Linkskurve in die **Kourtaliotikó-Schlucht** hineinführt. Hier beginnt unsere Wanderung zum Palmenstrand. Zuvor sollte man aber unbedingt der Straße noch einige hundert Meter folgen, bis rechts Zementtreppen abwärts zwischen die Felsen zur Kapelle **Ágios Nikólaos** führen, wo sich die tosenden Quellen des Megalopótamos befinden.

Zurück bei der Straßenabzweigung, in einer scharfen Kehre eine *Betonpiste* abwärts, die alsbald in eine Schotterstraße übergeht. Dann geradeaus am orographisch rechten Ufer des **Megalopótamos**. Die bis hierhin befahrbare Feldstraße endet vor einer kleinen **Kapelle**. Links an der Kapelle vorbei, geradeaus weiter, setzt sich ein Weg hinab zum Fluß fort, das Dorf Asómatos, direkt im Rücken. Nach knapp 5 Minuten erreichen wir das Gebäude einer aufgegebenen **Olivenmühle**; die Inschrift über der Pforte weist auf das Jahr 1890 hin. Hier gehen wir die Feldstraße nach rechts weiter und gelangen nach 300 Metern auf die breite *Asphaltstraße*, die hier direkt rechts oberhalb des Megalopótamos zum Kloster Préveli führt.

Der Fluß ist von hohem Schilf eingefaßt, Zitrusbäume und Oliven wachsen in dem schmalen Streifen Land zwischen Fluß und Straße. Keine 5 Minuten später können wir einen guten Fußweg am Fluß weitergehen. Platanen, Schilf, mannshohe Myrtensträu-

Das verlassene Kloster »Moní Méga Potamoú«, genannt Káto Préveli, liegt in einem wildromantischen Flußtal an der Südküste Kretas.

cher und Efeu säumen das Gewässer. Wenig später erreichen wir eine anmutige venezianische **Bogenbrücke** vor der prächtigen Felskulisse der Kourtaliotikó-Schlucht im Hintergrund. Weiter nach Süden hin sehen wir die Ruinen des alten Préveli-Klosters.

Wir überqueren den Fluß und folgen der Schotterstraße entlang der orographisch linken Uferseite. Auf der anderen Seite des Flusses sehen wir die Ruinen des unteren verlassenen **Klosters**. Nachdem wir jetzt seit ca. einer Stunde unterwegs sind, führt uns die Straße über eine weitere *Bogenbrücke* mit Inschriftentafel über einen Bachlauf. Die Wegabzweigung nach links lassen wir unbeachtet und gehen auf der *Schotterstraße* über dem orographisch linken Ufer des Megalopótamos weiter, bis wir die verfallenen Gebäude eines kleinen **Klosters** erreichen, von dem nur noch die Kapelle erhalten blieb. 25 Meter nach der Kapelle verzweigt sich der Weg. Die rechte Trasse führt in 5 Minuten abwärts in den am Fluß liegenden Olivenhain – wir aber nehmen den Pfad nach links (hier beginnen teilweise *rote Markierungspunkte*), der am Hang oberhalb des linken Flußufers verläuft.

Der Fluß zwängt sich durch die allmählich enger werdenden, steilen Felswände. Unser Pfad führt links oberhalb der Schluchtwände durch die *Phrygana* und gewinnt dabei langsam an Höhe. Wir unterqueren eine *Telegrafenleitung*. 200 Meter weiter haben wir von einer Felsnase aus einen wunderbaren Blick auf die palmengesäumte Mündung des Megalopótamos-Flusses. Wenig später können wir die nach Osten verlaufende Küstenlinie kilometerweit überblicken, bevor uns der Weg hinab zur Flußmündung bringt. In der Nachbarbucht links erkennen wir eine weiße *Taverne*, die auch Zimmer vermietet (die Schotterstraße bei der zweiten Bogenbrücke linksherum führt dorthin). Viele Leihwagenfahrer fahren bis dorthin und steigen dann in 10 Minuten hinüber zur Palmenbucht.

Nach etwas mehr als 2 Stunden Wanderung betreten wir den **Strand von Préveli**. In einem großartigen Felsental bildet der Megalopótamos einen kleinen See und mündet in einer weiten Schleife ins Meer. Talaufwärts kann man bis zu einer unüberwindlichen Engstelle etwa eine halbe Stunde am Strand entlanggehen. Der Palmenwald von Préveli steht wie der von Vai unter Naturschutz, aber auch hier hat ein Grieche an den Rand der Felsen eine kleine Hütte gedrückt, die er im Sommer als Mini-Market betreibt, sicher zum Verdruß der Naturschützer und mit Sicherheit ohne Genehmigung. Der Strand ist gut besucht, selbst von Plakiás kommen Ausflugsboote hierher. Weiterweg nach Ágios Pávlos (Tour 24) möglich.

Rückweg nach Asómatos

Auf dem Weiterweg durchwaten wir auf einem schmalen Sandstreifen den Mündungsarm des Flusses. An der gegenüberliegenden Seite der Bucht steigen wir die Felsen aufwärts. Ungefähr nach 20 Minuten Aufstieg zweigt in einer Mulde ein Weg nach *rechts* – zum Schluchtrand hin – ab (geradeaus weiter geht's hinauf zur Asphaltstraße und zum oberen Préveli-Kloster). Über dem orographisch rechten Schluchtrand folgen wir diesem Pfad.

Nach einer Viertelstunde durchqueren wir einen Einschnitt mit vereinzelten Palmen und erreichen bald darauf die **Telegrafenleitung**, die uns schon auf der anderen Schluchtseite aufgefallen ist. Der Pfad führt dann etwa auf halber Höhe zwischen Schluchtrand und oben verlaufender Straße (zwischen dem 3. und 4. Mast ab Schlucht) hindurch. Nach einigen größeren Felsbrocken leitet er in einer Senke wieder hinab ins Flußtal.

Beim Abstieg stoßen wir nach dem Überqueren einer Steinmauer unvermutet auf die versteckt zwischen Olivenbäumen liegende **Agía-Fotini-Kapelle**. Es lohnt sich, einen Blick auf die Fresken aus dem 14. Jahrhundert im Innern zu werfen. Der Weg führt uns durch den Olivenhain hinab zum Fluß und weiter flußaufwärts bis zu den Ruinen des **Klosters Káto Préveli** und zu der venezianischen Bogenbrücke.

Nach der Brücke können wir auf dem Fußweg zwischen der Straße und dem Flußbett gehen, weiter auf der Teerstraße, bis nach rechts wieder der Schotterweg zur anfangs erwähnten *Olivenmühle* abzweigt. Hier links den Maultierpfad aufwärts bis zur kleinen *Kapelle*, von der der befahrbare Feldweg hinauf nach **Asómatos** abgeht.

Weg nach Moní Préveli und Gianioú

Nach einem 20minütigen Aufstieg vom Palmenstrand erreichen wir eine Schotterstraße und auf dieser die Teerstraße, die uns weiter Richtung Westen zum Kloster Préveli bringt.

Das **Kloster des heiligen Johannes Theologus** in **Préveli** besticht durch seine einzigartige Lage an der Steilküste hoch über dem Libyschen Meer. Es stammt aus dem 17. Jahrhundert und ist vom Baustil der Venezianer stark beeinflußt. Die Ikonen und eine kleine Sammlung byzantinischer Kir-

Die Mündung des Megalopótamos am Palmenstrand von Préveli.

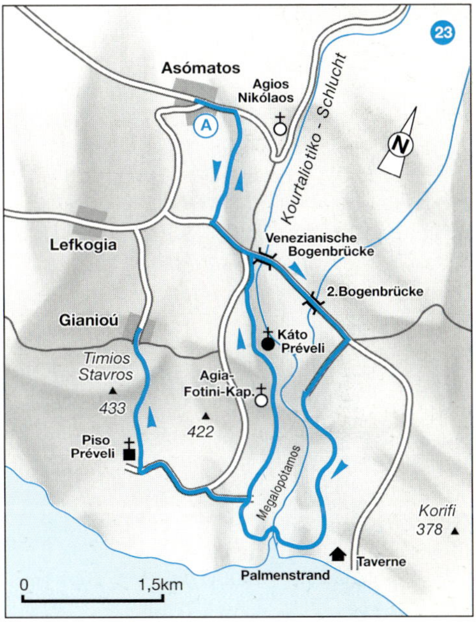

Kleine Kapelle beim Kloster Préveli mit Blick aufs Libysche Meer.

chenkunst im Museum sind sehenswert, ebenso ein Vertrag von 1798 zwischen Patriarch Georg V. von Konstantinopel und dem Kloster Préveli und das »Wundertätige Kreuz« Christi. Das Kloster hat im Zweiten Weltkrieg eine Rolle im Widerstand gegen die Deutschen gespielt. Es wurde lange Zeit nicht bemerkt und diente so den Alliierten als Zufluchtsort, bevor sie sich nach Ägypten in Sicherheit bringen konnten.

Vom Kloster aus führt ein Weg direkt nach Norden, über einen Sattel, immer der Telefonleitung folgend, auf der anderen Seite hinab zu dem Dörfchen **Gianioú** (Zeit ca. 1 Stunde, Busverbindung nach Plakiás oder Réthimnon).

Nützliche Informationen

Ausgangspunkt: *Asómatos* (31 km von Réthimnon Richtung Süden). Wanderung führt zum Ausgangspunkt zurück.
Gehzeiten: Insgesamt 6 Std.; Asómatos – Olivenmühle: 30 Min.; Olivenmühle – Venezianische Brücke: 20 Min.; Venezianische Brücke – 2. Brücke: 15 Min.; 2. Brücke – Telegrafenleitung: 45 Min.; Telegrafenleitung – Flußmündung: 30 Min.; Aufstieg: 20 Min.; Schluchtrand – Agía-Fotini-Kapelle: 30 Min.; Agía Fotini – Venezianische Brücke: 45 Min.; Venezianische Brücke – Asómatos: 1 Std.; Kloster Préveli – Gianioú: 1 Std.
Verkehrsverbindungen: *Busverbindungen*: Réthimnon – Asómatos – Plakiás: (6.00, 8.30, 10.30, 11.30, 12.00, 14.15, 17.30 Uhr); Plakiás – Asómatos – Réthimnon (7.00, 9.30, 11.00, 12.30, 13.30, 15.00, 18.30 Uhr); Hóra Sfakíon – Plakiás: 11.30, 16.30 Uhr; Plakiás – Hóra Sfakíon: 9.30 Uhr; Plakiás – Préveli: 10.00, 11.30 Uhr; Préveli – Plakiás: 11.30, 12.45, 18.15 Uhr; Plakiás – Agía Galíni: einmal täglich. *Schiffsverbindungen*: Plakiás – Hóra Sfakíon – Agía Roúmeli: mehrmals wöchentlich (mit MS Elvira); Plakiás – Agía Galíni: mehrmals wöchentlich.
Übernachtungsmöglichkeiten: Plakiás: *Gio Ma* (vermietet auch sehr schöne Appartements über *Jennis Place*); *Rooms Thetis* (am Weg zum Campingplatz); *2 Jugendherbergen*; Palmenstrand: *Rent Rooms* (10 Minuten

östlich in der nächsten Bucht); Mírthios: Privatquartiere, schön gelegene Jugendherberge; *Pension Amoúdi* (einige km östlich von Plakiás mit schönem Strand).
Tavernentips: Plakiás: Restaurant *Sofia;* Restaurant *Lysseos*. Asómatos: Café/Bar; Palmenstrand: nächste Bucht Taverne (10 Minuten östlich) und Café/Bar.
Einkaufsmöglichkeiten: Plakiás: mehrere Supermärkte und Bäckerei. Asómatos: Mini-Markt.
Leihautos und Zweiräder: Plakiás; Fahrradvermietung.
Post/Geldwechsel: Plakiás.
Tourist Office: Öffnungszeiten: 8.30–15.30 Uhr, 17.30–18.30 Uhr.
Sonstiges: Plakiás: Diskotheken, Internationale Presse.
Sehens- und Wissenswertes: • Unteres und oberes *Préveli-Kloster*. • *Moní Préveli*: Museum. • Kirche *Agía Fotiní* und *Ágios Geórgios* (1460), abseits des Klosters.

24 Von Moní Préveli nach Ágios Pávlos

Tourencharakter: Beeindruckende Küstenwanderung abseits des Badetourismus, meist ohne Weganlage, direkt am Meer entlang; bei stürmischer See nicht möglich.
Beste Jahreszeit: April/Mai und Oktober, in den Sommermonaten sehr heiß.
Reine Gehzeit: 7 Std.
Markierung: Keine.
Höhenunterschied: Viermal bis zu 60 m im Auf- und Abstieg.

Der Wegverlauf

Von Asómatos kommend führt die Zufahrtsstraße zum **Kloster Píso Préveli** an dem verlassenen **Kloster Káto Préveli** vorbei, bergauf, nahe an die Steilküste heran und zieht sich Richtung Westen im freien Hanggelände zum Kloster. Sobald erstmalig der Blick hinab zur Küste frei wird, etwa einen Kilometer vor Píso Préveli, führt nach links eine **Erdstraße** abwärts in eine weite flache Geländesenke und endet an der Steilküste (von Badegästen der Prévelibucht werden hier oft die Fahrzeuge geparkt). Über einen steilen und schlechten Fußweg erreicht man in 20 Gehminuten den **Palmenstrand von Préveli** (siehe Tour 23).

Nach dem Durchwaten des Megalopótamos und der Durchquerung der malerischen **Bucht**, die mittlerweile bekannt und gut besucht ist, steigt man, einem **rot markierten** Fußweg folgend, auf die östlichen Begrenzungsfelsen des Strandes und gelangt auf der anderen Seite hinab in die nächste Bucht. Hier existieren zwei **Tavernen** mit Zimmerangebot und Straßenanbindung über eine Schotterpiste nach Lefkógia bzw. Asómatos.

Eine lange, weglose Küstenwanderung, meist auf Kies oder Sand, teilweise über Felsen und deshalb mühsam und anstrengend, aber ungleich beeindruckender, als wenn es durch erschlossene Gebiete ginge, liegt nun vor uns.

Links von uns hügelige Bergausläufer mit dem Gipfel **Korifí** (378 m). Die Hügel werden steiler und rücken näher an das Wasser heran, und etwa eine halbe Stunde nach den Tavernen verengt sich der Strand auf einen wenige Meter breiten Streifen. Eingeengt vom Meer und den kaum begehbaren Steilabbrüchen erreichen wir eine Felsnase, die uns den Weiterweg versperrt. Bei ruhiger See kann man die wenigen Meter in hüfttiefem Wasser umgehen; verhindert hoher Wellengang dies, so muß man einen mühsamen und steilen, 20minütigen Auf- und Abstieg über Geröll und rutschigen Schotter von etwa 50 Metern auf sich nehmen.

Fast gemütlich läßt es sich danach immer am Wasser entlang wandern. Es geht an kleineren Kiesbuchten mit einzelnen Häusern vorbei. Man erreicht nach insgesamt 2 Stunden die kleine Taverne **Agía Votiní**, wenige Meter oberhalb des schmalen Küstenstreifens. Hier endet auch eine betonierte Fahrstraße vom 3 Kilometer entfernten Bergdorf Keramés.

Ab hier wird der begehbare Küstenrand immer breiter. Über weite Kiesflächen wandert man nun angenehmer im flachen Küstengelände Richtung Osten, wo am Hori-

Auf halber Wegstrecke zwischen Moní Préveli und Ágios Pávlos an der Südküste.

zont bereits drei spitze Felsnadeln wie riesige Schwanzflossen aus dem Wasser ragen: **Tris Pétres**, das nächste Etappenziel.

An schönen Stränden entlang, mit vereinzelten neuen Häusern und einigen Schotter- oder schmalen Teerstraßen, die hier enden und auf beginnende Erschließung hinweisen, gehen wir etwa 1½ Stunden ab der Taverne, bis wir vor einer **Felswand** stehen, deren Fortsetzung die drei Felsen im Wasser sind – hier gibt es kein Durchkommen. Die Steilküste bricht etwa 50 bis 60 Meter tief zum Wasser ab. Aber über flache, gut begehbare Felsstufen erreicht man etwa 50 Meter vor der Felswand die Anhöhe, überquert eine mit niedrigem Gebüsch und Gräsern bewachsene kleine **Halbinsel** und geht dann direkt ein Stück an der Abbruchkante entlang. Der Blick fällt hinab in die nächste Bucht mit einer neu erbauten Taverne, wo man übernachten kann. Die erste Gelegenheit, über feinsten Sand die steile Düne hinabzurutschen, nutzen wir, um wieder den Kiesstrand und das Meer zu erreichen. Geht man alternativ oben an der Kante noch ein Stück weiter, so trifft man auf eine Schotterstraße, die ebenfalls in einem Bogen in die Bucht führt.

Beliebig oft könnte man in einer der zahlreichen Buchten die Wanderung durch ein kühles Bad unterbrechen, würde nicht die Länge der Tour ein wenig zur Eile mahnen. Aber das Gehen direkt am Wasser, von dem auch eine kühle Brise ausgeht, bietet genug Abwechslung. 1½ Stunden laufen wir wieder ohne Hindernisse am Meer entlang, zu-

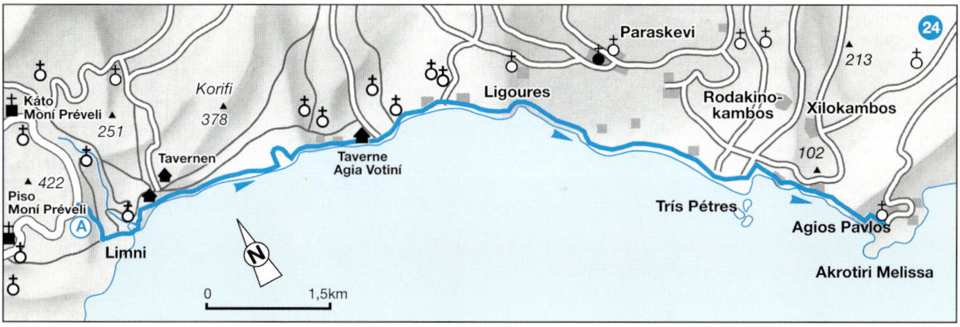

erst weite Kiesstrände, im Hinterland teilweise dichtbewachsenes Sumpfgelände, Rückzugsgebiet für viele Vogelarten. Unverhofft rücken die Hügel wieder dicht an das Meer heran. Steile, 50 bis 60 Meter hohe **Sanddünen** aus feinstem grauem Sand, durchsetzt mit Felspartien, bilden den Abbruch zum Strand.

Zum schönsten Teil dieser Route kommen wir jetzt, wo am späten Nachmittag die tiefstehende Sonne das Wasser und die Landschaft in ein zartes Lila färbt. Enge, von Felsen abgegrenzte Buchten und immer näher ans Wasser drängende Felswände zeigen das Ende der Küstenstrecke. Ein letztes Mal wird eine Felswand im knietiefen Wasser umgangen, und in der darauffolgenden Bucht weisen deutliche Spuren den Aufstiegsweg durch die steile **Düne** nach oben. Sollte ein zu hoher Wellengang das Durchwaten unmöglich machen, so kann man eine Bucht vor diesem Felsen ebenfalls über steile Sanddünen nach oben gelangen.

Eine bizarre Landschaft erwartet uns hier. Von der Sonne vergoldete Graspolster, die fast unwirklich aus der grauen Sandland-

Die markanten Felsen von Tris Pétres heben sich aus dem flachen Küstenwasser heraus.

schaft herausragen, und Felsformationen mit erstaunlichen Faltungen. Im Hintergrund die Bucht von Ágios Pávlos mit der kleinen Ortschaft und weiter oben die noch von der Sonne beschienene weiße Felsenkirche. Nach einem kurzen Abstieg zum Strand führt uns der Weg direkt zur ersten Taverne, mit einem guten Angebot an Fischgerichten. Auf unsere Frage hin werden uns auch schöne Zimmer angeboten. In **Ágios Pávlos** gibt es noch weitere Tavernen, ebenfalls mit Übernachtungsmöglichkeit.

Nützliche Informationen

Ausgangspunkt: Auf der Zufahrtsstraße nach Píso Préveli, ca. 1 km vor dem Kloster. Wanderung führt nicht zum Ausgangspunkt zurück.
Gehzeiten: Insgesamt 6½ bis 7 Std.; Straße – Palmenbucht: 30 Min.; Palmenbucht – Bucht (2 Tavernen): 20 Min.; Bucht (2 Tavernen) – Taverne Agía Votiní: ca. 2 Std.; Agía Votiní – Tris Pétres: 1 Std. 30 Min.; Auf- und Abstieg Tris Pétres: 30 Min.; Bucht nach Tris Pétres – Ende der Küstenstrecke: 1 Std. 30 Min.; Dünenaufstieg und Abstieg nach Ágios Pávlos: 30 Min.
Verkehrsverbindungen: Siehe Tour 23. Busverbindung: Réthimnon – Spíli – Agía Galíni: mehrmals täglich, nach Saktoúria einmal täglich. Rückfahrt von Ágios Pávlos nach Saktoúria oder weiter nur mit Taxi oder Privatfahrzeug möglich. Im Sommer regelmäßig Schiffsverbindungen Agía Galíni – Ágios Pávlos.
Übernachtungsmöglichkeiten: Siehe Tour 23. Alle angegebenen Tavernen unterwegs bieten Zimmer an, ebenfalls in Ágios Pávlos.
Tavernentips: Siehe Tour 23. In Ágios Pávlos Fischtaverne von Maria.
Einkaufsmöglichkeiten: Siehe Tour 23. In den Tavernen von Ágios Pávlos bescheidene Einkaufsmöglichkeit.
Leihautos und Zweiräder: Siehe Tour 23.
Post, Geldwechsel, Tourist-Office: Siehe Tour 23.
Sonstiges: Die Tour kann unterwegs über die Verbindungsstraße nach Keramés abgebrochen werden.
Sehens- und Wissenswertes: Siehe Tour 23.

25 Auf die Alp Trípiti und den Gipfel des Kédhros

Tourencharakter: Bergtour. Orientierungssinn und Ausdauer erforderlich. Ab der Alp Trípiti in weglosem Gelände. Trinkwasser mitnehmen.
Beste Jahreszeit: Frühjahr und Spätherbst. Im Sommer sehr heiß.
Reine Gehzeit: 5 bis 8 Std.
Markierung: Bis Trípiti rote Markierung.
Höhenunterschied: 530 m. Mit Besteigung des Kédhros 1176 m.

Eine lohnende Bergtour auf alten Hirtenpfaden zur **Alp Trípiti** und auf den Berg **Kédhros**, der eine wunderbare Aussicht auf die zwei Meere und die höchsten Berge Kretas bietet.

Der Wegverlauf

Ausgangspunkt dieser Bergbesteigung ist das Dorf **Ano Méros** im Amári-Becken, 50 Kilometer südöstlich von Réthimnon. Zu erreichen ist es mit dem Bus von Réthimnon oder von Agía Galíni. Günstig ist es jedoch, ein eigenes Fahrzeug zu haben, damit man möglichst vor Sonnenaufgang loswandern kann. Unser Weg beginnt im Dorf *Ano Méros*, ca. 150 Meter nach der Kirche, von Réthimnon kommend (nächste Gasse nach Odos Markou Botsari). Man biegt von der Hauptstraße an einer von oben kommenden schmalen, offenen **Wasserrinne** nach rechts ab und folgt der Rinne die Dorfgasse aufwärts. Bei der *ersten Abzweigung* geht es etwas nach links, dann wieder nach rechts aufwärts und geradeaus. Nach ca. 5 Minuten auf einen Fahrweg: geradeaus.

Kurz danach zweigt ein Weg rechts zu der **Kapelle »Kaloídhena«** ab. Der Abstecher dorthin lohnt sich: ein schattiger Rastplatz unter einer Platane neben einem Quellbach. Über einige Treppen gelangt man zur stark einsturzgefährdeten Kapelle.

Kurz danach tauchen die Ruinen einer alten **Wassermühle** auf. Den Fahrweg weiter aufwärts, bei einer kurz darauf folgenden

Aussicht vom Gipfel des Psiloritis auf den Kédhros mit dem darunterliegenden Amári-Becken. Im Hintergrund die schneebedeckten Gipfel der Weißen Berge.

Gabelung links, nach 5 Minuten rechts einen Feldweg einwärts (*roter Pfeil*), dann durch ein **Eisentor**, den Pfad geradeaus weiter, bis wir den Fahrweg – von Kaloídhena kommend – kreuzen. Den Pfad (teilweise *markiert*) weiter nach oben. Nach einer Dreiviertelstunde wieder auf den Fahrweg

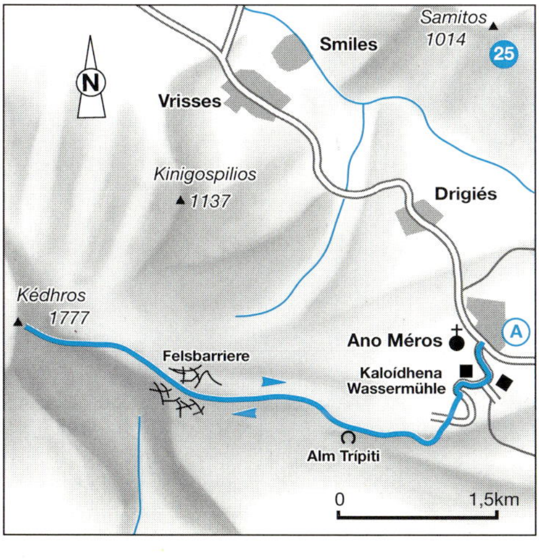

und auf diesem ca. 60 Meter nach rechts, dann links ab (*Markierung*). Oben am Bergkamm sehen wir eine rechteckige Lücke, deren Ziel unseren weiteren Wegverlauf nach oben bestimmt. Entlang einer metallenen *Wasserleitung*.

Nach einer betonierten Wasserrinne bei einer *Platane* in spitzem Winkel hoch. Der weitere Weg nach oben ist denn auch mehr ein **Ziegenpfad**, aber gut markiert.

Nach etwa 2 Stunden kommt man zu einer Höhle, die den Namen »**Trípiti**« (Loch) trägt. Sie ist mit einer Eisentür und zwei vergitterten Fenstern versehen. Sie dient den Schäfern zur Käsebereitung und als Vorratskeller. Meistens hat sich im Schatten des Felsens eine Schafherde ausgebreitet, die auseinanderstiebt, sobald sich jemand nähert.

Aussichtspunkt: Wer nicht die anstrengende Tour auf den Kédhros-Gipfel fortsetzen möchte, für den lohnt sich der Weg zu einem nahen Aussichtshügel. Mit dem Rücken zur Höhle stehend leicht links aufwärts in südöstlicher Richtung. Nach ca. 5 Minuten sehen wir eine kleine Hochebene, zu der wir hinabsteigen. Gegenüber befindet sich der *Aussichtshügel* (*Betonsäule*) von dem man einen wundervollen Blick auf die Messará-Ebene und den Golf von Timbaki hat.

Gipfelbesteigung des Kédhros

Mit dem Rücken zur Höhle stehend, sehen wir in der Ferne einen **Felsen**, den wir jetzt ansteuern müssen auf dem weiteren Weg zum Gipfel des **Kédhros**. Eine genaue Wegbeschreibung läßt sich hier nicht mehr geben aufgrund des Geländes. Doch genügt es zu sagen, daß man auf der *linken Seite* der nach oben verlaufenden *Senke* hochsteigt, um dann die **Felsbarriere** rechts zu umgehen. Der Gipfel des Kédhros ist bis auf weiteres noch nicht zu sehen. Nach Umgehung der Felserhebung fällt das Gelände links unterhalb in eine **Senke** ab. Dort hinunter oder geradeaus über den zerklüfteten **Rücken**, der sich *nördlich* zum Gipfel des Kédhros fortsetzt. Steigt man ab in die Senke, durchquert man diese ebenfalls *nördlich*, um dann in einem leichten Einschnitt nach oben zu steigen.

Von der Höhle Trípiti bis zur Felsbarriere geht man ungefähr 1½ Stunden, von dort bis auf den Gipfel des Kédhros noch einmal eine Stunde. Der Weg selbst ist nicht sehr attraktiv, doch wird man durch die prachtvolle Aussicht auf dem Gipfel für die Mühen belohnt: das Nordmeer und das Südmeer, die Gipfel des Psiloritis und der Weißen Berge, die in der Sonne glitzernden Gewächshäuser der Messará-Ebene und das weite Amári-Becken unterhalb. Selbst auf der Gipfelkuppe des 1777 Meter hohen **Kédhros** weiden Schafe.

Man präge sich den Wegverlauf gut ein für den Rückweg. Da es auf der ganzen Wanderung keine Quelle gibt, nehme man ausreichend zu trinken mit. Der Rückweg geht etwas schneller, schon aufgrund der Aussicht, sich anschließend im Dorf **Ano Méros** in einem Kafeníon ein kühles Bier genehmigen zu können.

Nützliche Informationen

Ausgangspunkt: *Ano Méros* (50 km von Réthimnon im Amári-Becken). Wanderung führt zum Ausgangspunkt zurück.
Gehzeiten: Insgesamt 5 bis 8 Std.; Ano Méros – Trípiti: 2 Std.; Trípiti – Felsbarriere: 1½ Std.; Felsbarriere – Kédhros: 1 Std.; Rückweg vom Gipfel: 3½ Std.
Verkehrsverbindungen: Am besten mit dem eigenen Fahrzeug; Busverbindung nach Réthimnon und Timbáki.
Übernachtungsmöglichkeiten: Réthimnon (siehe Tour 21) oder Agía Galíni.
Verpflegung: Kafeníon und Einkaufsmöglichkeiten in Ano Méros (einfach); sonst Réthimnon oder Agía Galíni.
Sehens- und Wissenswertes: • *Sivritos* (Thrónos). • Spätantike *Bischofskirche* bei Vizári (dreischiffige Basilika, 7. Jh.).

Besonders im Frühjahr und Herbst zeigt sich die Natur in ihren schönsten Farben.

26 Die Besteigung des Koutsotroúlis (1083 m)

Tourencharakter: Relativ kurze, aber mühsame Bergbesteigung. Meist wegloses Gelände.
Beste Jahreszeit: Empfehlenswert März und April wegen der Blüte. Sonst Oktober bis Mai. Im Sommer sehr heiß.
Reine Gehzeit: 6 Std. (Hin- und Rückweg).
Markierung: Keine.
Höhenunterschied: Aufstieg 800 m, Abstieg 800 m.

Wer sich im nördlich vom Psiloritis gelegenen Tal des Milopótamos-Flusses aufhält und aus der überaus fruchtbaren Tallandschaft einen lohnenden Aussichtsberg in relativ kurzer Zeit ersteigen will, der sollte sich den Gipfel des **Koutsotroúlis** in den Kouloúkonas-Bergen auswählen. Ein krasser Gegensatz zum grünen, üppigen Tal ist der steil herausragende Gipfel des 1083 Meter hohen, kargen und einsamen Berges. Selbst Hirten verirren sich nur selten in diese Region, und deshalb finden wir auch nur wenige schmale Wege in diesem Gebiet.

Der Wegverlauf

Ausgangspunkt für diese Bergwanderung ist der kleine Ort **Kámpos Apladianá** an der alten Verbindungsstraße zwischen Réthimnon und Iráklion. Wer mit einem privaten Auto von Réthimnon ankommt, kann die in der Dorfmitte links abzweigende kleine Teerstraße zum höher gelegenen Ort Apladianá benutzen und sein Auto dort am Kafeníon abstellen.

Vom *Kafeníon* folgen wir der Dorfstraße zur *Kirche*, gehen oberhalb an ihr vorbei und verlassen das Dorf zwischen den letzten beiden einfachen Häusern auf einem Fußweg Richtung *Friedhof.* Wir steigen über viele *Terrassen* unter großen Olivenbäumen auf das Bergmassiv zu, steil nach oben. Als Orientierung dient uns der Taleinschnitt oberhalb von uns, dessen *rechten Rand* wir ansteuern. Am Ende des Olivenhains verläuft der Weg an einem *Maschendrahtzaun* entlang nach rechts, über ein Bachbett und auf eine große **Zisternenanlage** mit Viehtränke zu.

Eine halbe Stunde erst sind wir aufgestiegen, und der erste schöne Ausblick auf das Psiloritis-Massiv und die darunter liegenden Dörfer tut sich auf. Von der *Zisterne* weg führt der alte *Ziegenpfad,* nachdem wir eine neu ausgeschobene Schotterstraße überquert haben, in den Taleinschnitt hinein. Der Weg verläuft in dem steilen Tal, neben einem trockenen *Bachbett* bergauf. Die Vegetation hat sich verändert: nur mehr Zistrosen, viel Thymian, Salbei und einzelne kleine Kermeseichen.

45 Minuten folgen wir dem schmalen Pfad rechts des trockenen Bachlaufes ziemlich steil nach oben. Die letzten 20 Minuten benutzen wir das Bachbett direkt als Weg und erreichen einen kleinen *Sattel* mit einem *Schafpferch* im Schatten eines großen Baumes. Eine alte, aber noch unversehrte steinerne Schäferhütte in Kuppelbauweise ist der einzige Hinweis, daß ab und zu ein Mensch vorbeikommen könnte. Man kann auch weglos in den Sattel westlich des Gipfels aufsteigen und über den Westkamm zum Gipfel. Nach einer kurzen schattigen Pause und einem Blick zurück zur verschneiten Nordflanke des Psiloritis queren wir den Hang über uns in Richtung des **Ostgrates**. Weglos geht es über Felsstufen, niedriges Gestrüpp und Geröll hinauf, bis wir nach 15 Minuten den Grat erreichen und auf ihm in 45 Minuten bequem am *Vorgipfel* ankommen. Der Ausblick wird immer weiter, das Gefühl, sich beim Aufstieg von alltäglichen Dingen zu befreien, wird durch die karge Landschaft noch verstärkt. Noch etwa 30 Minuten verfolgen wir den hufeisenförmigen Kammverlauf, bis wir an der Gipfelsäule des **Koutsotroúlis** (1083 m) stehen. Der breite, mächtige Psiloritis verdeckt den Blick Richtung Süden. Nur schauen, ruhen und genießen: der mühsame Aufstieg hat sich wirklich gelohnt.

Der **Rückweg** verläuft entweder auf der bereits bekannten Aufstiegsroute, oder wir steigen in das kleine südliche Tal zwischen Vor- und Hauptgipfel ab und verfolgen den unterhalb des Vorgipfels querenden Weg, um dann von Osten her wieder die *Schäferhütte* und das Abstiegstal zu erreichen. Nach gut 2½ Stunden sind wir wieder in dem kleinen Dorf **Apladianá** und werden nach einer höflichen Bitte mit einem Krug kaltem Wasser, Brot und Oliven versorgt; denn im oberen Dorf war das Kafeníon geschlossen. Aber »Fremde« gelten in dieser abgelegenen Gegend, wo der Tourismus kaum Spuren zeigt, eben noch als »Gäste«.

Nützliche Informationen

Ausgangspunkt: *Kámpos Apladianá* an der alten Verbindungsstraße Iráklion – Réthimnon. Wanderung führt zum Ausgangspunkt zurück.

Gehzeiten: Insgesamt 6 Std.; Kámpos Apladianá – Apladianá: 20 Min.; Apladianá – Zisterne: 30 Min.; Zisterne – Sattel: 1 Std.; Sattel – Vorgipfel: 1 Std.; Vorgipfel – Hauptgipfel: 45 Min.; Abstieg: 2½ Std.

Verkehrsverbindungen: Old Road: Réthimnon – Iráklion (zweimal täglich); Iráklion – Réthimnon (6.30 Uhr).

Taxi: Vom 15 km entfernten Pérama.

Übernachtungs- und Taverntips: Siehe Tour 27.

Einkaufsmöglichkeiten: Geschäfte aller Art in Pérama.

Post/Geldwechsel, Apotheke: In Pérama.

Sehens- und Wissenswertes: • *Moní Vosákou* (Tour 27). • *Melidóni-Höhle* bei Pérama. • Minoische Landhäuser von *Tylissos* (bei Ágios Mámas).

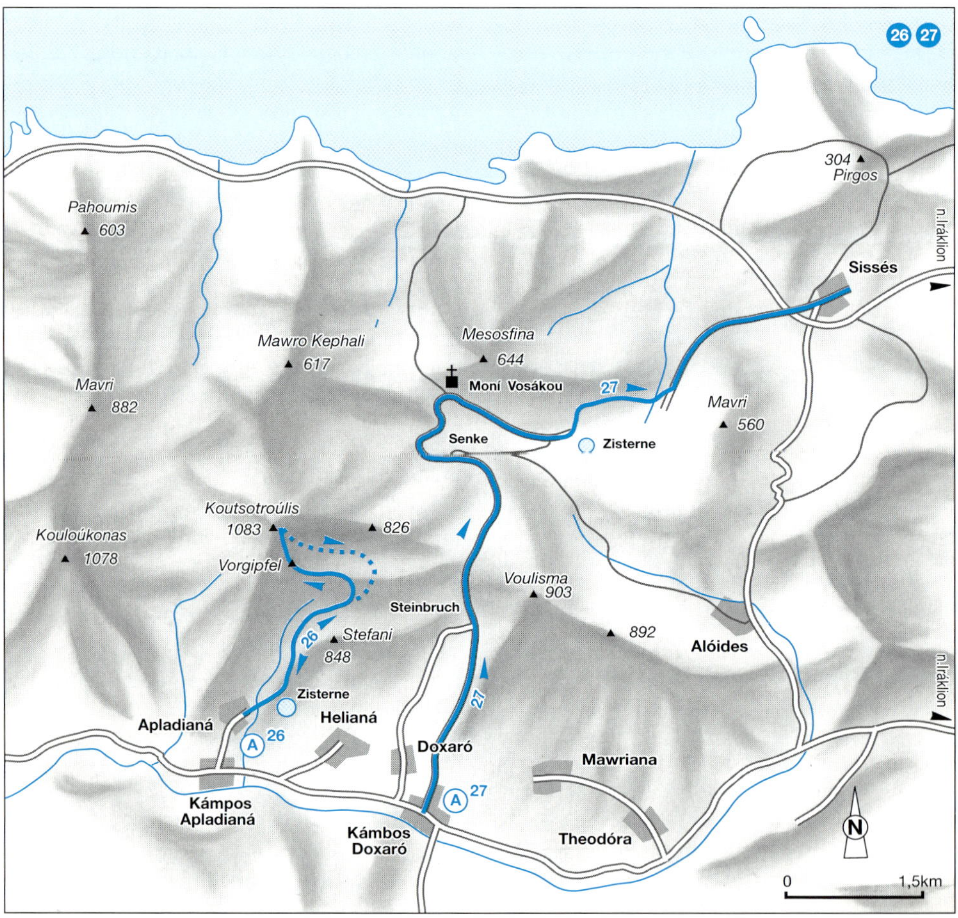

27 Von Doxaró nach Moní Vosákou und Sissés

Tourencharakter: Unschwierige Wanderung über Berg und Tal. Ab dem Kloster ist Orientierungssinn erforderlich; etwas eingewachsener Weg!
Beste Jahreszeit: Frühjahr und Herbst. Das ganze Jahr über möglich. Im Sommer sehr heiß.
Reine Gehzeit: 3¼ Std.
Markierung: Keine.
Höhenunterschied: Aufstieg 250 m, Abstieg 400 m.

Unser Ausgangspunkt, das Dorf **Doxaró**, liegt an der alten Straße von Iráklion nach Réthimnon in einer wasserreichen und fruchtbaren Gegend zwischen dem Berg Kouloúkonas und dem Psiloritis-Massiv. Das Tal ist reich an Obst: Orangen, Mandarinen, Birnen, Quitten gedeihen hier. Aber auch der Wein, der von hier stammt, schmeckt besonders. Erika und Farnkraut sind ein Teil der wilden Vegetation. Aus dem Holz der Eichen- und Olivenbäume stellen die Köhler der Umgebung hochwertige Holzkohle her.

Der Wegverlauf

Gleich nach dem westlichen Ortseingang zweigt gegenüber der Kirche, unmittelbar nach einem *Brücklein*, eine *Schotterstraße* nach links ab. Den Psiloritis im Rücken, steigen wir die selten befahrene Piste nach oben. Nach einer Dreiviertelstunde trifft vom gegenüberliegenden linken Hang eine Straße (gegenüber wird aus dem Berg Marmor gebrochen) auf der Höhe eines *Passes* auf unseren Weg, und es bietet sich nochmals ein schöner Blick zurück auf das Tal und den Psiloritis.

Eine Viertelstunde gehen wir die Straße auf der Höhe eines Sattels, bis sich unter uns ein Hochtal **(Eso Kámpos)** öffnet, an dessen nördlichem Ende das Kloster liegt. Die Straße führt in einer langen *Rechtsschleife* leicht bergab. Zur späteren Orientierung betrachte man das Seitental direkt gegenüber, um den Wegverlauf vom Kloster nach Sissés zu studieren. Nach 1½ Stunden erreichen wir das verlassene **Kloster Moní Vosákou**.

Während der venezianischen Herrschaft gingen viele junge Männer in die Klöster beziehungsweise es wurden viele Klöster neu errichtet. Sie taten dies, um sich dem Zugriff der Venezianer zu entziehen, die die junge männliche Bevölkerung für ihre Flotte rekrutieren wollten. Vor dem Dienst an Gott hatten die Besatzer Respekt. Später verfielen dann die Klöster wieder mangels Nachwuchs. Seither gibt es auf Kreta eine Vielzahl klösterlicher Anlagen, von denen die meisten verlassen sind.

Die Ruine des Klosters liegt versteckt in der Landschaft. Eine mächtige alte Zypresse und eine Palme stehen davor. Innerhalb des Hofes entdecken wir eine kleine Kapelle, daneben eine schöne Brunnenfassade. Die Anlage besticht mit ihren Rundbögen, Treppenaufgängen und steinernen Ornamenten.

Am Haupttor verlassen wir das Kloster in Richtung Osten und verfolgen einen alten Weg, der sich bald mit der Schotterstraße verbindet. Nach 10 Minuten erreichen wir eine *Feldwegkreuzung*. Links einen leicht verwachsenen Weg hoch, wo wir nach gut 15 Minuten eine kleine, fast kreisrunde, mit Mauern eingesäumte *Hochebene* erreichen, die einem sumpfigen See gleicht, dicht bewachsen und im Frühjahr ein Meer von tausend kleinen Blüten. Nach dem Überqueren der Senke den *Begrenzungsrand* hoch, dann den Pfad weiter in ein ostwärts ziehendes Tal, an dessen anderem Ende eine *Schotterstraße* zu sehen ist. Entlang der rechten Talseite erreichen wir nach 1 Stunde den Fahrweg, der jetzt in ein nach Norden verlaufendes Tal führt.

Die vor uns liegenden flachen Hügel überqueren wir am tiefsten Einschnitt und verlassen dabei den bisherigen Talverlauf. Wir erreichen ein üppiges, dicht bepflanztes *Gartengelände* mit Orangen- und Zitronenbäumen und Gemüsefeldern. Kühler Schatten und angenehme Frische laden nach der trockenen und karstigen Landschaft zu einer kurzen Pause ein. Weiter auf der Schotterstraße, die uns parallel zur Schnellstraße Richtung Sissés führt. An geeigneter Stelle überqueren wir diese und gelangen auf einer

Nebenstraße in 15 Minuten zu dem höher gelegenen Dorf **Sissés**.

Hier gedeihen die größten und schönsten Navelorangen Kretas. An mehr als einem Dutzend Verkaufsständen an der Schnellstraße werden sie den Vorbeifahrenden angeboten.

Nützliche Informationen

Kartenskizze: Auf Seite 100.
Ausgangspunkt: *Kámbos Doxaró*, 40 km auf der alten Straße von Réthimnon entfernt. Wanderung führt nicht zum Ausgangspunkt zurück.
Gehzeiten: Insgesamt 3¼ Std.; Doxaró – Bergsattel: ¾ Std.; Bergsattel – Kloster: ¾ Std.; Kloster – Fahrweg: 1 Std.; Fahrweg bis Sissés: ¾ Std.
Verkehrsverbindungen: Mit dem Bus: Iráklion – Sissés – Réthimnon mehrmals täglich; Old Road: Réthimnon – Iráklion (zweimal täglich); Iráklion – Réthimnon (6.30 Uhr).
Übernachtungsmöglichkeiten: Apladianá: *Rooms Prinos*, Tel. (08 34) 4 14 81, *Rooms Oasis*; Balí: Pension *Sarlot*; Pension *Panorama*; Fódele: Hotel *Domingo*; Pánormos: *Pánormos Beach*.
Taverntips: Apladianá: Café/Restaurant *Oasis*; Sissés: Taverne/Kafeníon; Fódele: Taverne *El Greco*; Pánormos: *Captains House*; Kasteli; Balí: *Sarlot*; *Panorama*.
Sehens- und Wissenswertes: • *Melidóni-Höhle* bei Pérama. • *Fódele*: Geburtsort von El Greco. • Minoische Landhäuser von *Tylissos*.

Völlig abseits in einem geschützten Hochtal liegen die Ruinen des einst bedeutenden Klosters Moní Vosákou. Im Hintergrund der Koutsotroúlis.

Blick von Süden auf die Ruinen des verlassenen Klosters Moní Vosákou.

Der Kreis Iráklion

Grundinformation und Sehenswürdigkeiten

Für den ausländischen Besucher, der seinen Urlaub auf Kreta verbringt, ist **Iráklion** meistens die erste Station auf der Insel. Mit über 100000 Einwohnern ist es die größte Stadt Kretas sowie das wirtschaftliche und politische Zentrum der Insel. Obwohl Iráklion bestimmt nicht zu den schönsten Städten in Griechenland gehört, wird der Besucher erst einmal von dem quirligen, fremdartigen Leben beeindruckt.

Die Stadt hat eine weit zurückreichende Vergangenheit, von der noch Zeugen dieser Zeiten zu bewundern sind. Bei den Arabern hatte sie den Namen Rabd el Kandak, was soviel wie »der Graben« bedeutet; bei den Byzantinern hieß sie dann Chandax, und die Venezianer tauften sie Candia, von dem unser »Kandiertes« seinen Namen hat. Den Namen Iráklion bekam die Stadt erst viel später, als die Zeit der Fremdherrschaft vorbei war. Der griechische Held Herakles (Herkules) stand Pate, der mit dem Einfangen des Minotaurus die siebte seiner zwölf Heldentaten vollbrachte.

Der Mittelpunkt der Stadt befindet sich beim **Morosini-Brunnen**, gestiftet 1628 von einem Onkel des gleichnamigen venezianischen Verteidigers gegen die Türken. Vier steinerne Löwen zieren ihn. Er war der Endpunkt einer 15 km langen Wasserleitung (auf der Fahrt nach Knossós ist noch ein Teilstück des Aquädukts zu sehen), die den chronischen Wassermangel der Hauptstadt beheben half.

In den Cafés rundherum läßt es sich gemütlich sitzen; man unterhält sich, betrachtet die Menschen oder holt sich eine Zeitung vom Kiosk gegenüber. Zum Hafen gelangt man auf der Straße des 25. August, in der sich vornehmlich Reisebüros, Autovermietungen, Souvenirläden und Banken befinden.

Gegenüber dem Brunnen steht die ehemalige venezianische Hauptkirche **San Marcos**, in der die Herzöge von Candia bestattet wurden. Gleich anschließend folgt die elegante Loggia aus dem Jahre 1626, damals das Clubhaus der venezianischen Adligen. Heute bilden die Loggia und das dahinter liegende Rathaus den Amtssitz des Bürgermeisters.

In der **Dedálou-Gasse**, die vom Brunnen zum Platz der Freiheit führt, ist ein Restaurant neben dem anderen.

Neben der Straße des 25. August befindet sich die **Titus-Kirche**. Sie ist dem ersten Bischof der Insel, dem von Apostel Paulus eingesetzten heiligen Titus, geweiht. Heute ist sie Sitz des Metropoliten und birgt seit 1966 wieder die kostbarste Reliquie Kretas, den vermeintlichen Schädel des Heiligen. Dem Schutzheiligen von Iráklion wird am 25. August mit einer prächtigen Prozession gedacht.

Folgt man der Straße des 25. August abwärts, kommt man zum alten Fischerhafen. Hier bietet sich das beschauliche Bild von kleinen bunten Booten und Kaikis im Hafenbecken, netzeflickenden Fischern und schwatzenden Matrosen vor der imposanten, löwengezierten venezianischen **Festung Koúles**. Nach jahrelanger Restaurierung ist sie heute das Wahrzeichen Iráklions. Beim Jachthafen am Zollamt trifft sich gerne die jüngere Generation in der Cafeteria bei Kaffee, Kuchen oder Eis. Geht man auf der Hafenstraße weiter ostwärts, erreicht man zuerst den Busbahnhof **Mégaro-Fitáki**, von dem hauptsächlich die Linien nach Osten bzw. in den Kreis Lassíthi (Ágios Nikólaos, Sitía, Ierápetra) abfahren.

Wenn man vom Morosini-Brunnen die Straße des 25. August hinaufläuft, kommt man an den zentralen Verkehrsknotenpunkt der Stadt, den Platz **Nikifóros Fókas**. Geradeaus folgt die Handwerkerstraße 1821, in deren Nebengassen die verschiedenen Handwerker ihr Gewerbe zum Teil noch auf der Straße ausüben.

Noch lebendiger und bunter geht es in der **Straße 1866** zu, die gleichfalls an der Kreuzung ihren Anfang nimmt. Hier haben die Obst- und Gemüsehändler ihre Stände. Käse, Gewürze, Fleisch, Fisch und sonstige Lebensmittel werden angeboten und ausgerufen. In einer schmalen Quergasse, der **Fontinoú-Straße,** kann man einkehren, um die vielen kleinen Köstlichkeiten der griechischen Küche kennenzulernen.

Zurück an der Kreuzung führt die **Kalokerinoú-Straße** nach Westen in Richtung Réthimnon/Haniá. Sie ist gesäumt mit Haushalts- und Einrichtungsgeschäften aller Art und weiter außerhalb mit Autozubehör, Reifen-, Werkzeuggeschäften, Tankstellen etc.

In der Gegenrichtung gelangt man zum **Freiheitsplatz**, an dessen Rondell sich eine Anzahl Cafés befinden, in denen man ein Erfrischungsgetränk oder einen Kaffee genießen kann. Nicht weit davon befindet sich das **Archäologische Museum**, eine einzigartige Sammlung minoischer, griechischer und römischer Ausgrabungsgegenstände.

In 20 Sälen kann der Besucher die Funde aus Palästen, Siedlungen und Gräbern Ost-

1 Touristeninformation
2 Touristenpolizei
3 Postamt
4 Telefon- und Telegrafenamt
5 Archäologisches Museum
6 Historisches Museum
7 Bank von Griechenland
8 Griechische Nationalbank
9 Griechische Handelsbank
10 Rathaus
11 Morosini-Brunnen
12 Venezianische Loggia
13 El-Greco-Park
14 WC
15 Katholische Kirche
16 St.-Titus-Kirche
17 St.-Markus-Kirche
18 St.-Minas-Kirche
19 St.-Konstantinos-Kirche
20 Kazantzákis-Grab
21 Stadtgarten
22 WC
23 Platz der Freiheit
24 Präfektur
25 Venezianischer Hafen
26 Venezianische Festung
27 Hafen
28 Hafenamt
29 Olympic Airways
30 Markt

Busabfahrtsstellen:
31 Flugplatz – Amnissós Nr. 1
32 Knossós Nr. 2
33 Górtys – Festós
34 Mállia
35 Ágios Nikólaos – Ierápetra – Sitía
36 Réthimnon – Haniá
37 Kastélli Pedhiádas – Viános
38 Anójia – Milopótamo
39 Arhánes

Der alte Hafen von Iráklion, der heute Fischerboote und Segeljachten beherbergt, war unter den Venezianern der wichtigste Handelsplatz im südlichen Mittelmeer.

und Zentralkretas bewundern. Der Besuch des Museums sollte unbedingt mit einem Besuch von *Knossós* verknüpft werden. So kann man anhand eines großen Holzmodells des Palastes von Knossós ein anschauliches Bild von der Ausgrabungsstätte und den dortigen Funden gewinnen. Gleichzeitig vermittelt das Archäologische Museum einen Eindruck von der Kunstfertigkeit der ersten europäischen Hochkultur, die sich in Form von Schmuck, Kultgegenständen, Waffen, Keramiken und Fresken der Nachwelt offenbart.

Gegenüber dem Museum befindet sich der **Touristeninformationspavillon**. Unweit davon kann man ein Stück der gewaltigen, ehedem fast fünf Kilometer langen Schutzmauer mit einem bis zu sechzig Meter breiten Graben bewundern. Die Festungsanlage, gebaut von dem Italiener Michele Sanmicheli, galt als die fortschrittlichste im gesamten Mittelmeerraum und sollte dem drohenden Ansturm der Türken standhalten.

Zu erwähnen wäre noch das **Historische Museum** gegenüber dem Xénia-Hotel, das Skulpturen und Grabsteine aus der frühchristlichen, byzantinischen, venezianischen und türkischen Periode ausstellt. Daneben finden sich Holzschnitzereien, Ikonen, Waffen der Belagerungszeit, Fahnen der Revolutionen, aber auch Webarbeiten und Stickereien mit traditionellen Mustern der kretischen Volkskunst. Ein Raum ist dem Schriftsteller Níkos Kazantzákis gewidmet, in dem persönliche Gegenstände, Manuskripte und Bücher ausgestellt sind.

Der Kreis Iráklion

Iráklion und sein Kreis hat sich in den letzten zwei Jahrzehnten von allen vier Kreisen Kretas am stärksten entwickelt. Dies ist nicht nur auf das Anwachsen des Tourismus und die Zunahme des damit verbundenen Dienstleistungsgewerbes, sondern auch auf die infrastrukturellen und ökonomischen Voraussetzungen der Insel zurückzuführen. Im Kreis Iráklion leben 46 Prozent der Bevölkerung der Insel, 60 Prozent der Leistungen von Landwirtschaft, Industrie und Handel werden dort erbracht. Iráklion ist mehr und mehr dabei, für Kreta die Funktion zu übernehmen, die Athen für das griechische Festland hat.

Das sanft geschwungene hügelige Mittelland um Arhánes und den Berg Joúhtas ist ein einzigartiges Weinanbaugebiet. Hier wird die Rozáki-Traube kultiviert, die nach ganz Europa exportiert wird. Neben dem Weinanbau ist die Produktion von Olivenöl ein wichtiger wirtschaftlicher Faktor. Über eine Million Olivenbäume soll es auf Kreta geben. Im Westen begrenzen die Ausläufer des Ída-Massivs die Nídha-Hochebene, im Osten umrahmen die Díkti-Berge die Lasíthi-Hochebene. Zwei geographische Besonderheiten weist der Kreis auf: Kap Líthinon ist der südlichste Punkt von Kreta, und in Agía Varvára ist der geographische Mittelpunkt der Insel. Während die Nordküste relativ eben und stark besiedelt ist, ist die Südküste unzugänglich und wird von den Asteroússia-Bergen begrenzt. Nur bei Timbáki öffnet sich die fruchtbare, 30 Kilometer ins Land reichende Messará-Ebene flach zum Meer hin.

Schon die römischen Herren kontrollierten von hier aus nicht nur die Insel, sondern dies war für sie das Tor zu Afrika, zur Cyrenaika. Heute ist die **Messará** ein glitzerndes Meer von Gewächshäusern. Von hier aus treten täglich ganze Lastwagenladungen ihren Weg auf die Märkte Westeuropas an.

Unternehmen wir zuerst einen Ausflug zu dem wohl bekanntesten Denkmal der minoischen Kultur, dem **Palast von Knossós**. Knossós liegt nur 5 Kilometer südlich von Iráklion. Auf einem Gelände von 20000 Quadratmetern befand sich hier die größte und bedeutendste minoische Palastanlage. Sie war nicht von Mauern umgeben, da es auf der Insel keine Feinde gab und die minoische Seeherrschaft durch eine starke Flotte gesichert war. Nicht weit vom Meer entfernt, zwischen Kaíratos-Tal und Vlychiá-Schlucht war dies der ideale Siedlungsort inmitten einer fruchtbaren Landschaft.

Ausgegraben wurde der Komplex von dem Engländer Arthur Evans, der bei dem Erwerb des Geländes mehr Geschick bewies als der deutsche Archäologe Schliemann. Im Jahre 1900 begann Evans mit den Ausgrabungen, die die Welt aufhorchen ließen. Woche für Woche wurden sensationelle Funde ans Tageslicht gefördert. Evans beließ es aber nicht mit dem Abtragen der Erde und dem Freilegen von Mauerresten, sondern begann mit einem Stab von Archäologen, Historikern und Architekten Teile der Gebäude unter Einbeziehung von Mauerresten, Fragmenten und Fresken zu rekonstruieren, wobei er sich nicht scheute, große Mengen Eisenbeton zu verwenden. Obwohl später von archäologischer Seite vielfach Kritik an seinem Vorgehen laut wurde und Zweifel an Teilen der Rekonstruktion bestehen, steht seine großartige Leistung außer Zweifel.

Weit mehr Unklarheit herrscht darüber, wie es zum Untergang von Knossós kam. Die gängige Theorie spricht von einem gewaltigen Erd- und Seebeben, das durch die Explosion des Vulkans auf der Insel Santorini im Jahre 1450 v.Chr. ausgelöst wurde. Schon um 1700 v.Chr. wurde der erste Palast durch ein Erdbeben zerstört, doch begann man auf den Mauern desselben mit dem Bau des noch umfangreicheren neuen Palastes. Auf diesen beziehen sich im wesentlichen die Ausgrabungen und Rekonstruktionen von Evans, wobei durchaus auch Fragmente des alten Palastes zu sehen sind.

In der näheren Umgebung der eigentlichen Anlage sind verschiedene Gebäude freigelegt worden, die in direktem Zusammenhang mit dem Palast standen. Zu nennen wären: der kleine Palast, die Villa Ariadne, der königliche Palast und das Haus des Hohenpriesters.

Wenn wir die Straße von Iráklion weiterfahren, gelangen wir ins Zentrum des kretischen Weinanbaus rund um das schmucke Städtchen **Arhánes**. 1200 Mitglieder zählt die dortige Winzereigenossenschaft, deren Weine längst über die Grenzen Kretas und Griechenlands hinaus bekannt sind. Von Arhánes lohnt sich ein Spaziergang zur minoischen Nekropolis oder die Besteigung des Joúhtas, der das Profil des ruhenden Zeus habe. Wer es sich bequemer machen will, kann mit dem Auto bis zur Sendestation auf dem Gipfel fahren.

Von der Kapelle oben hat man einen schönen Blick auf Tausende von Weingärten, unten liegen die weißen Häuser von Ar-

Die Entdeckung von Knossós, der größten minoischen Palastanlage auf Kreta, war eine Sternstunde in der Geschichte der Archäologie. Die große Anlage mit ihren mehrgeschossigen Sälen und Lichtschächten entstand im 16. Jahrhundert v. Chr.

hánes. Das Häusermeer von Iráklion scheint nah, etwas weiter entfernt die Insel Día, die man zum Reservat für die vom Aussterben bedrohte kretische Wildziege Kri Kri gemacht hat. Nur vier Kilometer von Arhánes entfernt liegt die minoische **Villa Vathípetrou**. Wer allerdings von den Rekonstruktionen in Knossós verwöhnt ist, wird hier enttäuscht sein, da nur noch die Grundrisse zu sehen sind.

Spektakuläre Ausgrabungen machte der griechische Archäologe Dr. Jannis Sakellarakis am nördlichen Bergfuß des Joúhtas in **Anemospília**. Ein Erdbeben zerstörte einen Tempel, in dem gerade ein ritueller Opfermord an einem Jüngling stattfand. Sollte es sich nur um einen Mythos handeln, daß die Minoer ein sanftes und friedliebendes Volk gewesen seien?

Wer sich für die Herstellung der großen tönernen *Píthoi* (Amphoren) interessiert, sollte dem Dorf **Thrapsanó** einen Besuch abstatten. Töpferscheiben und Brennkammern für die großen Gefäße, die hauptsächlich zur Aufbewahrung von Öl und Getreide dienen, befinden sich im Freien. Hier wird auch gearbeitet. Von Thrapsanó führt ein sechs Kilometer langer Feldweg durch viele tausend Olivenbäume nach **Kastélli Pedhiádas**. Das Städtchen selbst ist ohne besonderen Reiz, doch liegt es in einer fruchtbaren Ebene, in der neuerdings moderne Windräder das Grundwasser hochpumpen.

Von hier sind es nur 13 Kilometer bis zur Nordküste bei **Hersónissos**. Wo vor zwanzig Jahren kaum ein Hotel stand, gibt es heute eine lebhafte Tourismuszone, die sich bis nach Mállia ausdehnt.

Bei **Mállia** ist ein minoischer Palast freigelegt worden, der etwa um dieselbe Zeit wie Knossós entstanden ist und bei derselben Katastrophe zerstört wurde. Er ist größer als der Palast von Festós, war jedoch von seiner Architektur und der Verwendung von Baumaterialien nicht so luxuriös gebaut wie Festós. Obwohl der Palast direkt an der Küste und auf ebenem Land lag, ist es erstaunlich, daß auch er keinerlei Befestigungsanlagen hatte.

Wer von Hersónissos zur Lassíthi-Ebene

hochfährt, sollte es nicht versäumen, in dem Dorf **Krási** die wohl gewaltigste Platane Kretas anzugucken. Sie hat einen Stammumfang von fünfzehn Metern und wäre wahrscheinlich schon längst auseinandergebrochen, wenn nicht vor Jahrzehnten ein schlauer Kopf auf die Idee gekommen wäre, durch Pfropfen Queräste wachsen zu lassen.

Südlich von Arhánes und Kastélli Pedhiádas erstreckt sich das hügelige kretische Mittelland, kultiviert mit Olivenbäumen und Weinbergen. Ganz im Süden reichen die rauhen Asteroússia-Berge von Kap Líthinon, dem südlichsten Punkt Kretas, bis nach Árvi, wo vor vielen Jahren mit dem erfolgreichen Anbau von Bananen begonnen wurde. Ganze Stränge von schwarzen Kunststoffschläuchen leiten das Wasser kilometerlang von den Quellen des Aféndis Hristós hinab bis zum schmalen Küstenstreifen um Árvi. Die Küste dazwischen ist schwer zugänglich und fast unbewohnt. Zu erwähnen wäre das schon aus der Apostelgeschichte bekannte **Kalí Liménes** (»Schöne Häfen«), wo der Apostel Paulus auf seiner Fahrt von Cäsarea nach Rom anlegte. Ihre einstige Schönheit hat die Bucht jedoch verloren, denn riesige Öltanks prägen nun das Landschaftsbild.

Weiter östlich liegt **Léndas**, das schon in der Antike eine bedeutende Rolle spielte. Der antike Name war Lebéna (Levín), ein phönizisch-semitisches Wort, welches »Löwe« bedeutet. Es diente der römischen Stadt Górtys als Hafen und war bekannt für seine heilkräftige Quelle, die mit einem Asklepios-Heiligtum geschmückt war. Noch heute zieht die Quelle, der man eine heilende Wirkung für allerlei Geschwüre nachsagt, selbst Leute vom griechischen Festland an. Davon unbeeindruckt beherbergt das kleine Dorf mehr Touristen als Einheimische. Nur über eine schlechte Straße erreichbar ist dagegen das **Kloster Koudoumá**, am Fuß des steil zum Meer abfallenden Kófinas (1231 m).

Die Asteroússia-Berge sind ein natürlicher Windzaun für die fruchtbare **Messará-Ebene** im Süden, die sich, nur 8 Kilometer breit, wie ein Schwert fast 40 Kilometer ins Land erstreckt. Täglich verlassen viele Lastwagen die Umschlagplätze für Gurken, Tomaten, Auberginen, Zucchini oder Erdbeeren und begeben sich auf die Fährschiffe nach Piräus. Auch Kartoffeln und Getreide werden hier angebaut, doch reicht dies längst nicht, den Bedarf der Insel zu decken. Hauptumschlagplatz für die Gewächshauskulturen ist Timbáki, ein Ort mit dem Touch der Savanne, mehr Naher Osten als Europa.

Und hier, am Rande der Ebene, bauten die Minoer auf einem Hügel einen weiteren prunkvollen Palast, den von **Festós**. Auch der nicht archäologisch Interessierte wird verzaubert sein von der Anmut dieses Platzes.

In ihrer Konstruktion weist die Anlage viele Ähnlichkeiten mit Knossós auf, was bei einigen Archäologen zu der Annahme führte, daß die gleichen Baumeister beteiligt waren. Die Ausgrabungen wurden um 1900 unter Führung des Italieners Halbherr begonnen. Schon 1884 hatte er die Ruinen entdeckt, mußte aber bis zum Abzug der Türken von der Insel warten, um die Arbeiten aufnehmen zu können. Die italienischen Archäologen haben alles so belassen, wie es die

Riesenpíthoi im Palast von Mállia.

Blick auf den minoischen Palast von Festós und die Messará-Ebene.

Schaufel ans Tageslicht brachte. Dem Beispiel der Evansschen Nachkonstruktionen wurde hier nicht gefolgt. An luxuriöser Ausstattung hatten die minoischen Baumeister nicht gespart. So wurde eine Reihe von Räumen mit Wand- und Bodenverkleidungen aus Alabaster geziert.

Anders als in Knossós, das seine Wasserversorgung über einen Aquädukt sicherstellte, dienten in Festós eine Reihe von Zisternen zum Sammeln des Regenwassers.

Von Festós führt ein antiker Pflasterweg nach **Agía Triáda**, das wahrscheinlich königliche Sommerresidenz war und in enger Beziehung zum Palast von Festós stand. An Größe kann es sich nicht mit den anderen minoischen Palästen messen; die Funde, die hier gemacht wurden, gehören aber zu den schönsten der Insel. Wahrscheinlich hatte die um 1600 v. Chr. erbaute, aus zwei Gebäudeflügeln bestehende Residenz damals einen direkten Blick aufs Meer. Heute ist das Ufer im fruchtbaren Schwemmland des Jeropótamos weit nach Westen gerückt.

Ein Ausflug sollte von hier nach **Mátala**, dem antiken Hafen von Festós, unternommen werden. Neben der schönen Bucht mit dem feinen Sand sind die vielen großen und kleinen Höhlen interessant, die Jahrtausende als Wohn- und Kulträume gedient haben. In den vom Meer abgewaschenen Kalkplatten finden sich viele Versteinerungen von Meerestieren wie Seeigel, Ammoniten usw.

Nach dem Untergang der großen minoischen Zentren und der Übernahme der Macht durch die Dorer wurde **Górtys** gegründet, dessen berühmtes, in Stein gehauenes Stadtrecht um 500 v. Chr. entstand. Um 67 v. Chr. wurde Górtys von den Römern erobert. Innerhalb des römischen Imperiums war Górtys Sitz eines Prätors und Hauptstadt einer Kreta und die Cyrenaika einschließenden Provinz. Die Römer verbesserten das Bewässerungssystem, und die Messará wurde zu einem der Getreidelieferanten Roms. Nach der Ablösung der römischen Herrschaft durch Byzanz behielt es noch eine Weile seinen Glanz, bis es mit dem Einfall der Araber 824 n. Chr. der Zerstörung anheimfiel.

Nur 10 bis 15 Kilometer weiter nördlich beginnen die Südausläufer des **Ida-**

Gebirges. Berühmt in dieser Gegend sind die starken Quellen von Zarós, das am Eingang der malerischen **Bótomos-(Roúwas-) Schlucht** liegt. Ganz in der Nähe lohnen die mit alten Fresken ausgestatteten Klöster **Moní Vrondíssi** und **Moní Valsamónero** ebenfalls einen Besuch.

Wie ein Adlerhorst thront die **Kamáres-Höhle** oberhalb des gleichnamigen Städtchens über Land und Meer, und wenn der Blick weit über die Messará-Ebene und die tieferliegenden Hügelketten schweift, bis hinaus zum Kap Líthinon und den Paximádia-Inseln, dann ergreift einen selbst dieses Gefühl, das wahrscheinlich die frühen Menschen hatten, als sie sich hierher zurückzogen in die Nähe der Götter, um mit ihnen den Blick auf die Welt zu teilen.

28 Von der Idäischen Grotte auf den Gipfel des Psilorítis

Tourencharakter: Hochtour in weglosem Gelände. Beim Queren von Schneefeldern Trittsicherheit erforderlich.
Beste Jahreszeit: Frühjahr, Frühsommer und Herbst. Nur bei stabiler Wetterlage.
Reine Gehzeit: Ca. 8 Std. (hin und zurück).
Markierung: Rot, teilweise auch gelb, Steinmännchen. Teilweise E4.
Höhenunterschied: 1000 m.

Die hier beschriebene Gipfelbesteigung des Psilorítis läßt sich gut in einem Tag durchführen; vorausgesetzt, man hat die Möglichkeit, die **Nídha-Hochebene** als Ausgangspunkt zu wählen. Die Nídha-Ebene ist vom Talort Anójia 21 km weit gelegen. Steht ein Fahrzeug zur Verfügung, so gelangt man problemlos in kurzer Zeit nach oben. Oft wird man auch von Schäfern im Auto mitgenommen.

Die Nídha-Ebene auf 1370 Meter Höhe ist eine abflußlose Senke von etwa 2,5 mal 1,5 Kilometern Größe, in der noch bis ins Frühjahr das Wasser steht; im Sommer wird sie als Schafweide benutzt. Die Straße führt im Bogen an den Westrand der Ebene bis zu einer neuerstellten Taverne. Auf dem Parkplatz davor steht eine Orientierungstafel mit einer Skizze der Wege, die von hier weiterführen. Von hier geht eine Schotterstraße aufwärts bis zur Kapelle **»Analipsi«** und weiter bis zur **Idäischen Grotte** (Idéon Ándron) auf 1540 Metern Höhe. E. Fabricius erforschte die Höhle 1884 erstmals. 1955 fand dann P. Faure einen weiteren Raum, dessen Zugang acht Meter über dem Boden liegt, und machte neue bedeutende Ausgrabungen. Er entdeckte in der Höhle unter anderem Keramiken und Schmuck sowie eine große Menge Bronzegegenstände (Speere, Schilde, Schüsseln). Die Fundstücke sind im Archäologischen Museum in Iráklion zu besichtigen.

Von dem Bronzefund hat man auf einen nachminoischen Kuretenkult geschlossen, bei dem Tieropfer und Tänze vollzogen wurden. Auf einem der Schilde ist der gegen Bestien kämpfende Zeus, umgeben von Kureten, dargestellt. In der griechischen Mythologie wird denn auch behauptet, daß die Göttin Rhea den neugeborenen Zeus in eine Höhle gebracht habe und ihn von den Kureten beschützen ließ. (Kureten sind Fruchtbarkeitsdämonen und Kultdiener der Göttermutter Rhea.) Auch nach Aussagen klassischer und vorklassischer Schriftsteller war die Höhle des Ída der Geburts- und Zufluchtsort des Zeus.

Der Wegverlauf

Die Wanderung beginnt nach der **Kapelle** unter der Grotte, wo in der nächsten langen Kurve von der Schotterstraße ein spärlich **rot markierter Pfad** hangwärts in Richtung Süden abzweigt. Hier achte man insbesondere auf *Steinmännchen*, die als Wegmarkierung dienen. Der Weg steigt langsam an und geht dann rechts einen Einschnitt nach Norden hoch. Jetzt folgen wir dem Einschnitt eine Stunde nach oben; abwechselnd tauchen rote Markierungspunkte, gelbe Pfeile und Steinmännchen als Wegweiser auf.

Über den Ostgrat führt das letzte Stück des Anstiegsweges auf den Gipfel des Psilorítis. Der Schnee an den Nordhängen hält sich bis weit in das Frühjahr hinein.

Die fast kreisrunde Nídha-Hochebene (1370 m) liegt im Zentrum des Ída-Massivs. Von hier führt der kürzeste Weg auf den Gipfel des Psilorítis (2456 m).

Oben angekommen, liegt vor uns eine kleine Talsohle (zur *Alm Kóllita* gehörend), zu der wir in südwestlicher Richtung absteigen. Wir treffen dann auf den Aufstiegsweg von *Kamáres*. Nun zieht sich ein langer Einschnitt nach Nordwesten hoch, den wir ca. 1½ Stunden hochsteigen. Wir umschreiten dann eine Art *Krater* rechts, gehen ein kleines Stück nordwestlich und biegen auf einem Sattel, von dem wir jetzt auf das Meer mit Iráklion in der Ferne blicken können, nach Westen. Weiter auf der nördlichen Flanke des Höhenzuges bis auf den Gipfel des **Psilorítis** (2456 m Höhe über dem Meer).

Oben stehen eine Kapelle (Tímios Stávros) und eine Schutzhütte sowie eine Zisterne mit Schmelzwasser. Bei gutem Wetter ist der Fernblick phänomenal. Beide Meere liegen unter uns; die Gewächshäuser der Messará gleißen im Sonnenlicht; Inseln streuen sich ins Meer; unter uns das Amári-Becken, der klotzige Berg Kédhros gegenüber, die Gipfel der Weißen Berge im Westen. Südwestlich unter uns erkennen wir die Berghütte der Sektion Réthimnon des EOS (griechischer

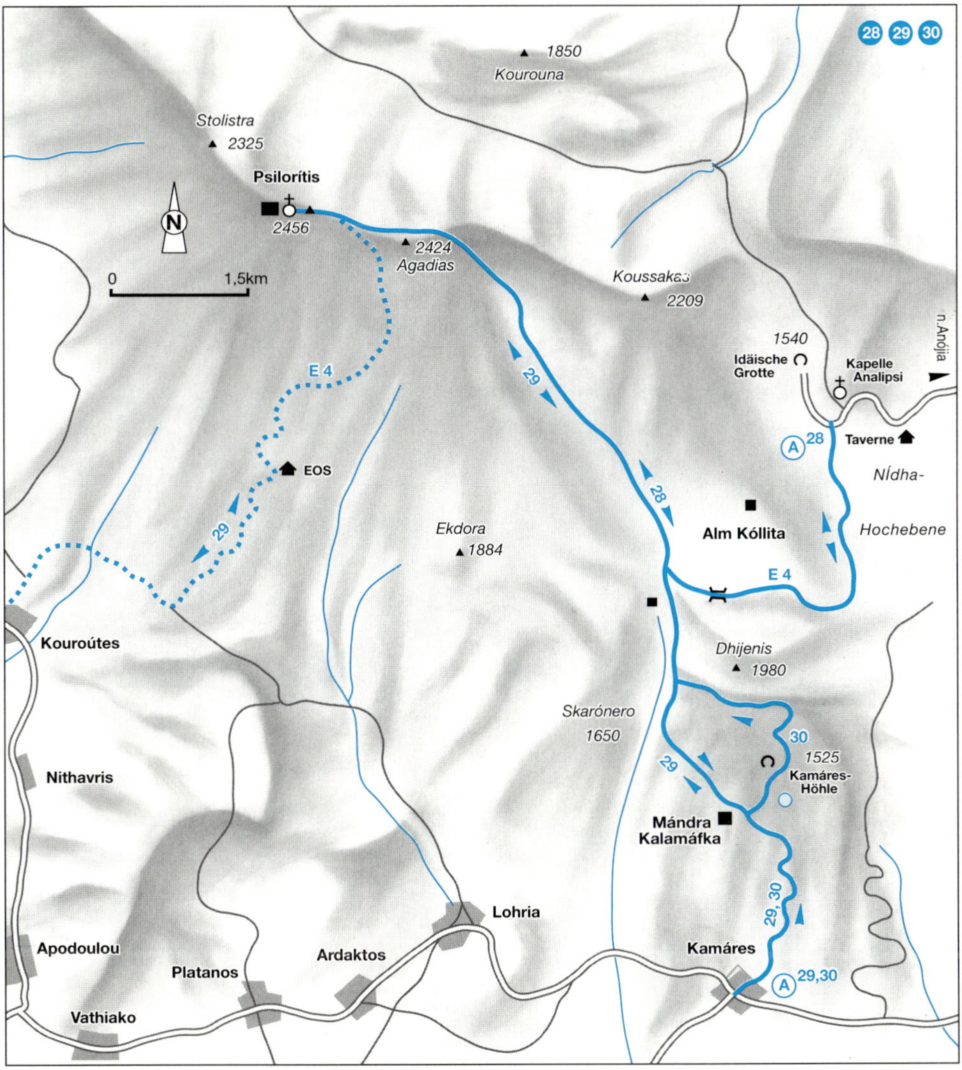

Blick vom Psiloritis auf die Gewächshäuser der Messará-Ebene und Kap Líthinon, den südlichsten Punkt Kretas.

Bergsteigerverein), von der ein anderer vielbegangener Aufstiegsweg hochgeht.

Viereinhalb Stunden haben wir bis zum Gipfel gebraucht, der Abstieg geht etwas schneller. In drei Stunden sind wir wieder unten an unserem Ausgangspunkt in der Nídha-Ebene. Die Besteigung des Psilorítis muß trotz des relativ einfachen Geländes unbedingt von einer sicheren Wetterlage abhängig gemacht werden, da ein Wetterwechsel oft Nebel, Kälte und stürmische Winde zur Folge hat. Im Frühsommer und Spätherbst muß außerdem mit hartgefrorenen Schneefeldern gerechnet werden, so daß nur Erfahrene weitergehen sollten.

Nützliche Informationen

Ausgangspunkt: *Nídha-Hochebene* (21 km von Anójia mit dem Auto). Wanderung führt zum Ausgangspunkt zurück.
Gehzeiten: Insgesamt ca. 8 Std. (hin und zurück); Kapelle/Nídha – Alm Kóllita/Kamáresweg: 2¾ Std.; Alm Kóllita/Kamáresweg-Nordwestanstieg: 1½ Std.; Gipfelquerung: ¾ Std.; Abstieg: 3 Std.
Verkehrsverbindungen: Busverbindung Iráklion – Anójia (6.30, 8.45, 12.00, 13.15, 14.00, 16.30 Uhr Mo–Fr); (6.30, 8.45, 14.00, 16.30 Uhr samstags; 8.30, 14.00 Uhr sonntags); Anójia – Iráklion: 7.30, 8.00, 10.00, 13.30, 15.00, 17.30 Uhr Mo–Fr; 7.30, 10.00, 15.00, 17.30 Uhr samstags; 10.00, 15.15 Uhr sonntags; Réthimnon – Anójia: 5.30, 14.30 Uhr Mo–Fr; Anójia – Réthimnon: 7.00, 16.00 Uhr Mo–Fr; auf die Nídha-Ebene: eigenes Fahrzeug, Mitfahrer oder Taxi.
Taxi: Anójia.
Übernachtungsmöglichkeit: Anójia: *Rooms Ideon Andron, Rooms Aristea* (oberer Ortsteil).
Taverntips: *Taskalomata* (am Ortsausgang Richtung Nídha); *Aetos* (Grillspezialitäten, oberer Ortsteil); Taverne *Prassini Folia* (unterer Ortsteil).
Einkaufsmöglichkeit: Anójia: Supermarkt, Bäckerei.
Post/Geldwechsel/Telefonamt: Anójia.
Apotheke: Anójia.
Sehens- und Wissenswertes: • Nídha-Hochebene: Idäische Grotte.
Shoppingtips: Anójia: Webwaren und Stickereien; naive Malerei und Skulpturen von Emmanuel Skoulas.

29 Von Kamáres auf den Psiloritis

Tourencharakter: Anspruchsvolle, zweitägige Bergtour, die Ausdauer und Orientierungssinn erfordert. Beim Queren von Schneefeldern im Frühjahr Trittsicherheit erforderlich.
Beste Jahreszeit: Frühjahr und Herbst. Nur bei stabiler Wetterlage. Im Sommer sehr heiß.
Reine Gehzeit: 7 Std. (Aufstieg!).
Markierung: Rot und E4.
Höhenunterschied: 1800 m.

Für die Besteiger des Psiloritis ist das Städtchen **Kamáres** von Bedeutung. Von hier führen Wege hinauf zur Kamáres-Höhle, auf die Nídha-Hochebene (Idéon-Ándron-Höhle) oder auf den Gipfel des Psiloritis. Die beiden Höhlen waren bedeutende Kultstätten, in denen man reiche Funde an Keramiken und Bronzen machte.

Der Wegverlauf

Wir verlassen das Dorf **Kamáres** am östlichen Ende (grünes Ladenschild: »Super Market«, »Greek Art«), wo eine Wasserrinne die Straße quert. Man kann den Tafeln **»E4«** folgen. In Kehren steigen wir hoch und treffen bald auf eine *Wasserrinne aus Beton*, in deren Verlauf es im wesentlichen nach oben geht. Wir halten uns an die **rote Markierung**. Ineinander verschachtelt liegen unter uns die Häuser des Dorfes Kamáres, der Blick hinüber auf die Messará-Ebene mit Festós öffnet sich.

Nach einer Stunde Aufstieg gelangen wir zuerst an den Rand einer Schlucht und darauf an eine zweite Schlucht. Knorrige Koniferen wurzeln in dem felsigen Gelände. Weiter im Verlauf der Wasserrinne nach oben. Nach einer halben bis Dreiviertelstunde kommen wir an eine Stelle mit sprudelndem Wasser, in deren Nähe sich etwas oberhalb die Hirtenhütte und der Pferch *»Mándra Kalamáfka«* verstecken.

Man achte hier auf die **Verzweigung der Wege**! Der eine führt nach Norden weiter auf den Psiloritis, der andere zur Kamáres-Höhle nach Osten. Große *rote Aufschriften* sind an Wasserrinne und Felsbrocken angebracht, z.B. »DAV-Kamáres-Höhle-Dorf Kamáres«.

Wir gehen den Weg nach *Norden* auf den **Psiloritis** weiter. Steil führt der Weg nach oben am östlichen Rand einer steil abfallenden Schlucht. Herrliche Blicke eröffnen sich nun. Dieser Teil der Wanderung ist der wohl beeindruckendste der ganzen Tour.

Nach ca. 1½ Stunden kommt man zur sogenannten **Geierquelle** (Skarónero), ein Ort, der wegen der Wildheit der Landschaft seinen Namen zu Recht verdient. Nach Berichten von Bergsteigern sieht man wieder zuweilen Lämmergeier, sonst kann man sie allenfalls ausgestopft und verstaubt in kretischen Restaurants oder Wohnungen bestaunen.

Auf 1650 Meter Höhe haben wir es inzwischen gebracht. Etwa eine Dreiviertelstunde später erscheinen die Hirtenbauten der **Alm Kóllita**. Hier besteht die Möglichkeit zur

Die Morgensonne löst langsam den Wolkenschleier über der Messará-Ebene.

Übernachtung, selbstverständlich den Verhältnissen angepaßt (im Schafstall).

Ein Pfad führt weiter in nördlicher Richtung, bis wir auf den von Osten kommenden Aufstiegsweg von der Nídha-Ebene stoßen. Ab hier folgen wir dem Weg wie in Tour 28 beschrieben auf den **Gipfel des Psiloritis**.

Wer nicht den gleichen Weg zurückgehen will, kann jetzt hinunter zur **Hütte des EOS** auf 1498 Meter Höhe steigen (gut sichtbar knapp oberhalb der Waldgrenze) und von hier hinab nach **Kouroútes** ins Amári-Becken.

Eine andere Möglichkeit des Abstieges besteht in der in Tour 28 beschriebenen Route zur Nídha-Hochebene.

Nützliche Informationen

i

Kartenskizze: Auf Seite 113.
Ausgangspunkt: *Kamáres* (56 km von Iráklion). Wanderung wird in der Regel zum Ausgangspunkt zurückgemacht.
Gehzeiten: Insgesamt ca. 7 Std. Aufstieg; Abstieg nach Kamáres ca. 4½ Std.; Abstieg zur Nídha-Ebene ca. 3 Std. (Abstieg über Berghütte EOS nach Kouroútes ca. 4 Std.). Zweitagetour. Kamáres – Mándra Kalamáfka: 1¾ Std.; Mándra Kalamáfka – Geierquelle: 1½ Std.; Geierquelle – Alm Kóllita: 1 Std.; Alm Kóllita – Wegabzweigung zur Nídha-Ebene: ¼ Std.
Verkehrsverbindungen: Bus: Iráklion – Míres – Kamáres (mehrmals täglich); Lohriá – Réthimnon (7 km von Kamáres).
Übernachtungsmöglichkeiten: Bessere Hotels in Zarós (siehe Tour 31); einfaches Hotel in Kamáres; eventuell auf der Alm Kóllita; Mitnahme von Zelt ist hilfreich.
Verpflegung: Kamáres.
Sehens- und Wissenswertes: • *Kamáres-Höhle.* • *Kloster Vrondíssi.* • *Festós.* • *Agía Triada.*

Der Aufstieg von Kamáres auf den Psilorítis gehört zu den eindrucksvollsten Bergtouren auf Kreta. Über Plattengestein führt der Weg an den jäh abfallenden Felswänden der »Geierquelle« vorbei. Der Lämmergeier, von dem die Quelle ihren Namen hat, steht mittlerweile unter strengem Naturschutz.

30 Von Kamáres zur Kamáres-Höhle und auf den Dhijenís

Tourencharakter: Bis zur Kamáres-Höhle unschwierige Wanderung. Leichte Kletterei auf den Dhijenís-Gipfel. Trittsicherheit und Schwindelfreiheit erforderlich.
Beste Jahreszeit: Frühjahr, Frühsommer und Herbst. Nur bei stabiler Wetterlage.
Reine Gehzeit: Bis Kamáres-Höhle und zurück ca. 5 Std. Einschließlich Dhijenís-Gipfel ca. 7 Std.
Markierung: Rot (bis zur Höhle).
Höhenunterschied: 925 m.

Der Wegverlauf

Auch für diese Tour ist **Kamáres** wieder der Ausgangspunkt. Bis zu der Hirtenhütte *»Mándra Kalamáfka«* ist der Weg identisch mit der Tour 29. Ab dieser Wegkreuzung folge man der roten Aufschrift **»Kamáres-Höhle«**. Dieser Weg biegt nach Osten ab und läuft etwa 20 Minuten an einem Wasserrohr entlang, bis ein steinernes **Wasserreservoir** erreicht ist, das *»perdhikó neró«* (Rebhuhnwasser) genannt wird. Bald darauf erscheint nach einem steilen Anstieg die dunkle Öffnung der *Kamáres-Höhle* über uns. Bis zum Eingang der Höhle haben wir von Kamáres aus drei Stunden gebraucht.

Die **Kamáres-Höhle** (1525 m hoch gelegen) wurde 1890 von einem Hirten entdeckt und seit 1894 von italienischen Archäologen gewissenhaft untersucht. Diese fanden 80 Meter vom Eingang entfernt in der Erde zwischen den Felsblöcken eine große Ansammlung kunstvoller keramischer Gegenstände aus der Zeit zwischen 1900 und 1700 v. Chr. (ausgestellt im Archäologischen Museum in Iráklion). In den Gefäßen waren Reste von Getreide, Samen und Feldfrüchten, Opfergaben der bäuerlichen Bevölkerung der Messará-Ebene an ihre Naturgottheiten. Selbst uns überkommt vor der 42 Meter breiten und 19 Meter hohen Öffnung der Höhle ein geradezu göttliches Gefühl,

Vom Gipfel des Dhijenís, über der Kamáres-Höhle, hat man eine umfassende Rundsicht auf die Nídha-Hochebene.

wenn wir auf das tief unter uns liegende Land, auf Berge und Meer blicken. Dieser Platz zwischen Himmel und Erde muß in der Tat den Göttern nah gewesen sein.

Aufstieg auf den Dhijenís (1980 m)

Über der Höhle erhebt sich der 1980 Meter hohe Gipfel des **Dhijenís**. Die Begehung ist nur etwas für geübte Bergwanderer. Sie dauert etwa eine Stunde. Mit dem Gesicht zur Höhle steigt man zuerst schräg *nordöstlich* im weglosen Gelände nach oben. Über Blockgestein geht es weiter auf einen Grat, der sich bogenförmig von Süden nach Westen (Ostgrat) zum Gipfel hochzieht.

Von hier bietet sich ein überragender Blick auf das Psiloritis-Massiv, die Nídha-Hochebene, Kamáres, die Messará-Ebene bis zum Kap Líthinon.

Versteckt im Felsengewirr liegt die dunkle Öffnung der Kamáres-Höhle.

Weg nach Kóllita und Psilorítis-Aufstieg

Wer nicht denselben Weg vom Dhijenís wieder absteigen will, kann in ca. einer Dreiviertelstunde auf den **Normalweg zum Psilorítis** queren. Dabei steigt man den von Ost nach West ziehenden Gipfelgrat schräg nach *Nordwesten* ab auf einen flachen Grund. In derselben Richtung weitergehend stößt man dann auf den von *Kamáres* kommenden Weg, der auf dem Ostrand einer tief abfallenden Schlucht verläuft und gut markiert ist (etwas oberhalb der Geierquelle). 45 Minuten sind es noch bis zur **Alm Kóllita**.

Ein Pfad führt weiter in nördlicher Richtung, bis wir auf den von Osten kommenden Aufstiegsweg von der Nídha-Ebene stoßen. Ab hier folgen wir dem Weg wie in Tour 28 beschrieben auf den **Gipfel des Psilorítis.**

Wer nicht den gleichen Weg zurückgehen will, kann jetzt hinunter zur **Hütte des EOS** auf 1498 Meter Höhe steigen (gut sichtbar knapp oberhalb der Waldgrenze) und von hier hinab nach **Kouroútes** ins Amári-Becken. Eine andere Möglichkeit des Abstieges besteht in der in Tour 28 beschriebenen Route zur Nídha-Hochebene.

Nützliche Informationen

i

Kartenskizze: Auf Seite 113.
Ausgangspunkt: *Kamáres* (56 km von Iráklion). Wanderung führt zum Ausgangspunkt zurück.
Gehzeiten: Bis Kamáres-Höhle und zurück insgesamt ca. 5 Std. (mit Dhijenís-Gipfel ca. 7 Std.); Kamáres – Mándra Kalamáfka: 1¾ Std.; Mándra Kalamáfka – Kamáres-Höhle: 1¼ Std.; Kamáres-Höhle – Dhijenís: 1 Std.; Dhijenís – Psilorítisroute: ¾ Std.
Verkehrsverbindungen: Bus: Iráklion – Míres – Kamáres (mehrmals täglich); Lohriá – Réthimnon (7 km von Kamáres).
Übernachtungsmöglichkeiten: Kamáres: einfaches Hotel; bessere Hotels in Zarós.
Verpflegung: Kamáres.
Sehens- und Wissenswertes: • *Kamáres-Höhle.* • *Kloster Vrondíssi.* • *Festós.* • *Agía Triada.* • *Górtys.*
Weitere Informationen siehe Tour 29.

31 Von Zarós in die Roúwas-Schlucht

Tourencharakter: Auf gut ausgebautem Weg nach Picknickplätzen (im oberen Teil schattig) durch eine der schönsten Schluchten Kretas.
Beste Jahreszeit: Frühjahr bis Spätherbst. Am schönsten Anfang Mai, wenn der Bach Wasser führt.
Reine Gehzeit: 3½ Std. (hin und zurück).
Markierung: E 4.
Höhenunterschied: 600 m.

Angefangen hat in **Zarós** alles mit der Forellenzucht. Von Zuchterfolgen in Nordgriechenland und dem Peloponnes inspiriert, machte man den Versuch, den auf Kreta unbekannten Süßwasserfisch zu züchten. Starke Quellen sind die Voraussetzung für die Wasserteiche, in denen die Fische so prächtig gedeihen. Anfangs etwas skeptisch, wird der »Pestrofa« genannte Fisch auch bei den Einheimischen immer beliebter. Mit dieser Spezialität und dem Ausbau des Weges durch die Roúwas-Schlucht hat Zarós aber auch die Aufmerksamkeit der Reisegesellschaften geweckt, die in Kombination mit den Sehenswürdigkeiten der Messará-Ebene bis von Réthimnon hierherkommen.

Von Zarós nehmen wir zuerst die Fahrstraße zum **Idi-Hotel** (700 m). Von dort sind es nochmals 600 Meter zu einem eingefaßten *Teich mit Picknickplätzen.* Wer nicht den schilfverwachsenen Weiher von früher in Erinnerung hat, kann sich allerdings kaum eine Vorstellung machen, was für ein Biotop hier ummodelliert wurde.

Der Wegverlauf

Am Wegbeginn beim Teich finden wir einige Wegweiser: »Ágios Nikólaos 0,9 km, Gorge 2,5 km, Ágios Ioánnis 5,2 km«. Wir beginnen unsere Wanderung auf dem ausgebauten Steig und erreichen schon nach einer Viertelstunde das **Kloster Ágios Nikólaos**. Beim Kloster wechseln wir auf die *andere Bachseite.* Nach einer weiteren Viertelstunde wieder auf die ursprüngliche Seite (orographisch links), kurz bevor wir einen

Der schönste Teil der Roúwas-Schlucht: hochaufragende Felswände, aus denen Kiefern und Zypressen emporwachsen.

Brunnen erreichen. 5 Minuten später im Bachbett in einer *Haarnadelkurve* auf der anderen Seite aufwärts. Es ist nicht das letzte Mal, daß es hin und her geht; der Weg ist gut markiert, und – was selten ist in Kreta – er ist fremdenverkehrsmäßig erschlossen, doch nicht zu seinem Nachteil. Bänke zum Rasten an schattigen Plätzen laden ein, mit schönem Ausblick vom Schluchtende ins Tal.

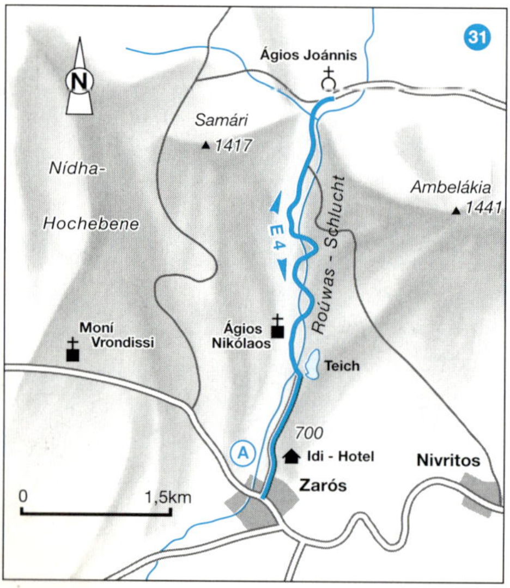

Im Frühjahr, wenn sich noch viel Wasser in langen Rinnen durch die ausgeschliffenen Felsen zwängt, laden herrliche Gumpen und Kaskaden zum Baden ein (die Badehose sollte mit eingepackt sein!). Es ist einer der schönsten Bergbäche Kretas, der aber im Laufe des Sommers nach und nach versiegt. Die Szenerie wird immer phantastischer. Die Felswände ragen auf beiden Seiten 200 bis 300 Meter aufwärts. Kiefern und Zypressen kleben an den Felsen. Immer wieder müssen wir stehenbleiben, um zu staunen.

Nach 1¾ Stunden ein herrlicher **schattiger Rastplatz** mit gemauerten Tischen und Bänken. Jetzt sind es noch 1,4 Kilometer bis Ágios Ioánnis, immer am Bach entlang. Nach gut 2 Stunden haben wir die **Ágios-Ioánnis-Kapelle** erreicht. Das Kirchlein liegt

Vom Kirchlein Ágios Nikólaos bis zu einem platanenbestandenen Hochtal wurde der Weg durch die Roúwas-Schlucht neu angelegt.

am Rande einer Hochebene, fast 1000 Meter hoch. Unterhalb an einem Bach sind paradiesisch schöne Wiesen, mit dicken alten Platanen und Eichen, unter denen sich Holztische und Bänke befinden. 150 Meter sind es bis zu einer **Höhle**, vor der eine Gedenktafel angebracht ist.

Beim Rückweg können wir den Bachlauf unter der Kapelle weiterverfolgen **(Gavaris-Schlucht)**, wo wir in zehn Minuten wieder auf den Hauptweg stoßen.

Nützliche Informationen

Ausgangspunkt: *Zarós.* Wanderung führt zum Ausgangspunkt zurück.
Gehzeiten: Insgesamt 3½ Std. (hin und zurück); Aufstieg: 2 Std.; Rückweg: 1½ Std.
Verkehrsverbindungen: Busverbindung Iráklion – Míres – Zarós.
Übernachtungstips: *Idi Hotel,* Tel. (08 94) 3 13 02; 700 m vom Ort.
Tavernentips: Zarós: *Oasis; Aquarium* (beim Idi Hotel; Forellenspezialitäten); *Votomos* (100 m weiter Richtung Teich).
Post/Geldwechsel: Zarós.
Apotheke: Zarós.
Sehens- und Wissenswertes: • Bei Zarós: *Klöster Vrondíssi, Valsamónero.* • Messará-Ebene: *Festós, Agía Triáda, Górtys.*

32 Von Áno Asítes auf den Girísti (1779 m)

Tourencharakter: Mittelschwere Bergwanderung durch teilweise wegloses Gelände, kurze Felspassage. Gute Orientierungshilfen.
Beste Jahreszeit: Frühjahr und Herbst. In den Sommermonaten sehr heiß. Das ganze Jahr über möglich.
Reine Gehzeit: 6½ Std.
Wegmarkierung: Gelb und E 4.
Höhenunterschied: Aufstieg 1350 m, Abstieg 1350 m.

Von Iráklion aus fahren wir durch fruchtbares Weinanbaugebiet, vorbei an dem schön gelegenen Dorf Ágios Míronas nach **Áno Asítes** (ca. 25 km von Iráklion entfernt). Hinter den letzten Häusern zweigt direkt am Ortsschild rechts eine Schotterstraße ab. Hier beginnt unsere Wanderung, die uns zu der auf halber Höhe liegenden Berghütte des EOS und zu dem schönen Aussichtsberg führen wird.

Wer die eindrucksvollsten Tagesstimmungen erleben möchte, der sollte am späten Nachmittag bis zur Hütte aufsteigen (der Schlüssel ist im EOS-Büro in Iráklion erhältlich), dort übernachten und am frühen Morgen den Girísti besteigen und bis Mittag wieder nach Áno Asítes absteigen. In diesem Falle wird der Sonnenuntergang und der nächste Morgen als unvergeßliches Erlebnis im Gedächtnis haften. Außerdem entgeht der Wanderer der heißen Tageszeit.

Der Wegverlauf

An der Straßenabzweigung weist ein Holzschild mit der Aufschrift **»Prínos-Hütte EOS 1110 m«** auf unser Ziel hin. Wir folgen der **gelben Markierung**, nach wenigen Metern hört der betonierte Weg auf, und wir gehen an Stallungen vorbei den breiten *Almweg,* an den Verzweigungen jeweils *links.* Die Straße zieht sich unter Olivenbäumen hindurch, an Weinbergen vorbei, einen Taleinschnitt entlang, leicht ansteigend dem Gebirgsmassiv entgegen. Unter ziemlich dichter Vegetation verläuft der Weg anfangs meist im Schatten. Nach einer halben Stunde überquert die Straße in einer engen Kurve einen kleinen Bach; direkt dahinter versperrt ein **Weidezaun** den Weg. Auf der anderen Seite weist eine rote Markierung den Bachlauf entlang nach oben. Es ist eine Abkürzung, schwer zu finden, folgt aber immer dem Bach.

Wir gehen auf der *Almstraße* weiter, über die kahlen Almflächen in einem weiten Bogen auf einen steilen *Felsrücken* zu (gelbe Markierung). An der nächsten Abzweigung halten wir uns *links,* die Straße rechts führt zu einer **Almhütte**. Unterhalb des Felsrückens endet die Straße an einem einzeln stehenden Baum. Ein paar Meter dahinter wieder ein *Weidezaun;* von rechts unten trifft der Abkürzungsweg auf unsere *gelbe*

Über eine kleine Hochebene und durch Felsengewirr führt der Weg auf den im Hintergrund sichtbaren Girísti.

Markierung. Nun geht es in Serpentinen durch das Felsengewirr steil nach oben; der schmal gewordene Weg zieht sich in den Geländeeinschnitt hinein und führt über die darüberliegende flache Terrasse. Die üppige Bodenvegetation läßt auf eine Quelle schließen, die wir weiter oben, unter einer großen Platane finden. Links, etwa 200 Meter entfernt, steht an einem aussichtsreichen Platz die neuerbaute **Prínos-Hütte des EOS**, auf 1110 Meter Höhe. Knapp 2 Stunden sind wir bis hierher gewandert.

Die Hütte bietet auf der Terrasse einen windgeschützten Platz mit einem herrlichen Rundblick, so daß wir die Nacht im Freien verbringen können. Vor der Dämmerung bleibt noch genügend Zeit für dieses wunderbare Panorama: unsere Augen wandern nach Norden, zur Küste, zum Häusermeer von Iráklion, über die Dörfer Káto und Áno Asítes, über Ágios Míronas nach Osten zum breiten Rücken des Joúchtas, davor das große Dorf Tsangaráki. Immer mehr Lichter tauchen auf und verraten die vielen Dörfer, die weit verstreut in der fruchtbaren Tallandschaft liegen. Am nächsten Morgen geht es zunächst an der **Quelle** vorbei, in das Tal hinein, einem deutlichen **Ziegenpfad** fol-

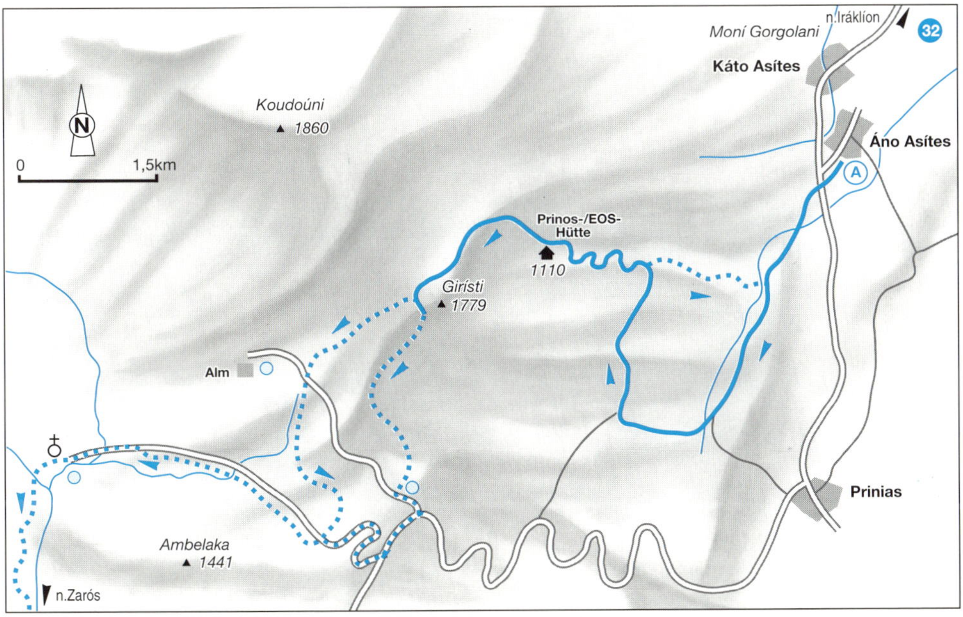

Über einen gut begehbaren Feldweg geht es hinab nach Áno Asítes.

gend nach oben. Nach etwa 30 Minuten biegt der Weg nach Westen zu einer kleinen flachen *Senke* ab. Durch ein Gewirr von Büschen führt der Pfad weiter Richtung Westen, immer im Taleinschnitt auf den etwas links liegenden hohen Felsgipfel zu.

Wir steigen an einer **Felsrippe** entlang nach oben, nach einer halben Stunde queren wir an ihrer linken Seite eine kleine Mulde und klettern etwas steiler über die nächste Felsstufe hinauf. Eine flache, langgezogene Talsenke zieht sich nun direkt nach Westen, viele Spuren sehen wir dort; unsere Gipfelpyramide aber liegt links davon im Süd-Westen. Nach 15 Minuten erreichen wir bequem den Fuß der sehr steilen und fast unbesteigbar erscheinenden Felspyramide. Aber der Felsgürtel läßt sich an der Nordseite einfach durchsteigen und so gelangen wir nach weiteren 20 Minuten auf des flache Gipfelplateau des **Girísti (1779 m)**.

Der Nordwind bläst mit großer Wucht über den exponierten Platz, aber ein aufgeschichteter Steinwall bietet zum Glück soviel Schutz vor dem Wind, daß wir den Ausblick auf die kretische Landschaft in Ruhe genießen können. Der Rundblick reicht von Nordosten, von der Bucht von Iráklion, über das im Osten gelegene Weinanbaugebiet um den Joúchtas, wo sich die vielen Dörfer wie ein Mosaik in das große Muster der Wein- und Olivenplantagen einfügen, ergänzt durch ein feines Netz von Wegen und Straßen. Im Süden ist noch ein Stück der Messará-Ebene mit den Asteroússia-Bergen dahinter zu sehen; deutlich ragt der Kegel des Kófinas heraus. Vor dem breiten Massiv des Psiloritis, das den Westen und Nordwesten verdeckt, erhebt sich der etwas höhere Gipfel des Koudoúni und dahinter der Skínakas mit der Sternwarte.

In eineinhalb Stunden wandern wir nach dieser schönen Tour wieder zurück zur *»Prínos-Hütte«* und in einer weiteren Stunde über den rotmarkierten Abkürzungsweg zu unserem Ausgangspunkt.

Abstiegsmöglichkeit nach Nordwest zur tieferliegenden Ebene mit Almgelände und über die Almstraße entweder nach **Gérgeri** oder durch die **Roúwas-Schlucht** nach **Zarós**. Man kann auch über das ziemlich flache Hochplateau vom Gipfel aus nach Westen weitergehen und direkt auf die Almstraße westlich der Ebene absteigen.

Nützliche Informationen i

Ausgangspunkt: *Áno Asítes.* Wanderung führt zum Ausgangspunkt zurück.
Gehzeiten: Insgesamt 6½ Std.; Áno Asítes – Prínos-Hütte: 2 Std.; Prínos-Hütte – Gíristi: 2 Std.; Rückweg: 2½ Std.
Verkehrsverbindungen: Buslinie Iráklion – Áno Asítes mehrmals täglich.
Übernachtungstips: Áno Asítes und Ágios Míronas: Zimmer.
Tavernentips: In Áno Asítes Tavernen und Kafenía.
Einkaufsmöglichkeit: Áno Asítes und Ágios Míronas.
Sehens- und Wissenswertes: • Bei Priniás die *Patéla,* bedeutende Ausgrabung aus der dorischen Zeit und ein herrlicher Aussichtspunkt. • *Ágios Míronas,* Nachfolger der antiken Stadt Raukos. • *Einsiedelei* des hl. Míron.

33 Joúhtas: Der schlafende Zeus bei Arhánes

Tourencharakter: Einfache und lohnende Wanderung auf freistehenden Aussichtsberg.
Beste Jahreszeit: Oktober bis Mai. Im Sommer sehr heiß.
Reine Gehzeit: 2 Stunden (hin und zurück).
Markierung: Rot.
Höhenunterschied: 400 m.

Das Gebiet um den Joúhtas ist heute Kretas größtes Weinanbaugebiet.

Das Städtchen Arhánes zählt dreieinhalbtausend Einwohner und kann als das Zentrum des mittelkretischen Weinanbaus betrachtet werden. Es liegt am Fuß des Joúhtas, der mit 811 Metern Höhe die markanteste Erhebung zwischen den Díkti-Bergen und dem Psilorítis-Massiv darstellt. Seine Kontur ist weithin bis Iráklion und darüber hinaus sichtbar und wird mit dem Gesicht des schlafenden Zeus verglichen. Wer das aber nicht weiß, kommt schwerlich selbst darauf. Der Reiz einer Besteigung liegt weniger in dem Vergnügen, Zeus' Nasenspitze zu ersteigen, als in dem umfassenden Rundblick, den man von dort oben genießen kann.

Der Wegverlauf

Man verläßt Iráklion auf der Straße nach Knossós und erreicht nach 16 Kilometern das inmitten vieler Weinberge gelegene **Arhánes**. In Arhánes fahren wir an einem byzantinischen Kirchlein (rechts) vorbei und folgen der Einbahnstraße, wo wir bei der *Straßenabzweigung* (Schild) *Vathípetrou/Gioúchtas* rechts in die Straße Odos Nikolao Myr. Pacháki abbiegen. Wir gehen bis zur **Kapelle** (200 m), ab welcher die Straße Odos Isidórou direkt nach Westen in Richtung auf den Joúhtas weiterführt. Es geht dann ein wenig durch Weingärten, bis sich die Straße verzweigt: hier links weiter einen betonierten Weg hoch. Rechts sind verrostete Weintanks. Bei der nächsten Gabelung nach links und bei einem Wegdreieck rechts. 100 m weiter zweigt ein Fußpfad links ab und führt dann südlich den Hang hinauf. Ein *roter Markierungspfeil* weist die Richtung.

Schlanke Zypressen umschließen uns. Dann geht es durch den Kräutergarten der Natur: Salbei, Thymian und Oregano säumen den Weg. Unter uns die Häuser von Arhánes, im Osten die Dikti-Berge und die

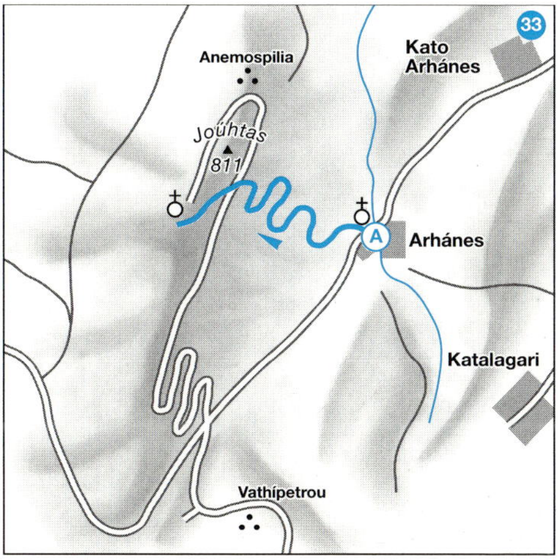

Hochebene von Lassíthi. Kurz vor dem illuminierten Gipfelkreuz wird der Fahrweg schräg rechts gekreuzt. Oben, bei der Kapelle **Aféndi Christoú Metamórfosi**, genießen wir einen herrlichen Blick auf das 10 Kilometer entfernte Iráklion sowie auf das Ida-Massiv und den Kouloúkonas. Alljährlich führt am 6./8. August eine große Wallfahrt hierher. Auf dem nördlichen Gipfel steht eine moderne Sendestation, direkt über der eingezäunten Ausgrabungsstätte eines minoischen Gipfelheiligtums. Zu sehen ist jedoch beim Blick über den Zaun kaum etwas.

Nützliche Informationen

Ausgangspunkt: *Arhánes* (16 km von Iráklion). Wanderung führt zum Ausgangspunkt zurück.
Gehzeiten: Insgesamt 2 Std. (Joúhtas hin und zurück); Arhánes – Joúhtas: 1 Std.; Joúhtas (über Straße) – Asphaltstraße: 1 Std.
Verkehrsverbindungen: Iráklion – Arhánes: 12mal täglich.
Übernachtungsmöglichkeiten: Iráklion: Mittelklasse: *Dedalos,* Dedalou Str. 15, Tel. 22 43 91; *Castro,* Theotokopoulou Str. 20, Tel. 28 50 20; Hotel *Kris,* Dukos Bofor Ave 2 (beim Venezianischen Hafen), Tel. 22 32 11-22 39 44. Einfache Hotels: *Hellas* (am El-Greco-Park), Kantanoleon Str. 11, Tel. 22 51 21; *Rea* (Nähe Haniá-Busbahnhof), Kalimerakis Str. 1, Tel. 22 36 28; *Jugendherberge* (Vironos Str. 5; Tel. 28 62 81); *Camping Iráklion* (5 km westlich).
Tavernentips: Arhánes: *I Folia*; *Rodakines.*
Post/Geldwechsel: Arhánes.
Sehens- und Wissenwertes: • Palast von *Knossós.* • Ausgrabungen in *Arhánes* (minoischer Palast). • *Anemospília.* • *Nekropole Fourni.* • Minoisches Herrenhaus in *Vathípetrou.* • Kirchen in *Arhánes*: Panajía-Kirche; Erzengel-Michael-Kirche; Kapelle Asómatos. • *Joúhtas*: Kapelle Aféndi Christoú Metamórfosi; minoisches Gipfelheiligtum. • *Varvári*: Kazantzakis-Museum.

Blick vom Gipfel des Joúhtas nach Norden bis zum fernen Häusermeer von Iráklion.

34 Das Asteroússia-Gebirge

Von der Messará-Ebene auf den Kófinas

Tourencharakter: Leichte Bergbesteigung, teilweise wegloses Gelände. Kurze Felspassage. Gute Orientierungsmöglichkeit. Äußerst lohnend.
Beste Jahreszeit: Frühjahr und Herbst. In den Sommermonaten sehr heiß. Im Prinzip das ganze Jahr über möglich.
Reine Gehzeit: 4½ bis 5 Std.
Markierung: Teilweise vorhanden.
Höhenunterschied: Aufstieg 450 m, Abstieg 450 m.

Am südlichen Rand der Messará-Ebene liegt das kleine Dorf **Loúkia**, Endstation der Buslinie von Ágii Déka aus. Die Schotterstraße, die am Südende des Dorfes steil in die kahle Berglandschaft hinaufführt, erreicht nach 8 Kilometern das Dorf **Kapetanianá**. Das Dorf liegt jenseits der Paßhöhe an den Südhängen hoch über dem Libyschen Meer in einer grünen Senke der sonst so tristen braunen Berglandschaft der **Asteroússia-Berge**. Diese begrenzen die Messará-Ebene von Süden und sind ein Schutz vor den gefürchteten nordafrikanischen Winden. Der steile Felskegel des **Kófinas (1231 m)**, der höchsten Erhebung der Asteroússia-Berge, krönt dieses idyllische Bild.

Der Wegverlauf

Die Schotterstraße führt oberhalb des Dorfes **Kapetanianá** vorbei, an der ersten *Abzweigung* geht es nach *links,* die Straße rechts zieht in vielen Serpentinen unterhalb des Dorfes vorbei und endet im steilen Hang der Südküste (Baustelle). Nach 500 Metern zweigt nach oben nochmals ein Almweg ab, der an einem Schafpferch endet. Wir bleiben weiter auf der unteren Straße, die sich in vielen Kurven das Weidegebiet entlang zieht, hinauf auf ein flaches **Plateau**. Gut eine Stunde sind wir seit dem Dorf unterwegs. In einer weiten *Linkskurve* führt geradeaus ein Fußweg auf den schon vor uns liegenden

Nur über eine 8 Kilometer lange, kurvenreiche Schotterstraße ist das schön gelegene Dorf Kapetanianá zu erreichen. Es ist Ausgangspunkt für die Besteigung des Kófinas.

Sattel mit der **Kapelle**, nördlich des Kófinas, zu. An einem Bach entlang, auf der rechten Seite des Weges Oleandergebüsch, an einer Wasserstelle vorbei, erreichen wir nach einer weiteren Stunde die Kapelle, direkt auf dem Sattel, der an den Gipfelaufbau des unbewaldeten, felsigen Kófinas anschließt.

Die Fahrstraße, die wir unten verlassen haben, führt in einem weiten Bogen ebenfalls östlich des Sattels nahe der Kapelle vorbei und zieht sich dann in vielen Serpentinen hinab zum Kloster Moní Koudoumá.

An der *Kapelle* vorbei über das steile Geröllfeld hinauf, den *Markierungen* folgend, über Felsterrassen aufwärts, in 20 Minuten zum *Gipfelplateau* und weiter zur **Gipfelkapelle (1231 m)**.

Von hier aus präsentiert sich wohl der schönste Rundblick über diese Küstenregion Kretas.

Die gesamte Messará-Ebene breitet sich von West nach Ost unter uns aus. Sie liegt wie ein grüner Teppich eingebettet in die karge Berglandschaft, die sie, bis auf die westliche Öffnung zur Messará-Bucht hin, eng umschließt. Dahinter im Nordwesten das noch weißgefleckte Massiv des Psiloríti s. Direkt im Norden zeichnet sich der Joúhtas als schmale Pyramide am Himmel ab, und im Osten ragen aus einer weißen Wolkenmasse die Gipfel der Óros Díkti heraus. Tief unter uns das Kloster Moní Koudoumá, eng an die steile Südflanke des Kófinas gedrängt und vom tiefblauen Meer umspült.

Auf dem Rückweg haben wir Zeit, über das weite Almgelände hinweg das Doppeldorf **Kapetanianá** zu betrachten.

Nützliche Informationen

Kartenskizze: Auf Seite 129.
Ausgangspunkt: *Loúkia* (Bushaltestelle), südliche Messará-Ebene bzw. *Kapetanianá* (Bergdorf). Wanderung führt zum Ausgangspunkt zurück.
Gehzeiten: Ab Kapetanianá und zurück

insgesamt 4½ bis 5 Std.; Loúkia – Kapetanianá: 2 Std.; Fahrstraße bis Plateau: 1 Std.; Fußweg bis Kapelle: 1 Std.; Kapelle – Gipfel: 30 Min.; Rückweg bis Kapetanianá: 2 Std.
Verkehrsverbindungen: Busverbindung: Míres – Loúkia (ein- bis zweimal täglich); Fahrstraße Loúkia – Kapetanianá: 8 km. Von Sternes aus ca. 15 km.
Übernachtungsmöglichkeiten: Míres: *Festós,* Metropoleios-Str.; *Katerina,* Ag.-Paraskenes-Str., Tel. (08 92) 2 27 70; Ágii Déka: *Dimitris, Elpida*; Vagioniá: Zimmer; Kapetanianá: *Ganar und Luise Schuschnigg* (einfache Übernachtungs- und Kochmöglichkeit oder Mahlzeiten auf Bestellung; im oberen Dorfteil gelegen), Tel. (08 93) 4 14 40.
Tavernentips: Kapetanianá: Kafeníon; Loúkia: Kafeníon und Taverne.
Einkaufsmöglichkeit: Kapetanianá: einfacher Laden.
Sehens- und Wissenwertes: • Messará-Ebene: *Agía Triáda, Festós* und *Górtys.*
• Kapetanianá: byzantinische *Panagía-Kirche* mit gut erhaltenen Fresken (1401/1402) und Kirche *Míchail Archángelos* außerhalb des Dorfes (Fresken).

35 Zum Kloster Moní Koudoumá

Tourencharakter: Landschaftlich großartige Wanderung bis an die Südküste. Unschwieriger, schöner Küstenweg zum Kloster. Wegen der freien Lage an der Südküste muß man mit intensiver Sonneneinstrahlung rechnen.
Beste Jahreszeit: Frühjahr und Herbst.
Reine Gehzeit: 4 Std.
Markierung: Steinmännchen.
Höhenunterschied: Abstieg 900 m, Aufstieg 100 m.

Das Dorf **Kapetanianá** (700 Meter Seehöhe), das eigentlich aus zwei Dörfern besteht, ist der Ausgangspunkt für unsere Wanderung (siehe Tour 34).

Der Wegverlauf

Wir gehen durch das **obere Dorf** hinab, am Ende links am Friedhof vorbei, der Schotterstraße folgend, in weitem Bogen hinab, einen Hügel umrundend, auf den tiefer unten

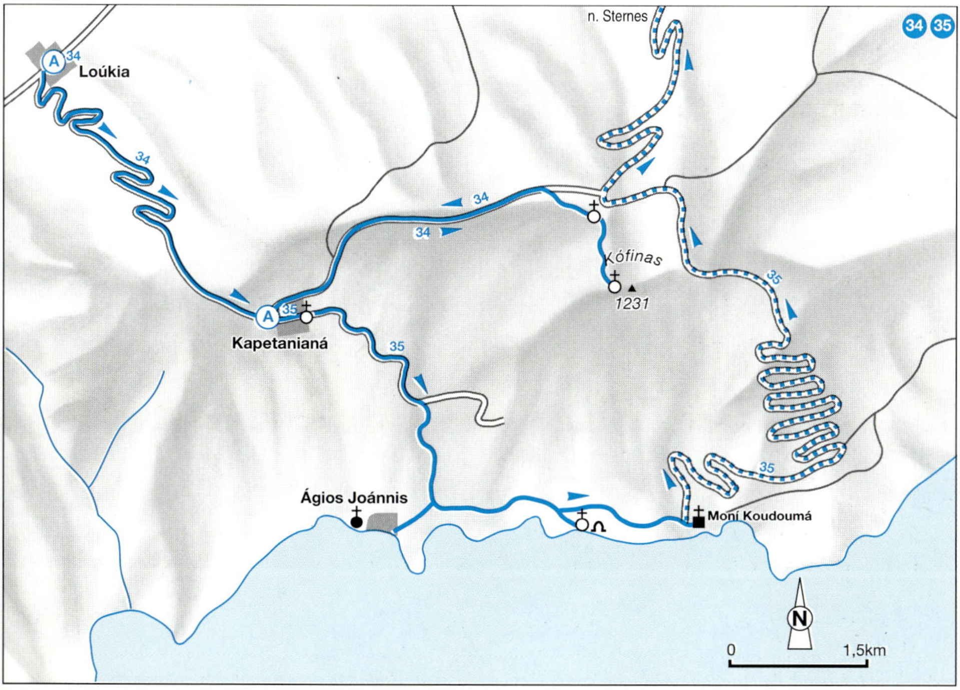

Abseits der Routen des Massentourismus liegt das Kloster Koudoumá in idyllischer Lage an einer Bucht des Libyschen Meeres.

sichtbaren Felsengürtel zu. In mehreren Serpentinen wird der steile Hang überwunden. Die Straße endet derzeit kurz vor der Küste (Baustelle!). Unter uns, etwas rechts, ist die Häuseransammlung von Ágios Joánnis zu sehen. Auf halber Höhe zwischen Felsengürtel und Meer führt rechts, steil nach unten von der Straße weg, der alte **Fußweg.** Über ihn erreichen wir flaches Gelände. Kurz vor der Küste, die einige Meter steil abbricht, verzweigt sich der Weg: rechts führt er in 10 Minuten zum neu entstandenen Dorf **Ágios Joánnis**, links geht es hinab zu einem schönen *Kiesstrand*, der von Felsen eingerahmt ist. Zwei Stunden Abstiegszeit.

Aus dieser Bucht führt am östlichen Rand, erst etwas ansteigend, ein gut sichtbarer Weg hinauf auf die **Geländeterrasse**, die etwa 80 Meter über dem Meer liegt. Das Gelände bricht hier bis auf die wenigen ein-

Erlebnis am Wegrand: Schäfer, die mit einfachen Geräten die Schafe scheren.

geschnittenen Buchten als Steilküste zum Meer ab. Auf diesem flachen, meist sehr übersichtlichen Gelände verläuft eine **Telefonleitung** zum Kloster Koudoumá, der wir immer folgen können. Nur an wenigen Stellen führt uns der Weg etwas oberhalb oder unterhalb der Leitung entlang; immer wieder mit *Steinmännchen* markiert.

Nach etwa 45 Minuten Gehzeit, ab der Bucht, gelangen wir an einer Wegverzweigung rechts hinab zu einer riesigen **Höhle**. Direkt am Eingang steht eine **Kapelle**, die aber erst zu sehen ist, wenn man kurz davor steht. Ein wunderschöner Platz – hohe rötliche Felsen als Kontrast zum riesigen schwarzen Schlund dieser Höhle und darunter das dunkle Blau des Meeres.

Von der Abzweigung bis zur Bucht des Klosters sind es nochmals 45 Minuten zu gehen. Der Weg führt meist eben, zum Teil unter großen, freistehenden Kiefern hindurch, bis plötzlich direkt unter uns die von Felsen begrenzte Kiesbucht mit dem **Kloster** auftaucht. Große Palmen und eine gut erhaltene, gepflegte Klosteranlage direkt am Meer breiten sich unter uns aus.

In einem Nebengebäude finden wir eine Übernachtungsmöglichkeit bescheidenster Art; sogar eine große Küche mit Geschirr und Gaskocher wird uns angeboten. Statt einer Bezahlung überlassen wir den drei dort lebenden Mönchen Wein und Lebensmittel, worüber sie sehr erfreut sind. Geld hatten sie abgelehnt. Gleicher Rückweg.

Vom *Kloster* zieht sich eine neu ausgebaute Straße in vielen Windungen und steilen Serpentinen den Südhang des **Kófinas** hinauf bis auf den **Sattel** (1000 Meter Seehöhe) nordseitig unterhalb des Gipfelaufbaus (siehe Tour 34). Über das hügelige Gelände erreicht man nordseitig weiter der Straße folgend **Stérnes.** Bis auf den Sattel ist die Straße gut zu befahren, die Strecke hinab bis zum Meer ist nur für geländegängige Fahrzeuge ratsam. Kurz nach dem Sattel, Richtung Stérnes, zweigt nach links eine Verbindungsstraße nach Kapetanianá ab, ebenfalls einigermaßen befahrbar.

Nützliche Informationen

Ausgangspunkt: *Kapetanianá* oder *Stérnes.*
Gehzeiten: Insgesamt 3 Std.; Kapetanianá – Kiesbucht: 1 Std.; Kiesbucht – Abzweigung Höhlenkloster: 45 Min.; Höhlenkloster hin und zurück: 30 Min.; Abzweigung – Moní Koudoumá: 45 Min. Gleicher Rückweg: 4 Std.
Verkehrsverbindungen: Nur mit privaten Fahrzeugen erreichbar.
Übernachtungsmöglichkeiten: Im Kloster Moní Koudoumá. Siehe auch Tour 34.

36 Von Tsoútsouros zum Kloster Ágios Nikitás

Tourencharakter: Unschwierige Küstenwanderung, gute Orientierungsmöglichkeit, bis auf ein kurzes Stück gute Weganlage.
Beste Jahreszeit: Frühjahr und Herbst. Das ganze Jahr über möglich. Im Sommer sehr heiß.
Reine Gehzeit: 4 Std. (hin und zurück).
Markierung: Keine.
Höhenunterschied: Jeweils 400 m im Auf- und Abstieg.

Östlich der Asteroússia-Berge gibt es im Küstenbereich ein landschaftlich interessantes Gebiet, das neben schönen Badestränden auch über ein vielseitiges Wanderangebot verfügt. An der Hauptverbindungsstraße im Osten der Messará-Ebene liegt der kleine Ort **Káto Kastelianá**. Von ihm aus führt Richtung Süden über die Hügelkette hinweg eine einigermaßen befahrbare Schotterstraße nach Tsoútsouros. Der Küstenort wird in erster Linie wegen des schönen Kiesstrandes und der Abgeschiedenheit aufgesucht; zunehmende Bautätigkeit und eine zweite Straßenanbindung vom Bergdorf Ahendriás haben aber unschöne Spuren hinterlassen.

Neben den Ausflügen in das Tal der Krebse und hinauf in das Bergdorf Ahendriás bietet sich die mit Abstand schönste Wanderung entlang der Küste, Richtung Westen, zum Kloster von Ágios Nikitás an. Diese Wanderung läßt sich idealerweise mit einem Badeaufenthalt in einer schönen Kiesbucht unterhalb des Klosters verbinden.

Der Wegverlauf

Vom Dorf verfolgt man die Schotterstraße Richtung Westen direkt am Strand entlang in die nächste Bucht, wo neben einigen Häusern und dem Ausgrabungsgelände von **Inátos** auch die Schotterstraße nach Ahendriás beginnt. Das westlichste Gebäude, direkt an die Felsen gebaut, ist eine Taverne. An der Rückseite des Hauses beginnt der Weg. Anfangs geht es, einem dicken Wasserrohr folgend, wenige Meter steil nach oben, auf eine flache **Geländeterrasse**, etwa 70 Meter über dem Meer.

Nun verläuft der alte Fußweg nahezu eben meist unter der **Telefonleitung** Richtung Westen. Etwa 20 Minuten nach der Taverne wird es enger und steiler, von Felsen durchsetztes Gelände drängt den Weg nahe an die Steilküste. Unverhofft wird ein Blick in eine enge Felsenschlucht, mit dem Dorf **Maridáki,** frei. Der Weg führt zuerst um weitere 70 Meter nach oben und windet sich dann schmal und etwas ausgesetzt in dem steilen Hang hinab in das Dorf Maridáki. Die Häuser sind eng aneinandergebaut, es gibt eine Taverne, und ein kleiner Kiesstrand liegt zur schmalen Meeresöffnung hin.

Auf der anderen Schluchtseite folgen wir nun einer neugebauten Schotterstraße Richtung Westen. Die Berge rücken nach und nach wieder etwas weiter weg, das Gelände wird flacher, kaum bewachsene trockene Hänge bestimmen das Bild. Nach etwa 3 Straßenkilometern erscheint auf einer kleinen Halbinsel ein Vermessungspunkt und ein Stück weiter zum Meer hin eine makellose weiße **Kapelle** vor dem tiefblauen Hori-

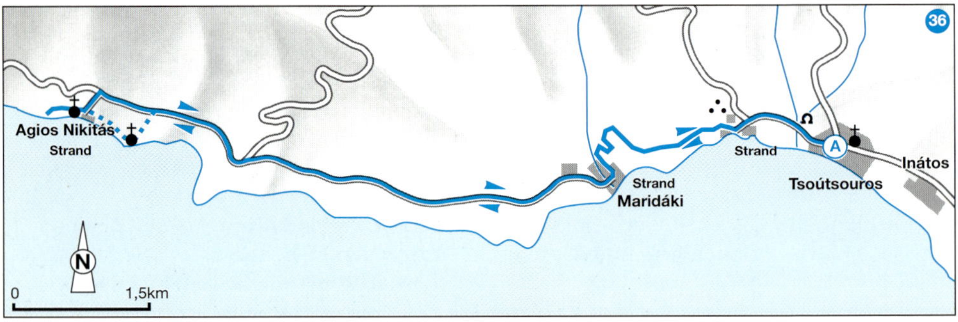

zont. Die Straße führt ein Stück oberhalb der Kapelle vorbei und erreicht nach einem weiteren Kilometer, an einem trockenen Bachlauf, eine **Straßenverzweigung**.

Wir gehen auf dem deutlich schlechteren Weg links abwärts direkt auf die Küste zu. Nach einer Rechtsbiegung liegt unverhofft auf der linken Seite das eingezäunte Klostergelände von **Ágios Nikitás**. Was für ein Gegensatz: mitten in der trockenen, eintönigen Landschaft eine grüne Oase. Terrassen, bepflanzt mit Bäumen und Blumen, weißgetünchte Häuser, alles bestens gepflegt. Ein Tor verschafft uns den Zugang zum Gelände. An mehreren Häusern vorbei gelangen wir in den inneren Bereich des Klosters, zur byzantinischen Kirche Ágios Nikitás, die als Höhlenkirche unter schwarze Felsen gebaut wurde.

Weiter den Garten hinab und zur westlichsten Ecke des Grundstücks führt ein Weg, und durch ein kleines Tor geht es hinaus. Oberhalb einer steilen, glatten Felswand entlang führt uns das Weglein schließlich hinab in eine wunderbare Kiesbucht; ideal für einen gemütlichen Badestop.

Zurück durch das Klostergelände. Außerhalb, nach etwa 25 m auf der Straße, queren wir nach rechts das breite Schotterfeld des Baches. Gegenüber findet sich dann ein alter, gut begehbarer Fußweg. Er zieht sich in einigen Windungen durch Felsen ein Stück abwärts, umgeht einen Steilabbruch und verläuft dann aufwärts den flachen Hang entlang auf die freistehende Kapelle von Ágios Stávros zu. Hier sollte man sich nochmals eine Ruhepause gönnen, um den weiten Blick die Küstenlinie entlang und die absolute Ruhe zu genießen. Vom Kirchlein führt ein Weg hinauf zur oberhalb vorbeiziehenden Straße und auf ihr den bekannten Weg zurück nach Tsoútsouros.

Nützliche Informationen

Ausgangspunkt: *Tsoútsouros.* Wanderung führt zum Ausgangspunkt zurück.
Gehzeiten: Insgesamt 4 Std.; Tsoútsouros – Maridáki 1 Std.; Maridáki – Kloster 40 Min.; Kloster – Bucht 10 Min.; Bucht – Kloster – Kapelle 30 Min.; Kapelle – Maridáki – Tsoútsouros 1½ Std.
Verkehrsverbindungen: Anfahrt mit privatem Fahrzeug oder Taxi.
Übernachtungstips: Tsoútsouros: Hotel *Georgios*, Tel. (08 91) 2 21 90; Appartements *Priasos*; Pizzeria *Michalis*.
Tavernentips: Tsoútsouros: Zahlreiche Tavernen und Cafés, Pizzeria Michalis, fast alle direkt am Meer gelegen. Die meisten Hotels, Pensionen und Tavernen öffnen erst mit Beginn der Saison, ab Mai.
Sehens- und Wissenwertes: • Kulthöhle des Eileithyia-Kultes (Geburtsgöttin) an der Bucht, 60 m vom Strand entfernt. Tsoútsouros war Standort der achäo-mykenischen Siedlung Inatos, Ausgrabungen in der zweiten Bucht.

Das Kloster von Ágios Nikitás datiert aus byzantinischer Zeit. Die Kirche wurde in eine Höhle unter die Felsen gebaut.

Der Kreis Lassíthi

Grundinformation und Sehenswürdigkeiten

Der **Kreis Lassíthi** bekam seinen Namen durch die ehemalige venezianische Bezirkshauptstadt La Sitia, das heutige Sitía, im Osten der Insel. Die Berge sind hier nicht so schroff wie im Westteil. Abgesehen vom schmalen Isthmus zwischen Ierápetra und Pahiá Ammos und der Hochebene von Lassíthi findet sich kaum ebenes Land. Dort, an der schmalsten Stelle der Insel, erheben sich die Thripti-Berge, und wer auf ihrer höchsten Erhebung, dem Aféndis Stavroménos (1476 m) steht, sieht das Land wie eine Wespentaille zwischen zwei Wassern unter sich. Noch höher (2148 m) reichen die Berge des Díkti-Massivs hinauf, welche die Lassíthi-Ebene und die Katharó-Ebene von Süden umgrenzen.

Der Ostteil der Insel gehört zu den ältesten Siedlungsräumen auf Kreta, der Palast von Káto Zákros entstand zur selben Zeit wie der von Knossós und wurde auch zur gleichen Zeit zerstört.

Hauptstadt des Kreises ist **Ágios Nikólaos**, das erst im Jahre 1870 gegründet wurde, als sich Bewohner aus Kritsá und der Sfakia hier ansiedelten. Durch seine bevorzugte Lage am weitgeschwungenen Mirabello-Golf und durch die starke Zunahme des Tourismus hat sich das heute 6000 Einwohner zählende Städtchen schnell entwickelt. Besonders idyllisch ist ein kleiner Süßwassersee zwischen steilen Felsen, der durch einen Kanal mit dem Meer verbunden wurde, gerade so

Den besonderen Charme von Ágios Nikólaos macht der Süßwassersee Voulisméni aus, der durch einen Kanal mit dem Meer verbunden ist.

1 Touristen-information
2 Museum
3/4 Postamt, Telefon- und Telegrafenamt
5 Präfektur
6 Rathaus
7 Voulisméni-See
8 Venizélos-Platz
9 Griechische Handelsbank
10 Agía Triáda
11 W. C.

Busabfahrtsstellen:
12 Kritsá
13 Lassíthi-Ebene
14 Iráklion
15 Gourniá – Sitía
16 Ierápetra

breit wie die kleinen Fischerkähne, die darin Schutz finden. Der Hafen besitzt jedoch auch Kaimauern für das Anlegen größerer Schiffe, und es gibt von hier mit Zwischenstation in Sitía eine regelmäßige Fährverbindung über die Inseln Karpathos und Kapsos nach Rhodos.

An Sommerabenden ist es angenehm, in einem der Cafés am Hafen zu sitzen oder entlang der Uferpromenade zu spazieren. Im Winter dagegen ist das Kleinstädtchen fast ausgestorben; die meisten Restaurants und Cafés sind geschlossen. Auf dem Hügel über der Stadt befindet sich das Archäologi-

Die 1579 von den Venezianern errichtete Inselfestung Spinalonga diente in der ersten Hälfte dieses Jahrhunderts als Leprastation.

sche Museum, in dem Funde aus dem Kreis Lassíthi untergebracht sind. Eine Reihe lohnenswerter Ausflüge lassen sich von Ágios Nikólaos aus unternehmen.

Nördlich von Ágios Nikólaos führt die Straße nach **Eloúnda** und zu der vorgelagerten Insel **Spinalonga** (»langer Dorn«). Von einigen Reisebüros in Ágios Nikólaos werden auch Halbtagesausflüge mit dem Boot dorthin organisiert. In der Umgebung von Eloúnda befinden sich die großen Luxushotels der Region. Ein schmaler Damm führt über der versunkenen antiken Stadt Aloús hinüber zur öden Insel Spinalonga. Den Namen »Spinalonga« trägt auch die venezianische Festung auf einer nahegelegenen Felseninsel im Norden. Als letzter Außenposten blieb sie bis 1716 in venezianischem Besitz, bevor sie an die Türken übergeben werden mußte. Unter dem Hochkommissariat des Prinzen Georg wurde sie ab 1903 Leprastation und blieb es bis 1957. Heute besteht keine Ansteckungsgefahr mehr, so daß Touristen die gut erhaltene, 400 Jahre alte Festung besichtigen können.

Ein weiterer lohnenswerter Ausflug führt in das 11 Kilometer entfernt liegende Bergdorf **Kritsá**, welches durch die Beteiligung der Dorfbewohner an dem Film »Der Mann, der sterben muß« nach dem Roman »Die griechische Passion« von Níkos Kazantzákis berühmt wurde. Dicht gedrängt liegen die weißen Häuser am Berg inmitten eines Meeres aus Mandel und Olivenbäumen. Auf den talwärts gerichteten Terrassen der Cafés genießt man einen weiten Blick über das Land um den Mirabello-Golf.

Kurz vor dem Ort, versteckt in einem Olivenhain neben der Straße, liegt die berühmte Kirche **»Panagía i Kerá«** aus dem frühen 14. Jahrhundert. Die guterhaltenen Fresken der dreischiffigen Kirche ziehen jährlich Tausende von Besuchern an. Neben Szenen aus dem Leben von Christus, der heiligen Anna, der heiligen Maria und dem heiligen Antonius gibt es Bilder, die den Jüngsten Tag, das Paradies und das Letzte Gericht darstellen.

Etwas weiter auf der Hauptstraße zweigt dann der Fahrweg zur dorischen Bergstadt

Lató ab. Wegen ihrer Lage hoch oben auf einem Sattel drängt sich der Vergleich mit der alten Inkastadt Machu Picchu auf, es ist nur alles etwas griechischer. Eine lohnenswerte Wanderung führt von dem Dorf Kritsá zur **Katharó-Ebene** auf 1100 Meter Höhe, die von den Bergen des Díkti (2148 m) und des Lázaros (2085 m) überragt wird. Über einen Paß steigt man dann zur tiefer gelegenen **Lassíthi-Hochebene** (850 m) hinab. In einem Ring um die 48 Quadratkilometer große Ebene liegen 21 Dörfer so an die Ausläufer der Berge geschmiegt, daß kein fruchtbares Ackerland verlorengeht. Nach heftigen Regengüssen im Winter steigt das Wasser bis zu einem halben Meter hoch. Im Sommer dagegen pumpten früher unzählige weiße Windmühlen das Grundwasser empor. Heute sind die meisten durch Dieselpumpen ersetzt.

Der Hauptort heißt **Tsermiádo**. Hier hat man den Eindruck, daß in jedem Haus statt eines Wohnzimmers ein Kafeníon eingerichtet wurde – zumindest im Sommer. Im Winter sitzen in jedem Kafeníon die Familienmitglieder wie im Wohnzimmer vor dem Fernseher. Wo die Straße im Norden über einen Bergkamm hinab nach Hersónissos führt, stehen noch die Reste einer ganzen Reihe von **Windmühlen**, in denen das Korn der Ebene gemahlen wurde. Eine davon wurde restauriert und arbeitet jetzt wieder zur Freude der Touristen. Das hölzerne Mahlwerk wurde ausschließlich aus Oliven- und Eichenholz hergestellt. Als weitere Attraktion der Lassíthi-Ebene gilt die **Diktäische Grotte**. Der Sage nach soll hier Zeus auf die Welt gekommen sein. Sie birgt eine riesige Tropfsteinhalle mit prächtigen Stalaktiten und Stalagmiten.

Ein anderer Ausflug von Ágios Nikólaos führt zur Ausgrabungsstätte der einzigen minoischen Siedlung bei **Gourniá**. Die Siedlung stammt ungefähr aus der Zeit um 1600 v. Chr. und war wohl einst eine blühende, unabhängige Stadt, die in engstem Kontakt mit den minoischen Palästen stand. Bei der großen Katastrophe im Jahre 1450 v. Chr. entging auch Gourniá nicht dem Untergang. Die Stadt bedeckte eine Fläche von 15 000 Quadratmetern, und wer sie in ihrer ganzen Ausdehnung übersehen möchte, der sollte auf der Landstraße einige hundert Meter östlich bis zu einem kleinen Paßübergang hochsteigen.

In der Stadt selbst kann man von Gäßchen zu Gäßchen umherstreifen, seinen Fuß über Türschwellen setzen und in Wohn- und Werkräume blicken. Hier fanden die Archäologen Hausrat und Arbeitsinstrumente, Kultfiguren und Opfergaben.

War es ein Zufall, daß Gourniá gerade dort erbaut wurde, wo Kreta am schmalsten ist? Nur 12 Kilometer sind es hinüber an die Südküste, vorbei an dem V-Ausschnitt der unzugänglichen Thriptí-Schlucht. Eine der schönsten Wanderungen führt von Kavoússi auf die Alm Thriptí und weiter auf einem Prozessionspfad hinauf zum Kirchlein auf dem Gipfel des **Aféndis Stavroménos** (»gekreuzigter Herr«).

Weit reicht der Blick über den Mirabello-Golf im Norden auf die Gewächshäuser von Ierápetra am Libyschen Meer.

Mit 9000 Einwohnern ist **Ierápetra** die größte Stadt des Kreises Lassíthi und zugleich die südlichste Stadt Europas. Hier gibt es die meisten Sonnentage und die geringste Niederschlagsmenge auf Kreta. Schon frühzeitig wurde in der Küstenebene um Ierápetra mit dem Anbau von Obst und Gemüse in Gewächshäusern begonnen. Heute lebt die Stadt hauptsächlich von Handel und Tourismus. Obwohl kein alter Stadtkern vorhanden ist, finden sich in der Stadt Zeugen der römischen, venezianischen und türkischen Vergangenheit. Hier soll auch Napoleon auf seinem Ägyptenfeldzug Station gemacht haben. Viele Cafés und Restaurants reihen sich an der mit Tamarisken bestandenen Uferpromenade. Beim Viertel hinter dem Fischerhafen macht es Spaß, durch die verwinkelten Gassen zu streifen und einen Blick in die Gärten der weißgetünchten Häuschen zu werfen.

Wer die paradiesische Einsamkeit sucht, sollte es nicht versäumen, sich mit einem Fischerboot zur **Insel Gaidouronísi** bringen zu lassen. Weiße Dünen und einsame Strände mit türkisblauem Wasser umgeben die mit Zedern und Kiefern bewachsene unbewohnte Insel.

Auf zwei Straßen gelangt man von Ierápetra zur ehemaligen venezianischen Distrikt-

Der Palmenwald von Vai direkt an der Küste ist wegen seiner Einzigartigkeit unter Naturschutz gestellt worden.

hauptstadt **Sitía**. Entweder fährt man über den Isthmus zurück an die kretische Nordküste, wo die Straße von Ágios Nikólaos kurvenreich durch die Ornó-Berge führt, oder man nimmt den Weg entlang der Südküste nach Osten, um dann nördlich durch das Hügelland Ostkretas nach Sitía zu gelangen.

Vom Meer aus gesehen schmiegen sich die Häuser der Stadt wie ein Amphitheater um den alten Hafen. Über Terrassen und Treppen steigt man empor bis zur venezianischen Festung. Sitía hat die Ausstrahlung eines ruhigen, mediterranen Hafenstädtchens mit gemütlichen Tavernen und Cafés entlang dem Quai. Es ist Hauptumschlagplatz von Rosinen, die an den sonnigen Hängen der Umgebung getrocknet werden. Aber auch der Tourismus hat sich in den letzten Jahren stetig entwickelt; außer ihren schönen Stränden bietet die Stadt einen Stützpunkt für Erkundungen des äußersten Ostens der Insel.

Dort findet sich auch der dritte Palast aus der Zeit der minoischen Hochkultur auf Kreta, der *Palast von Zákros*. Von der Straße dorthin lohnt sich ein Abstecher zum **Kloster Toplоú** und zum *Palmenstrand von Vai*. Das Äußere des Klosters gleicht eher einer Festung, was aufgrund der exponierten geographischen Lage nicht verwunderlich ist. Jahrhundertelang mußten sich die Klöster verteidigen, waren Aufenthaltsort und Unterschlupf von Widerstandskämpfern.

Über dem **Palmenstrand von Vai** liegt der tropische Hauch einer einzigartig schönen Bucht mit weißem Sandstrand und Hunderten von Palmen. Der Palmenwald ist zum Naturschutzgebiet erklärt worden, so daß freies Campen und Feuermachen strengstens untersagt sind. Dafür bieten einige benachbarte Buchten Plätzchen, an denen man sich ungehindert niederlassen kann.

In der Mitte der Ostküste, am Ende einer Schlucht, die »Tal der Toten« genannt wird, lag der **Palast von Káto Zákros**. Ihren Namen bekam die Schlucht durch den Brauch der einstigen Bewohner, ihre Toten in Nischen und Höhlen oberhalb des Schluchtgrundes beizusetzen. Erst Anfang der sechziger Jahre begann man mit der Ausgrabung des Palastes, der ebenfalls bei der Katastrophe um 1450 v. Chr. zerstört und danach nicht wieder aufgebaut wurde.

Unter den eingestürzten Mauern fanden sich eine große Menge bedeutender minoischer Kunst- und Gebrauchsgegenstände – ein Zeichen dafür, daß der Palast nicht geplündert wurde. Das mag auf die vollständige Zerstörung der Gebäude zurückzuführen sein, unter denen alles begraben wurde.

Durch seine günstige Lage kam dem Palast in der Antike eine große Bedeutung im Handel mit Ägypten und dem Vorderen Orient zu. Für denjenigen, der zu Fuß von Zákros durch das Tal der Toten hierher gewandert ist, bedeutet der Palast das klassische Ende einer schönen Tour.

37 Von der Lassíthi-Ebene nach Krási

Tourencharakter: Leichter Aufstieg. Etwas Orientierungssinn und Trittsicherheit beim Abstieg erforderlich.
Beste Jahreszeit: Frühjahr, Frühsommer und Herbst.
Reine Gehzeit: Ca. 2¼ Std.
Markierung: Keine.
Höhenunterschied: Aufstieg 150 m, Abstieg 400 m.

Als wir die Wanderung im November machten, waren die Felder auf der Lassíthi-Ebene abgeerntet, und in **Krási** war die Bevölkerung gerade dabei, Rakí zu brennen. Der alte kupferne Destillationsapparat (Gasáni) stand im Freien, während dieser Zeit brannte er ununterbrochen. Zum ständigen Beheizen werden beträchtliche Mengen Holz verbraucht. Nicht zuletzt, weil es hier warm ist, aber auch wegen der Gesellschaft der anderen versammelte sich immer ein kleines Grüppchen. Der Kupferkessel wird innen mit Thymian ausstaffiert, was dem Rakí – oder Tsikoudhia, wie er auch genannt wird – seinen besonderen Geschmack gibt. Vorher bedeckt man die gepreßten Traubenrückstände während des Gärprozesses mit Walnußblättern und Steinen. Der Schnapsbrenner des Dorfes behält für seine Arbeit einen Teil des Destillats als Lohn zurück. Jeder Dorfbewohner kann zu seinem privaten Verbrauch soviel brennen, wie er will; das Feuerholz muß er selbst mitbringen. Das Recht, Schnaps brennen zu dürfen, verdanken die Kreter im übrigen dem griechischen Ministerpräsidenten Venizélos (1864–1936) – einem Kreter!

Die besondere Attraktion von Krási ist allerdings die wohl größte Platane Kretas, die am Platz mit der Brunnenanlage steht. Sie hat nahe am Boden einen Stammumfang von nahezu 16 Metern. Daß die riesigen, himmelstrebenden Äste unter der gewaltigen Last nicht zusammenbrechen, erklärt sich daraus, daß der Baum lebendige Queräste hat.

Nach dem Einbringen der Trauben beginnt in vielen Dörfern Kretas das Schnapsbrennen, das oft wochenlang dauert und wie hier im Dorf Krási unter freiem Himmel stattfindet.

Der Wegverlauf

Wir verlassen **Tsermiádo** auf der Straße, die nach Hersónissos/Iráklion führt. Nach den letzten Häusern des Ortes (wenige hundert Meter vor dem Gesundheitszentrum) weist ein Schild »To the Timios Stavros Church« nach rechts in eine Feldstraße. Diese führt, langsam ansteigend, in engen Windungen aufwärts und gewährt uns nochmals einen Blick zurück auf die Felder der Lassíthi-Ebene. Nach ungefähr einer halben Stunde Aufstieg finden wir uns in einer Felsenlandschaft wieder und erreichen wenig später die **Ebene von Níssimos**. Der bisherige Fahrweg verläuft von der Ebene in einem Rechtsbogen hinauf zur Kapelle Tímios Stávros.

Wir durchschreiten geradewegs auf dem roterdigen Hauptweg die Ebene in nördlicher Richtung und kommen so direkt auf die niedrigste Stelle der Bergumrandung zu. Bei einem als Gatter umfunktionierten Bettgestell verlassen wir die Ebene und wechseln wieder in eine Steinlandschaft hinein. Der Weg ist nicht markiert, doch durch die rötlichen Erdspuren auf dem bleichen Gestein gut zu erkennen.

Etwa nach einer Viertelstunde Aufstieg gabelt sich der Weg. Den linken Zweig weiterverfolgend erreichen wir kurz darauf den Bergrücken. Jetzt nach links in eine Senke und zu deren anderem Ende, wo sie durch eine leichte Kletterei (ungefährlich) verlassen wird. In derselben Richtung weiter, Querung eines Kares. Durch ein Steineichenwäldchen wird der Hang weiter gequert. Im Frühjahr, Ende April, sind die wildwachsenden weißen Pfingstrosen neben dem Pfad nicht zu übersehen. Wir können in der Ferne bereits die Erdstraße erkennen, auf der wir dann bequemer weiterwandern können. Vorher müssen wir aber nochmals ein Geröllfeld queren, um dann zu einer Viehtränke abzusteigen, wo die **Erdstraße** ihren Anfang nimmt (nach ½ Std. Abstieg).

Auf dem Fahrweg erreichen wir nach 15 Minuten einen Hang mit Terrassen, wo der Weg eine Rechtskurve macht. Weitere 20 Minuten danach gabelt er sich. Wir nehmen den rechten Weg zwischen Olivenbäumen hindurch abwärts. Vor einem Felsgebilde kommt von links ein Weg hinzu, den wir außer acht lassen. Wir orientieren uns an schwarzen Wasserschläuchen, an denen entlang wir **Krási** nach einer guten Stunde Abstieg erreichen. Im Ort nach rechts, dann stehen wir auf dem Brunnenplatz mit der riesigen Platane, wo wir uns gleich in einer Taverne niederlassen können. 100 Meter weiter, um die Ecke, finden wir dann auch die Bushaltestelle.

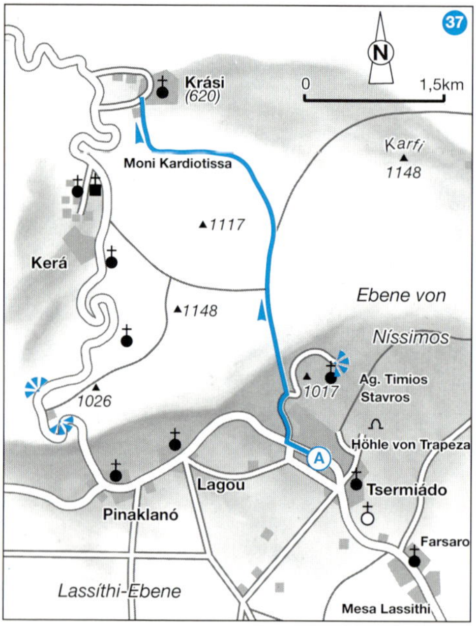

Nützliche Informationen

Ausgangspunkt: Ortsmitte von Tsermiádo auf der Straße nach Hersónissos/Iráklion bis zur Fahrwegabzweigung zur Ebene von Níssimos (Schild: »To the Timios Stavros Church«) ca. 10 Min.
Gehzeiten: Insgesamt 2¼ Std.; Tsermiádo – Straßenabzweigung zur Ebene von Níssimos: 10 Min.; Fahrweg hoch zur Ebene: 30 Min.; Überquerung der Ebene: 15 Min.; Ende der Ebene – Bergrücken: 20 Min.; Bergrücken – Fahrweg: 30 Min.; Fahrweg – Krási: 30 Min.
Verkehrsverbindungen: Mit dem Bus: Iráklion – Lassíthi-Ebene: 8.30, 14.30 Uhr; Lassíthi-Ebene (Diktaion-Höhle) – Iráklion: 14.00, 17.00 Uhr; Mállia – Hersónissos –

Riesige Platane am Brunnenplatz in Krási. Ihr Umfang knapp über dem Boden beträgt nahezu 16 Meter, ihre Äste werden durch lebendige Queräste gestützt.

Lassíthi-Ebene: 8.30 Uhr; Lassíthi-Ebene (Diktaion-Höhle) – Hersónissos: 14.00, 17.00 Uhr; Lassíthi-Ebene – Ágios Nikólaos: siehe Tour 41.
Übernachtungsmöglichkeiten: Tsermiádo: Hotel *Kourítes* und Hotel *Lassithi*, Tel. (08 44) 2 21 94; Ágios Geórgios: *Rent Rooms Maria*, Tel. (08 44) 3 12 09; Hotel *Rea*, Tel. 3 12 09; Hotel *Dias*, Tel. 3 12 07; Psihró: Hotel *Zeus*, Tel. (08 44) 3 12 84.
Tavernentips: Krási: Taverne bei der Platane; Tsermiádo: *Kronion* (Ortsmitte); Ágios Geórgios: Restaurant *Rea*; Restaurant *Dias*; Psihró: *Plátanos, Stavrós*; Pláti: *Milos*.
Einkaufsmöglichkeit: Minimarkt in Tsermiádo.
Post/Geldwechsel: Tsermiádo.
Apotheke: Tsermiádo.
Sehens- und Wissenwertes: • *Kloster Kerá* (Wandmalereien in der Klosterkirche). • *Diktäische Grotte* (Kultstätte). • *Höhle von Trápeza* (Begräbnisstätte) • *Paß von Ambelou* (Windmühlen). • *Kloster Moní Kristalenios.* • *Ágios Geórgios:* Volkskundemuseum.

38 Von Psihró nach Tsermiádo

Tourencharakter: Spaziergang auf ebenen Feldwegen.
Beste Jahreszeit: Frühjahr bis Spätherbst.
Reine Gehzeit: 1 ¼ Std.
Markierung: Keine.
Höhenunterschied: Unwesentlich.

Diese Wegbeschreibung ist nur eine von vielen individuellen Möglichkeiten, die **Lassíthi-Ebene** zu überqueren. Als markierter Weg verläuft auch der E 4 von Káto Metóhi bis Avrakóndes über die Ebene. Wer anschließend von Tsermiádo aus weiterwandern möchte, dem seien die Wanderungen 37 (nach Krási) oder 42 (nach Kritsá) empfohlen.

Als Ausgangspunkt wählen wir die **Diktäische Grotte**, einen der bedeutsamsten Schauplätze der griechischen Mythologie, wo Zeus, der Vater von Göttern und Menschen, geboren wurde. Hier wurde er von

Die Lassíthi-Ebene vor dem Hintergrund des Díkti-Massivs.

Rhea heimlich zur Welt gebracht. Da ihr mißtrauischer Gatte Kronos alle seine Kinder auffraß aus Furcht, von einem seiner Söhne entthront zu werden, gab ihm Rhea einen mit einer Windel umwickelten Stein zum Verschlingen. Das kleine Zeuskind wurde anschließend in die Idäische Grotte auf dem Psilorítis gebracht, wo es von den Kureten beschützt wurde.

Der Wegverlauf

Linienbusse von Iráklion und Ágios Nikólaos fahren zweimal täglich auf die Lassíthi-Ebene bis hoch zur Diktäischen Grotte.

Vom **Parkplatz** unterhalb der Höhle führt rechts ein gepflasterter Weg abwärts zum westlichen Dorfeingang von Psihró. Wir überqueren die Hauptstraße und wandern

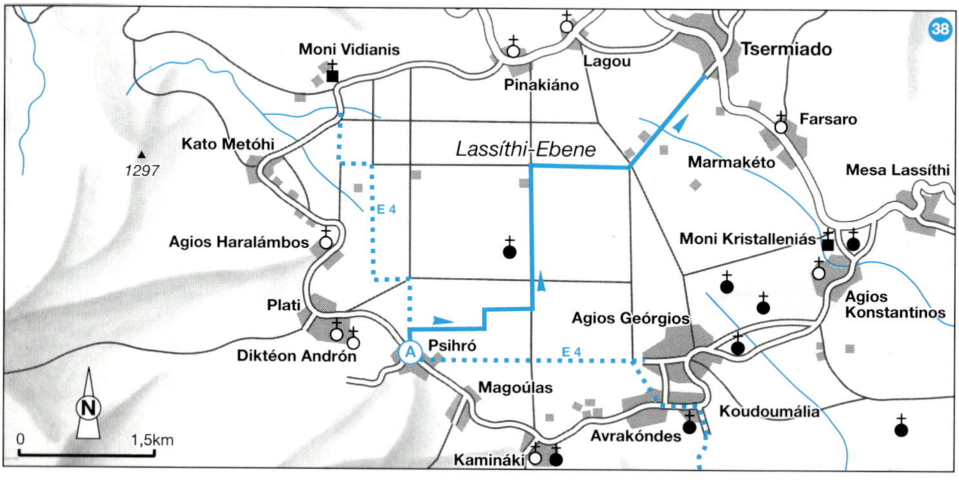

auf einem betonierten Weg direkt in die Felder. Der Weg verläuft anfangs parallel zur Hauptstraße. Nach 5 Minuten, bei einer Wegverzweigung, gehen wir rechts. Ca. 6 Minuten später, an einer Kreuzung, geradeaus. Bei der nächsten Verzweigung (7 Minuten) geradeaus, entlang einer Windmühlenstraße. 2 Minuten später gehen wir bei einer erneuten Abzweigung links, nach Norden, wieder entlang einer Windmühlenstraße, und nach weiteren 3 Minuten bei einem Betonbrückchen längs eines Grabens in Richtung Osten auf einen Hügel zu. Bei den nächsten Wegkreuzungen zuerst geradeaus, dann wieder nach links, Richtung Norden.

Zur Orientierung über den weiteren Verlauf unseres Weges halten wir Ausschau nach einem **großen, weißen Gebäude** am nordöstlichen Rand der Lassíthi-Ebene, dem Gymnasion von Tsermiádo.

Auf einem Fahrweg wandern wir jetzt gut 20 Minuten in Richtung Norden, an einer Kreuzung geradeaus. 50 Meter weiter geht nach links ein Weg zu einem **Kirchlein** ab – wir laufen aber geradeaus weiter. Das in einem umzäunten Geviert stehende Kirchlein liegt etwa in der Mitte der Lassíthi-Ebene. Auf dem Fahrweg geht es jetzt längere Zeit ohne Abzweigungen dahin bis zur nächsten deutlichen Kreuzung, wo wir nach rechts abbiegen und direkt auf Tsermiádo zugehen. Nach 5 Minuten bei einem Wegdreieck geradeaus und zu einer Brücke, wo wir über ein Bachbett wechseln. Bei der folgenden Kreuzung rechts an einem Graben entlang. Wenn wir nach **Tsermiádo** hineinkommen, bei einem Stoppschild nach rechts und anschließend nach links, wo wir am Telegraphenamt (OTE) vorbei die Ortsmitte erreichen. Wir stoßen dabei genau auf das Restaurant Kronion, das wir aufgrund seiner landestypischen Gerichte nur empfehlen können.

Nützliche Informationen

Ausgangspunkt: *Psihró.*
Gehzeit: 1¼ Std.
Verkehrsverbindungen: Siehe Tour 37, 41.
Übernachtungsmöglichkeiten und Tavernentips: Siehe Tour 37.
Sehenswürdigkeiten: Siehe Tour 37.

39 Von Ágios Nikólaos zur dorischen Bergstadt Lató

Tourencharakter: Gemütliche Wanderung ohne große Höhenunterschiede.
Beste Jahreszeit: Oktober bis Mai. Das ganze Jahr über möglich. Im Sommer sehr heiß.
Reine Gehzeit: Ca. 4 Std.
Markierung: Vorhanden.
Höhenunterschied: 200 m.

Ausgangsort unserer Wanderung ist die Hauptstadt des Kreises Lassíthi, **Ágios Nikólaos**. Hier und im nahegelegenen Eloúnda ist im Sommer *high life*, und es wimmelt von Touristen. Im Winter beschränkt sich das Leben in der kleinen Stadt um den Voulismeni-See auf die täglichen Bedürfnisse seiner Einwohner. Die Zahl der Schmuck- und Souvenirläden dürfte die Zahl der zu dieser Zeit anwesenden Touristen übertreffen.

Außer dem kleinen Stadtmuseum hat Ágios Nikólaos nichts vorzuweisen. In seiner Umgebung finden sich aber einige Sehenswürdigkeiten, die die Stadt auch im Winter attraktiv machen. Dazu gehört die älteste byzantinische Kirche auf Kreta, die aus dem 13. Jahrhundert stammende **Panagía-Kerá-Kirche** bei Kritsá, der malerisch gelegene Ort **Kritsá** selbst, das landschaftlich einmalige Ausgrabungsgelände der dorischen Stadt **Lató**, die venezianische Festungsinsel **Spinalonga** und der Blick von der Straße nach Vroúchas über den **Mirabéllo-Golf**, den wohl schönsten Küstenabschnitt Kretas. Einige der genannten Sehenswürdigkeiten lassen sich in angenehmer Weise auf einer Wanderung kennenlernen.

Der Wegverlauf

Der Ausgangspunkt unserer Wanderung ist der 4,5 Kilometer von Ágios Nikólaos entfernte Ort **Hamiló**. 150 Meter hinter dem Dorf zeigt ein verrostetes Hinweisschild die Richtung. Wir verlassen die Straße links und folgen einem Feldweg durch Olivenhaine. Wegabzweigungen nach links und rechts werden nicht beachtet, nach ca. 20 Minuten kommen wir an einem *Neubau* vorbei. 100 Meter danach trifft der Weg zwischen einem trockenen Bachbett und einer Steinmauer auf eine *Fahrtrasse*, auf der wir nach links abzweigen. Nach wenigen Minuten kommt von rechts eine Schotterstraße hinzu, die wir bereits nach 30 Metern wieder nach links verlassen (deutlicher roter *Pfeil* auf einem Stein!).

Nach 50 Metern gabelt sich dieser Weg: links geht es hoch zu einem Haus; wir nehmen den rechten schmalen Fußweg, bei dem schon bald die ehemalige *Pflasterung* zum Vorschein kommt. Nach etwa einer halben Stunde Aufstieg treffen wir bei einem großen *Bildstock* auf die von Kritsá kommende Schotterstraße. In diese links einbiegend in 10 Minuten aufwärts bis zum Eingangstor (falls gesperrt, Zaun überklettern).

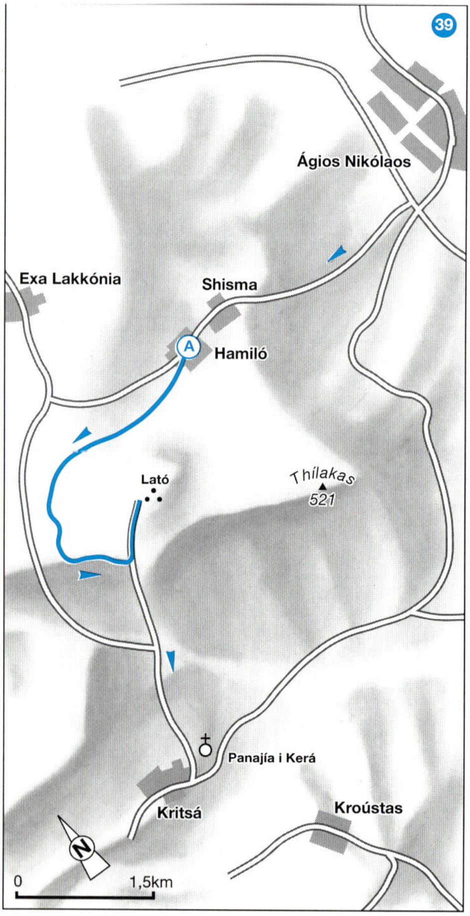

Aufgrund seiner exponierten Lage ist man geneigt, **Lató** als das Machu Picchu Kretas zu bezeichnen. Und wenn man sich die gewaltigen, aufeinandergeschachtelten Gesteinsquader der Zyklopenmauern genauer ansieht, so kommt man nicht umhin, Gemeinsamkeiten in der Bauweise von Dorern und Inkas festzustellen.

Lató ist eine dorische Stadtgründung aus dem 8. Jahrhundert v. Chr. Der Name ist abgeleitet vom dorischen Leto, was »Mutter des Apoll und der Artemis« bedeuten soll. Im Gegensatz zu den Minoern, die ihre Paläste meist offen und ungeschützt in der Nähe des Meeres bauten, zogen sich die dorischen Bewohner eher in nahes Bergland zurück. Ihre Blütezeit hatte die Stadt Lató während des 4. und 3. vorchristlichen Jahrhunderts. Aus dieser Zeit datieren die meisten der bisher entdeckten Gebäudereste. Später fiel die Stadt in Vergessenheit, jedenfalls bauten keine anderen Kulturen darauf auf. Der englische Archäologe Evans, berühmt durch die Ausgrabungen von Knossós, entdeckte die Siedlung, die dann von französischen Archäologen ausgegraben wurde.

Der Besucher sollte sich vorher vom Stadtgrundriß ein ungefähres Bild machen, um beim Besichtigen die Bedeutung der verschiedenen Gebäude und Plätze zu kennen.

Über viele aus dem Felsen gehauene Treppenstufen windet sich der Weg an ehemaligen Läden und Handwerksbetrieben hinauf in das Zentrum der Stadt, mit Agorá, Schautreppe und Heiligtum. Es lohnt sich, bis zu den oberen Felsen hinaufzusteigen, um von dort das wunderbare Bergpanorama mit den in der Ferne glänzenden Häusern von Ágios Nikólaos – das früher »Lató Kamára« hieß und der ehemalige Hafen der Stadt Lató war – und das tiefblaue Meer der

Im Gegensatz zu den unbefestigten Palästen der Minoer erbauten die Dorer ihre Siedlungen im küstennahen Hügelland. Lató ist die wohl bekannteste Stadtgründung der Dorer auf Kreta.

Mirabello-Bucht zu genießen. Allein wegen dieses überwältigenden Ausblicks lohnt sich die knapp zweistündige Wanderung.

Nützliche Informationen

Ausgangspunkt: *Ágios Nikólaos* bzw. *Hamiló* (6 km von Ágios Nikólaos entfernt). Wanderung führt nicht zum Ausgangspunkt zurück.
Gehzeiten: Insgesamt ca. 4 Std.; Ágios Nikólaos – Hamiló: 2 Std.; Hamiló – Lató: 1 Std.; Lató – Kritsá bzw. Panagía Kerá: 1 Std.
Busverbindungen: Ágios Nikólaos nach Hamiló (Richtung Exo Lakónia) mehrmals täglich; Ágios Nikólaos – Kritsá: in der Saison 6.15, 7.00, 8.10, 9.00, 9.30, 10.00, 10.30, 11.00, 12.00, 13.00, 14.00, 15.00, 16.00, 17.00, 18.00, 19.30 Uhr (an Sonn- und Feiertagen: in der Saison 7.00, 10.00, 12.00, 14.00, 16.00, 17.30, 19.00 Uhr); Kritsá – Ágios Nikólaos: 6.30, 7.15, 8.25, 9.15, 9.45, 10.15, 10.45, 11.15, 12.15, 13.15, 14.15, 15.15, 16.15, 17.15, 18.15, 19.45 (an Sonn- und Feiertagen: 7.15, 10.15, 12.15, 14.15, 16.15, 17.45, 19.15 Uhr).
Schiffsverbindungen: Von Ágios Nikólaos nach Karpathos und Rhodos. Ausflugsboote nach Spinalonga.
Taxi: Ágios Nikólaos und Kritsá.
Touristeninformation: Ágios Nikólaos: Am Voulisméni-See, Tel. (08 41) 2 23 57.
Touristenpolizei: Ágios Nikólaos: Konstantinou-Paleologou-Str. 17, Tel. (08 41) 2 23 21.
Übernachtungsmöglichkeiten: Ágios Nikólaos: Mittelklasse: *Ariadne-Beach*, Tel. (08 41) 2 27 41, *Coral*, Tel. (08 41) 2 83 63. Untere Kategorie: Pension *Milos*, Sarolidou Str. 24, Tel. (08 41) 2 37 83; Pension *Linda*, Salaminos Str. 3, Tel. (08 41) 2 21 30; *Jugendherberge:* Strategou-Koraka-Str. 5, Tel. 2 28 23. Kritsá: *Rooms Kritsopoula* und im Ort.
Taverntips: Ágios Nikólaos: *Trata Restaurant*, Sfakianaki-Str.; *Ikaros*, Uferstraße; Kritsá: *Siganos*, bei der Bushaltestelle.
Disco: *Lipstick*, am Hafen.
Krankenhaus/Apotheke: Ágios Nikólaos.
Post/Geldwechsel/Telefonzentrale: Ágios Nikólaos.
Leihautos und Zweiräder: Ágios Nikólaos.
Shoppingtips: Kritsá: Web- und Häkelsachen, Teppiche; Ágios Nikólaos: Ikonen, Keramik, Schmuck, Kunsthandwerk.
Sehens- und Wissenwertes: • Ágios Nikólaos: *Voulisméni-See*. • *Archäologisches Museum*. • Insel *Spinalonga*. • Lató: *dorische Siedlung*. • Kritsá: *Panagía-Kerá-Kirche*.

40 Durch die Kritsá-Schlucht nach Tápes

Tourencharakter: Imponierende Schluchtwanderung. Nicht möglich, wenn Bach Wasser führt. Festes Schuhwerk, Sonnenschutz, Wasser und Proviant notwendig.
Beste Jahreszeit: Frühsommer bis Spätherbst.
Reine Gehzeit: 2¼ Std. Rückweg 1¾ Std.
Markierung: Keine.
Höhenunterschied: 275 m.

Der Wegverlauf

Wir gehen von der Bushaltestelle in **Kritsá** die Straße bis an den unteren Ortsanfang zurück und weiter, bis die **Straße nach Lató** links abbiegt. Die Straße trifft bei einer Brücke auf das Flußbett, welches uns den Weg weist zum Eingang der vor uns liegenden **Schlucht**. Wir können hier gleich ins Flußbett absteigen oder 400 m einen Feldweg gehen, der nach der Brücke links weggeht. Wenn der Feldweg rechts abbiegt (nach 15 Minuten), steigen wir links hinab ins Flußbett.

Im trockenen **Bachbett** geht es über Geröll und einfach zu erklimmende Felsblöcke, so daß vereinzelt auch die Hände gebraucht werden. Auf unserem Weg werden einige Male Drahtzäune den Weg versperren, doch können sie leicht passiert werden. Den ersten Zaun erreichen wir nach 25 Minuten. Er kann durch ein Gatter (5 m oberhalb) überwunden werden. 35 Minuten später treffen wir auf das nächste Gatter. Die Schluchtwände werden immer imposanter.

Die Kritsá-Schlucht ist nur während der Sommermonate begehbar.

Beeindruckend ist es, wie sie von den Wassermassen geformt und glattgeschliffen wurden. Die Szenerie wird immer abenteuerlicher, und es hat den Anschein, daß wir bald nicht mehr weiterkommen. Aber wie durch ein Wunder führt der Weg zwischen den engen Schluchtwänden weiter aufwärts.

Nach einer Stunde verzweigt sich die Schlucht: wir nehmen den **rechten Weg** und folgen einem **Zaun**. 5 Minuten darauf steigen wir über einen am Boden liegenden Zaun hinweg. Wieder 10 Minuten später müssen wir abermals über einen Zaun steigen. Anschließend öffnet sich das Gelände. Wir setzen unseren Weg im Bachbett fort, werden aber nach einer Stunde und 20 Minuten von einem unüberwindlichen Zaun gestoppt, der das Bachbett versperrt. Hier müssen wir 150 m rechts aufwärts, wo wir glücklicherweise ein Eisentor finden. Auf der anderen Seite setzen wir unseren Weg wieder im Bachbett fort.

Schon 2 Stunden sind wir unterwegs, bis wir in der Ferne die Häuser von Tápes erkennen können. Das Flußbett teilt sich hier. Wir bleiben rechts und finden oberhalb des Bachbettes einen Fahrweg, der dann in einer Furt auf die andere Seite führt. Einige Minuten darauf geht links ein Weg hinauf nach **Tápes**, der direkt bei einem einfachen **Kafeníon** (»O Prinos«) herauskommt. Des Wanderns müde lassen wir uns nieder, erkundigen uns nach dem Bus und lassen uns bedienen. Erst bei der Rechnung dämmert uns, mit welchem Schlitzohr wir es zu tun haben – für seine Dienstleistungen verlangt er gesalzene Preise. Weiteren Besuchern empfehlen wir daher, sich nach dem Preis zu erkundigen. Es ist ja nicht nötig, daß man das gleiche bezahlt wie an der Uferpromenade in Ágios Nikólaos.

Da die Busanbindung von Tápes mit Ágios Nikólaos nicht sehr günstig ist, empfiehlt es sich unter Umständen, den Weg zurück nach Kritsá wieder durch die Schlucht zu nehmen oder wie in Tour 42 beschrieben.

Nützliche Informationen

Kartenskizze: Auf Seite 148/149.
Ausgangspunkt: Straße nach Lató am Ortsanfang von Kritsá.
Gehzeiten: Insgesamt hin und zurück 4 Std.; Kritsá – Tápes 2¼ Std.; Rückweg Tápes – Kritsá 1¾ Std.
Verkehrsverbindungen: Ágios Nikólaos – Kritsá häufiger Busverkehr: siehe Tour 39; Tápes – Ágios Nikólaos täglich 14.30 Uhr.
Übernachtungsmöglichkeiten: Ágios Nikólaos: siehe Tour 39.
Verpflegung: Restaurants in Ágios Nikólaos und Kritsá, einfaches Kafeníon in Tápes.
Sehenswertes: • Kirche Panagía i Kerá außerhalb von Kritsá und dorische Bergfestung Lató.

41 Von Kritsá zur Katharó-Hochebene und zur Lassíthi-Ebene

Tourencharakter: Unschwierige, aber Ausdauer und Orientierungssinn erfordernde Wanderung.
Beste Jahreszeit: Frühjahr (wegen Klima und Obstblüte) und Herbst. Im Sommer sehr heiß.
Reine Gehzeit: Ca. 7 bis 8 Std.
Markierung: Teilweise rote Markierung.
Höhenunterschied: Aufstieg 985 m, Abstieg 495 m.

Kritsá liegt 11 Kilometer von Ágios Nikólaos entfernt an den Hängen eines Steilabbruches. Die größte Sehenswürdigkeit in dieser Gegend ist die Kirche **Panagía i Kerá** aus dem frühen 14. Jahrhundert. Sie steht kurz vor dem Ortseingang rechts neben der Straße. Die dreischiffige Panagía-Kirche zählt zu den schönsten Kretas.

Malerisch liegt der Ort in einem Meer von Oliven- und Mandelbäumen. Letztere blühen im Januar und Februar, so daß ein Besuch zu dieser Jahreszeit wohl die schönsten Eindrücke hinterläßt. Etwa 4 Kilometer von Kritsá entfernt befinden sich die Ruinen des antiken **Lató**, dessen Besuch sich schon wegen der phantastischen landschaftlichen Lage lohnt. Unmittelbar vor dem Dorfeingang zweigt eine Fahrstraße ab, auf der man nach einer Dreiviertelstunde Fußmarsch Lató erreicht. Kritsá selbst ist vom Tourismus aus dem nahen Ágios Nikólaos bereits eingeholt. Durch die geschlossene, alte Bauweise hat es sich dennoch einen reizvollen und gemütlichen Charakter bewahrt. Neben den alltäglichen Souvenirs werden hier besonders Stickereien und Webarbeiten angeboten.

Der Wegverlauf

Man durchquert **Kritsá**, vorbei an Souvenirgeschäften und einer Vielzahl Cafés und Tavernen, von deren Terrassen man einen herrlichen Blick auf die darunter liegenden Häuser und die unzähligen Mandel- und Olivenbäume hat. Vor dem Schild *»Plateau of Katharó«* geht es 30 Meter in die Straße *»Kritsapoúla«* hinein, dann links die Stufen der Gasse *»Alexojanni«* aufwärts an einem Brunnen (*»Vrísses«*) vorbei bis ans nordwestliche Ende des Dorfes. Dort stößt man wieder auf die **Fahrstraße** nach Katharó. Der Fußweg beginnt gegenüber. Roter und blauer Pfeil!

Am alten **Maultierpfad** aufwärts finden sich genügend Möglichkeiten, ein Salbeisträußchen zu pflücken. Über diesen Pfad erreicht man nach ca. 20 Minuten wieder die Fahrstraße. Man folgt ihr etwa fünf Minuten, dann zweigt der alte Maultierweg vor einer Brücke wieder rechts ab und zieht ein Stück an mandelbaumbestandenen Ter-

Auf der 1100 Meter hohen Katharó-Ebene werden Wein und Kartoffeln angebaut. Im Hintergrund die schneebedeckten Gipfel des Lázaros und des Díkti.

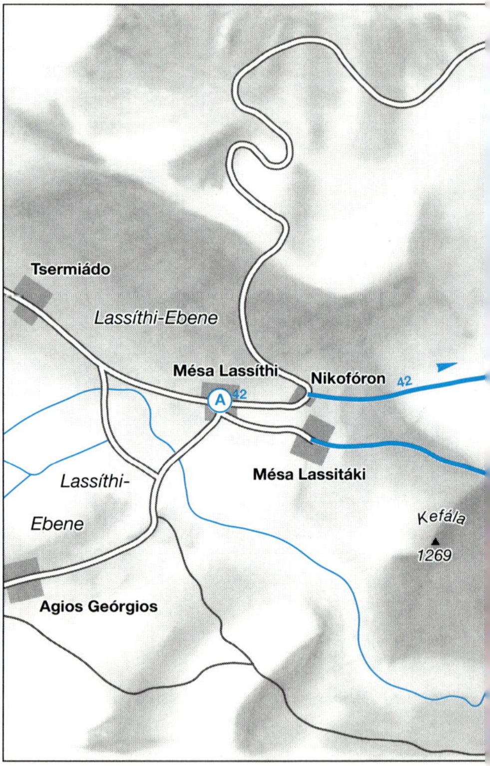

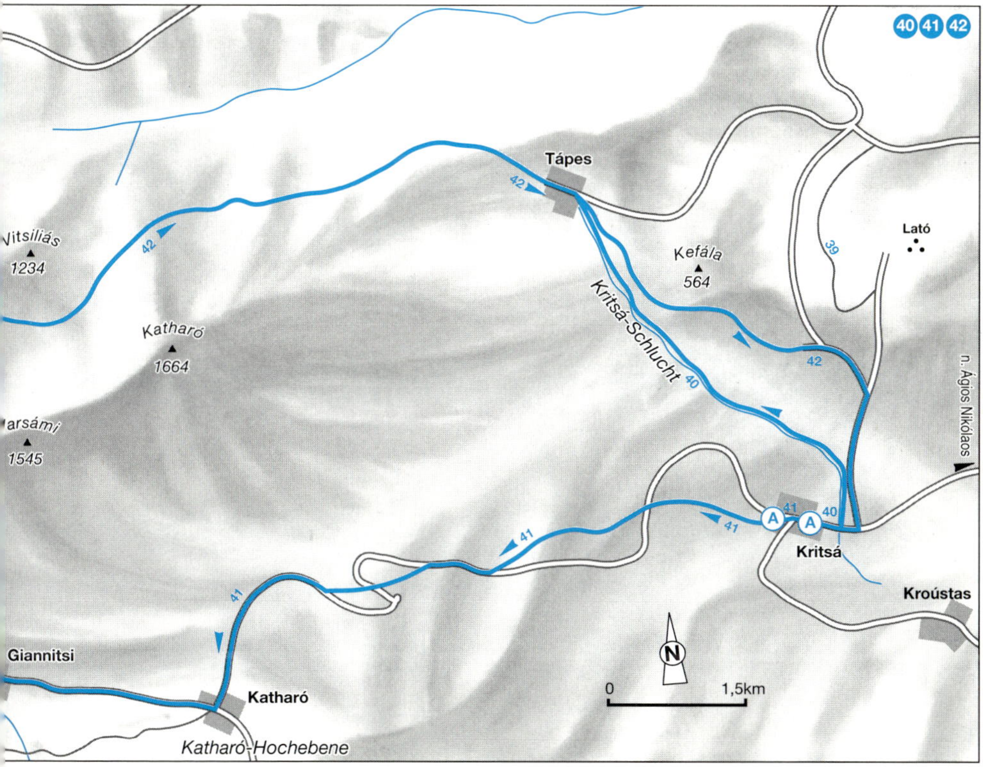
40 41 42
Tápes
Vitsiliás
1234
Kefála
564
Lató
Kritsá-Schlucht
Katharó
1664
arsámi
1545
n. Ágios Nikólaos
Kritsá
Kroústas
Giannitsi
Katharó
Katharó-Hochebene
0
1,5km
N

rassen aufwärts. Nach ca. 1 Stunde wieder links auf die Fahrstraße (*blaue Pfeile*). Wir gehen auf dieser 5 Minuten und biegen dann links in einen Pfad ein. Eine halbe Stunde auf diesem, dann wieder den Fahrweg kreuzen.

Die Wegfindung gestaltet sich jetzt etwas schwierig. Der Weg führt durch eine bizarre Landschaft von verwitterten Steineichenbüschen und phantastischen Felsgebilden. Er verläuft danach in einem **Taleinschnitt** nach oben, bis er wieder auf die Straße trifft (sollten die Markierungen nicht verbessert werden, so ist es sicherer und bequemer, der Fahrstraße zu folgen. Die letzte große Straßenschleife sollte aber auf alle Fälle gekürzt werden). Nach 4 Stunden erreichen wir schließlich auf der Straße eine **Paßhöhe**. Eine halbe Stunde später sind wir in der Ebene. Den Fahrweg rechts nehmen.

Die ersten Häuser von **Katharó**, ein Brunnen direkt bei der Kapelle, ein Kafeníon. Bewohnt ist die Ebene nur im Sommer, im Winter liegt auf dem 1100 Meter hohen Plateau Schnee. Angebaut wird Wein, auch ein guter *Kefalotiri* (Kopfkäse) kommt von hier. Links von uns wird die Katharó-Ebene von den bis weit ins Frühjahr schneebedeckten Gipfeln des Lázaros (2085 m) und des Díkti (2148 m) abgeriegelt. Der Weg am Rande der landwirtschaftlich genutzten Ebene dauert eine Stunde. Man folgt der Straße geradeaus; nach einer halben Stunde geht es an einer weiteren Kapelle und einer Zisterne vorbei.

Im Dorf **Giannítsi** gehen wir bei einer Fahrweggabelung *rechts*. Nach 10 Minuten zweigt rechts ein Pfad ab (*Markierung*). An einer Schlucht geht es rechts vorbei. Der Weg führt durch ein Felsenlabyrinth, ist aber gut markiert. Nach einer langen terrassierten Ebene steigt der Pfad leicht an, bis der nordwestliche Rand der Katharó-Ebene den Blick auf die Lassíthi-Ebene mit ihren Feldern und Obstbäumen freigibt. Die vielen Windmühlen, die man auf alten Fotografien noch sehen kann, sind inzwischen Dieselpumpen gewichen. In der Ebene verstreut viele Dörfer. Von oben sieht das aus wie ein Spinnennetz, das die Felder, Hecken, Baumreihen und Wege miteinander bilden.

Oben der Markierung nach *rechts* folgen und dann auf der rechten Seite eines Einschnittes abwärts. Über abfallende Terrassen erreichen wir schließlich die Ebene. 15 Minuten sind es bis **Mésa Lassitáki** und weitere 15 Minuten bis **Mésa Lassíthi**. Übernachtungsmöglichkeiten gab es bislang in den beiden Dörfern noch nicht, so daß wir den Bus nach Tsermiádo oder Ágios Geórgios nehmen müssen, falls wir nicht nochmals eine Stunde laufen wollen.

Nützliche Informationen

Kartenskizze: Auf Seite 148/149.
Ausgangspunkt: *Kritsá*. Wanderung führt nicht zum Ausgangspunkt zurück.
Gehzeiten: Ca. 7 bis 8 Std.; Kritsá – Katharó: 4½ Std.; Katharó – Paß Lassíthi-Ebene: 1¾ Std.; Abstieg zur Lassíthi-Ebene: 1 Std.; bis Mésa Lassíthi: ½ Std.
Verkehrsverbindungen: Ágios Nikólaos – Kritsá: siehe Tour 39; Ágios Nikólaos – Lassíthi-Ebene – Diktaion-Höhle: 8.30, 14.00 Uhr (an Sonn- und Feiertagen: 8.30 Uhr); Diktaion-Höhle – Ágios Nikólaos: 7.00, 14.00 Uhr (an Sonn- und Feiertagen: 14.00 Uhr). Lassíthi-Ebene – Mállia – Iráklion: siehe Tour 37.
Übernachtungsmöglichkeiten und Tavernentips: Ágios Nikólaos und Kritsá: siehe Tour 39. Lassíthi-Ebene: siehe Tour 37.
Verpflegung: Katharó: einfache Taverne (nur im Sommer geöffnet).
Sehens- und Wissenwertes: • Kritsá: *Kirche Panagía i Kerá* (die Mutter Gottes, die Herrin) aus dem 13. bis 15. Jahrhundert, gut erhaltene Fresken; mehrere byzantinische Kirchen. • Lassíthi-Ebene: *Diktäische Grotte* (Kultstätte), *Höhle von Trápeza.*
• Ágios Geórgios: *Volkskundemuseum.*

Hunderte von Windmühlen pumpten bis vor wenigen Jahren das Grundwasser für die Felder der Lassíthi-Ebene hoch. Seither leisten diese Arbeit Dieselpumpen. Pflügende Esel sind aber durchaus noch anzutreffen.

42 Von der Lassíthi-Ebene nach Kritsá

Tourencharakter: Unschwierige, aber etwas Ausdauer und Orientierungssinn erfordernde Wanderung.
Beste Jahreszeit: Frühjahr und Herbst. Im Sommer sehr heiß.
Reine Gehzeit: 6¼ Std.
Markierung: Keine.
Höhenunterschied: Aufstieg 330 m, Abstieg 830 m.

Der Wegverlauf

Wir verlassen **Mésa Lassíthi** auf der Straße nach *Ágios Nikólaos* und kommen durch das Dorf **Nikofóron**. Wir durchschreiten das Dorf. 20 Minuten nach Beginn unserer Wanderung verlassen wir die Hauptstraße und gehen in einer *Haarnadelkurve* nach rechts. Ein Schotterweg führt nach unten und ein **Maultierpfad** aufwärts. Wir benutzen letzteren für 15 Minuten und treffen auf einen Fahrweg (rechts). Zurück bietet sich ein schöner Blick auf die Lassíthi-Ebene und die Berge des Díkti-Massivs: Lázaros und Aféndis Chrístos.

Der harmonische Baukörper der Kerá-Kirche bei Kritsá ist in Jahrhunderten gewachsen. Die drei Kirchenschiffe enthalten die vollständigsten byzantinischen Freskenzyklen Kretas.

Der Weg macht einen langen Linksbogen aufwärts, links unterhalb erscheint das Potámi-Tal. Nach 50 Minuten erreichen wir eine **Kapelle** aus Stein, bei der das Kreuz oben fehlt. Den Pfad auf der Apsisseite der Kapelle abwärts. Nach 12 Minuten kommt von rechts wieder der Fahrweg dazu. Nach weiteren 7 Minuten gabelt sich der Fahrweg: links weiter. Nach 1 Minute gabelt sich der Fahrweg nochmals: diesmal nach rechts, oben durch einen *Maschendrahtzaun*. Links unterhalb liegt eine fast von den Felsen verborgene **Mandra** (Hirtenunterstand) über einem tiefen Taleinschnitt.

Wir gehen immer den Fahrweg weiter, bis wir nach 1½ Stunden auf eine graue **Kapelle** stoßen. 300 Meter weiter finden wir eine **Tränke**, in die frisches Quellwasser sprudelt. An dieser links vorbei und kurz darauf dem breiten Schotterweg folgen, der langsam bergan führt. Bald können wir weit drüben die Straße erkennen, die zur Lassíthi-Ebene hinaufführt.

Die Schotterstraße geht nach ca. 2 Stunden in einen Pfad über (im Tal gegenüber liegt jetzt *Potámi*), zuerst etwas ansteigend, dann fast auf gleicher Höhe bleibend. Nach dem Queren eines *Geröllfeldes* auf ein Mauerwerk (**Brunnenhaus**) zu. Nochmals eine *Rinne* queren (Vorsicht bei Nässe!). Nach weiteren 10 Minuten bietet sich ein atemberaubender Blick auf den Mirabello-Golf, Spinalonga und Ágios Nikólaos. Der Weg führt genau in Richtung Ágios Nikólaos und schlängelt sich rechts unterhalb der Felsen des *Vitsílias* (1234 m) abwärts. Eine **Steinhütte** wird rechts sichtbar, bevor die Kirche von *Tápes* unten erscheint. Kurz darauf durch einen *Maschendrahtzaun*. Wir gehen am linken Rand eines Taleinschnitts den gut sichtbaren Weg abwärts. An einem *Zaun* abwärts erreichen wir den Beginn eines Feldweges. Wir folgen diesem (zweimal abkürzen in Kehren) bis in den Ort.

Wir gehen die Straße an der Kirche vorbei durch **Tápes** und finden am Ausgang des zweiten Ortsteils ein Kafeníon, in dem man auch eine Kleinigkeit essen kann. Dann am *Kafeníon* vorbei zwischen den Häusern abwärts, bis sich der Weg teilt. Wir gehen nach rechts den Weg ins Tal. Der Pfad führt durch ein *Bachbett* auf einen Fahrweg nach rechts. (Im Bachbett ist es möglich, in ca. 2 Stunden durch die **Kritsá-Schlucht** nach Kritsá zu wandern.) Der Fahrweg geht wieder in einen Pfad über und steigt an. Nach wenigen Minuten durch ein *Maschendrahtgatter*. Der alte Weg führt jetzt weit oberhalb des langgezogenen Taleinschnittes.

Eine halbe Stunde nach dem Verlassen von Tápes kommen wir abermals durch ein *Gatter* und bald darauf an einem *Gebäude* vorbei. Den jetzt beginnenden Fahrweg gehen wir immer geradeaus. Auf dem abwärts führenden Weg können wir bald die breite Fahrstraße nach Lató erkennen, die wir 1¼ Stunden nach Tápes erreichen und auf der wir den Rest des Weges bis **Kritsá** zurücklegen.

Nützliche Informationen

Kartenskizze: Auf Seite 148/149.
Ausgangspunkt: *Mésa Lassíthi.*
Gehzeiten: Insgesamt 6¼ Std.; Mésa Lassíthi – 1. Kapelle: 1 Std.; 1. Kapelle – 2. Kapelle/Tränke: 45 Min.; 2. Kapelle – Brunnenhaus/Geröllfeld: 1 Std.; Brunnenhaus – Paßhöhe: 15 Min.; Paßhöhe – Tápes: 1½ Std.; Tápes – Fahrweg Lató/Kritsá: 1¼ Std.; auf dem Fahrweg bis Kritsá: ½ Std. Durch die Kritsá-Schlucht nach Kritsá: 1¾ Std.
Busverbindungen: Siehe Tour 39.
Übernachtungsmöglichkeiten: Pension *Milos,* Sarolidou-Str. 24, Tel. (0841) 23783; Pension *Linda,* Salaminos Str. 3, Tel. (0841) 22130; *Jugendherberge:* Strategou-Koraka-Str. 5, Tel. 22823. Kritsá: Rooms Kritsopoula.
Taverntips: Ágios Nikólaos; *Trata Restaurant,* Sfakianaki-Str.; Ikaros, Uferstraße.
Verpflegung: Tápes: Kafeníon.
Weitere Informationen: Siehe Touren 37, 39, 40, 41.

43 Von Eloúnda nach Pláka

Tourencharakter: Technisch unschwierige Auf- und Abstiegswanderung mit herrlichen Ausblicken.
Sonnenschutz, Trinkwasser und feste Schuhe notwendig.
Beste Jahreszeit: Frühjahr und Herbst. Das ganze Jahr über möglich.
Reine Gehzeit: 3¼ Std.
Markierung: Keine.
Höhenunterschied: 330 m.

Der **Mirabello-Golf** und die **Küste** zwischen Ágios Nikólaos und Eloúnda gehörten mit zu den ersten Regionen Kretas, die vom Tourismus erschlossen wurden. Einige Hotels der Luxusklasse entdeckten die bilderbuchhaft schöne Bucht für sich, und noch immer empfehlen sich diese Hotels für Gipfelgespräche von Staatsgästen und für internationale Kongresse. Die Bademöglichkeiten sind dagegen eher beschränkt.

Zauberhafte Blicke auf den Mirabello-Golf bieten die folgenden beiden Wanderungen im noch ursprünglichen Hinterland. Auf alten Maultierpfaden, oft zwischen alten Mauern aus Legesteinen eingegraben, bieten sich herrliche Ausblicke auf das im Sonnenlicht gleißende Meer und die venezianische Festungsinsel **Spinalonga**, die Anfang des Jahrhunderts als Quarantäneinsel für Leprakranke diente. **Pláka** markiert das Ende des Küstenabschnitts von Ágios Nikólaos und Eloúnda. Der kleine Ort hat einen ruhigen Kiesstrand mit familiären Tavernen, wo hauptsächlich Privatzimmer zu relativ günstigen Preisen vermietet werden.

Der Wegverlauf

Unsere Wanderung beginnt an der Bushaltestelle im **Zentrum von Eloúnda**. Wir nehmen die Straße nach Páno Eloúnda, die links von Kirche und Uhrturm entlangführt. Die Straße nach Mavrikianó, die kurz vor dem Ortsende rechts abgeht, lassen wir unberücksichtigt und bleiben auf der Hauptstraße. Über uns können wir schon das obere Eloúnda, Páno Eloúnda, erblicken. Vorbei am Ortsschild von **Páno Eloúnda** biegen wir links einwärts in eine Betonstraße, die zwischen Steinmauern verläuft. Dann durch eine Unterführung und rechts hoch in den Ort. Durch den Ort schreitend, an zwei Kafenía und einem Períptero (Kiosk) vorbei, biegen wir rechts in eine Straße mit gelbem Briefkasten ein und gehen weiter geradeaus durch den Ort. Am nördlichen Dorfausgang angekommen, bringt uns links ein betonierter Weg wieder hinauf auf die Teerstraße.

Wir überqueren diese und steigen einen gegenüberliegenden Weg hoch. 3 Minuten später überqueren wir die Straße nochmals. Im Rückblick genießen wir die Aussicht auf den mit der Morgensonne verschmolzenen Mirabello-Golf. Wir steigen stetig den Maultierpfad aufwärts, bis dieser auf einen breiteren Weg trifft. Hier nach links, bis wir bei mehreren alten **Windmühlen** auf einem Bergrücken angelangt sind.

Wir gehen geradeaus weiter auf einem Betonweg abwärts zur Teerstraße. Diese wird überquert und einige Häuser des Ortes **Pinés** passiert. Der betonierte Weg geht schließlich in einen gepflasterten über. Eine

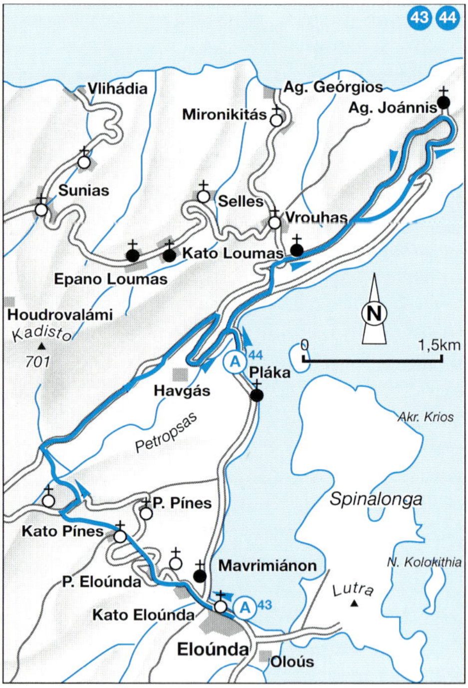

Auf einem Bergrücken entdeckt man die zumeist verlassenen Häuser des Ortes Havgás kurz vor Pláka, dem Ziel der Wanderung.

Abzweigung vom Hauptweg nach links lassen wir unberücksichtigt. Bei der nächsten Verzweigung steigen wir links hoch, bis wir wieder auf der Straße ankommen.

Wir schwenken in die Straße rechts ein und gehen diese abwärts. Nach einem Kurvenschild links einen zwischen Mauern verlaufenden, gepflasterten Weg aufwärts. Nach 1 Minute gabelt sich der Weg, hier links und bald darauf bei einer weiteren Gabelung rechts. Dann wieder abwärts, wo wir auf einen Fahrweg stoßen, in den wir links einbiegen. Wir gehen 2 Minuten auf diesem, dann rechts auf einer Schotterstraße in eine **Senke.** Gleich bei der ersten Abzweigung links zwischen Drahtzäunen einen schmalen Pfad aufwärts, dann entlang des linken Drahtzaunes, zuerst etwas abwärts, dann zwischen Salbei und Ginstersträuchern hoch.

Nach einem Rechtsbogen läßt es sich wieder gemächlicher zwischen Legesteinmauern hochwandern. Bei einer Weggabelung nach links, wo wir nach 10 Metern auf einen Fahrweg treffen, in den wir rechts einschwenken. Wir können jetzt durch den V-Ausschnitt einer Schlucht auf das Meer und die Insel Spinalonga blicken. Auf dem Bergrücken davor sehen wir die verlassenen Häuser von **Havgás**.

An den Häusern von Havgás auf dem betonierten Weg weiter, bis dieser in eine Schotterstraße übergeht. 30 Meter nach dem betonierten Wegstück nach rechts in einen Maultierpfad. Teilweise verwachsene Wegstücke können umgangen werden. Wir kommen wieder auf den Fahrweg und bleiben auf diesem bis zur Teerstraße. In diese rechts einschwenkend bis **Pláka**.

Nützliche Informationen

Ausgangspunkt: Hauptplatz von Eloúnda. Wanderung führt nicht zum Ausgangspunkt zurück.
Gehzeiten: Insgesamt 3¼ Std.; Eloúnda – Pinés: 1 Std.; Pinés – Havgás: 1½ Std.; Havgás – Pláka: ¾ Std.
Verkehrsverbindungen: Busverkehr Ágios Nikólaos – Eloúnda: stündlich; Eloúnda – Pláka: sechsmal täglich in der Saison.
Übernachtungstips: Eloúnda: *Kalypso*

(Hauptplatz neben der Kirche), Tel. (08 41) 41367, *Akti Olous*, Tel. 41270. Die meisten Privatzimmer gibt es im Ortsteil hinter der Kirche. Pláka: Privatzimmer; Jugendherberge: Ágios Nikólaos, Strategou-Koraka-Str. 5, Tel. (08 41) 22823.
Taverntips: *Eloúnda:* Tavernen am Hauptplatz und der Uferpromenade. *Pláka:* Taverne Spinalonga (Tel. 41804).
Post/Geldwechsel: Eloúnda.
Taxi, Leihwagen und Zweiräder: Eloúnda.
Sehens- und Wissenswertes: • Ágios Nikólaos: Archäologisches Museum.
• Ausflugsboote nach Spinalonga.

44 Von Pláka zum Kap Ágios Ioánnis

Tourencharakter: Oberhalb von Pláka hat man den schönsten Blick über den Mirabello-Golf überhaupt. Nach anfangs steilem Aufstieg schöne Rundwanderung mit Blick aufs Meer. Sonnenschutz, Trinkwasser und feste Schuhe mitnehmen.
Beste Jahreszeit: Frühjahr und Herbst. Das ganze Jahr über möglich.
Reine Gehzeit: 3½ Std.
Markierung: Keine.
Höhenunterschied: 300 m.

Der Wegverlauf

Von der Bushaltestelle in **Pláka** gehen wir die Straße aus dem Ort heraus (der Kiesstrand bleibt rechts). Bei der Linkskurve am Ortsende geht nach rechts ein Schotterweg ab. Kurz darauf gabelt sich der Weg. Wir nehmen den **linken Weg** aufwärts, wo wir nach 25 Minuten die Teerstraße erreichen. Wir gehen ca. 300 Meter auf dieser und biegen bei der ersten Haarnadelkurve abermals auf den Schotterweg, auf dem wir weiter bergauf steigen, bis wir nochmals auf die Teerstraße kommen. Bald darauf tauchen vor uns **Windmühlen** sowie ein Kirchlein auf.

Auf einer Betonpiste davor rechts ab (Schild »Ágios Ioánnis«) und hin zu einer **Vermessungsstele**, wo wir einen gigantischen Ausblick genießen können. In der Sonne gleißend, wie von einer Bleihaut überzogen, liegt Kretas schönste Meeresbucht unter uns; eingestreut die Spinalonga-Inseln, die von den Thrípti-Bergen umrahmt werden.

Wir können uns nur schwer entschließen aufzustehen, gehen dann die Betonpiste weiter, einer Telefonleitung folgend, an einer **Kapelle** vorbei, auf eine Bergkuppe zu.

Nach ca. 1 Stunde Gehzeit seit Beginn unserer Wanderung zweigt ein Pfad rechts von der betonierten Piste ab (vor einer Linkskurve) und geht zwischen Legesteinmauern

Der Mirabello-Golf mit Pláka (im Vordergrund) und der Festungsinsel Spinalonga.

leicht bergab. Der Weg wird dann etwas undeutlicher, verläuft aber in der gleichen Richtung weiter und trifft schließlich auf eine Schotterstraße. Auf dieser langsam in einem Linksbogen den Hügel aufwärts. Nach einer Rechtskurve oberhalb einer Schlucht kommen wir auf einer Schotterstraße zur Kapelle **Ágios Ioánnis**. Von hier haben wir einen Blick weit hinaus auf das Kretische Meer.

Von Ágios Ioánnis gehen wir die Schotterstraße zurück in Richtung auf eine vor uns befindliche **Sendeanlage** zu. Wir gehen die Straße immer geradeaus, bis wir wieder auf die Teerstraße bei den Windmühlen treffen. Dann den bekannten Weg zurück nach **Pláka**.

Nützliche Informationen

Kartenskizze: Auf Seite 154.
Ausgangspunkt: Bushaltestelle in Pláka.
Gehzeiten: Insgesamt 3½ Std.; Pláka – Windmühlen: 40 Min.; Windmühlen – Ágios Ioánnis: 1¼ Std.; Ágios Ioánnis – Windmühlen: 1 Std.; Windmühlen – Pláka: ½ Std.
Verkehrsverbindungen: Busverkehr Ágios Nikólaos – Eloúnda: stündlich; Eloúnda – Pláka: sechsmal täglich in der Saison.
Tavernentips: *Eloúnda:* Tavernen am Hauptplatz und der Uferpromenade. *Pláka:* Taverne Spinalonga (Tel. 41804).
Weitere Informationen: Siehe Tour 43.

45 Von der Lassíthi-Ebene auf den Díkti (2148 m)

Tourencharakter: Anspruchsvolle Bergtour, die Ausdauer, Trittsicherheit und Orientierungssinn verlangt.
Beste Jahreszeit: Spätes Frühjahr, Sommer und Herbst. Im Hochsommer sehr heiß.
Reine Gehzeit: 8 Std.
Markierung: Steinmännchen, gelbe Punkte. Teilweise »E 4«-Tafeln.
Höhenunterschied: Aufstieg 1600 m, Abstieg 1600 m.

Ausgangspunkt für unsere Bergtour auf den höchsten Gipfel des Díkti-Gebirges ist das Dorf **Avrakóndes**, am südlichen Rand der Lassíthi-Ebene, 800 Meter hoch gelegen.

Der Wegverlauf

Am **Dorfplatz** des kleinen Ortes, der außer einem sehr störenden Durchgangsverkehr wegen der nahen Diktaion-Höhle kaum etwas vom Tourismus hat, führt gegenüber einem Kafeníon eine Straße an den *südlichen Ortsrand* und endet 200 Meter nach dem letzten Haus. Dort beginnt ein alter **Schotterweg,** der sich in dem Taleinschnitt nach oben zieht, teilweise noch gut erhalten und teilweise nur als Fußspur zu sehen. *Steinmännchen* zeigen vereinzelt die Richtung an, der Weg folgt aber immer dem Talverlauf nach oben. Eine neuausgeschobene Straße wird nur überquert. Nach 40 Minuten erreichen wir eine flache Senke, der wir Richtung *Süden* folgen, auf das schon vor uns liegende Bergmassiv des **Díkti** zu. Der Weg verliert sich wieder, aber wir halten weiter auf den Díkti zu.

Über einen kleinen Hügel hinauf. Wir treffen hier auf einen gut erhaltenen alten Weg, der von links, von Osten, herführt. Unter uns breitet sich eine große Ebene aus. Ab hier regelmäßig Markierungstafeln für den **»E4«**. Bis hierher sind wir 1 Stunde gegangen.

Am rechten Rand der Ebene zieht sich ein Fahrweg leicht ansteigend über die breite Ebene bis zu einem **Gehöft** in der Mitte. Die Ebene ist im unteren Teil bewirtschaftet, im oberen Teil besteht sie fast nur aus Geröllflächen, die vom steil aufragenden Bergmassiv des Díkti herunterkommen.

Nach einem kurzen Abstieg geht es am rechten Rand der Ebene leicht bergauf, vorbei an der kleinen Kapelle **Agía Pnevma**, auf den südlichen Rand der Hochebene. An dem Kirchlein haben wir eine Höhe von 1100 Metern erreicht, noch gut 1000 Höhenmeter bis zum Gipfel. Ab der Kirche finden wir regelmäßig gesetzte **Steinmännchen, gelbe Markierungspunkte** und **»E 4«-Tafeln.**

Vorbei an den landwirtschaftlichen Gebäuden zieht sich der Weg jetzt auf einen Taleinschnitt zu; gut 45 Minuten Gehzeit

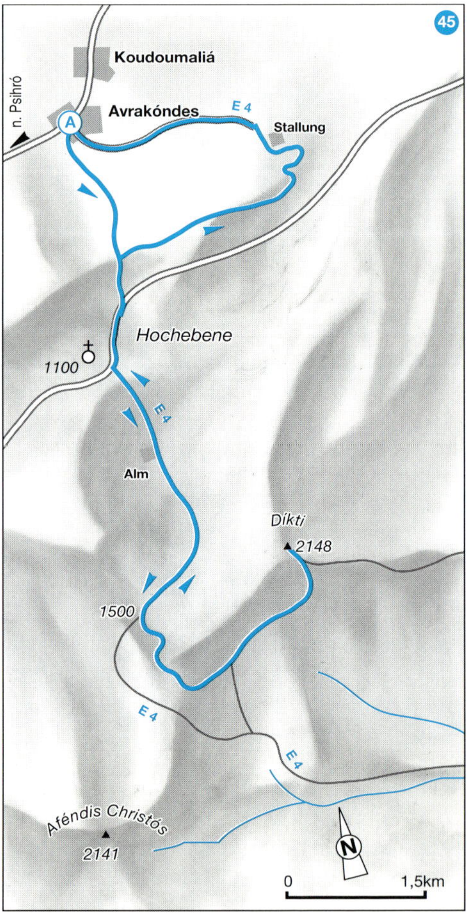

Beim Aufstieg zum Díkti eröffnen sich weite Ausblicke auf die Lassíthi-Ebene. Auf dem Höhenrücken in Bildmitte ist der Wegverlauf des »E4« gut erkennbar.

braucht man für die Durchquerung der Ebene. Immer den Markierungspunkten und dem jetzt deutlichen Weg folgend, steiler hinauf, über einen Moränenrücken bis zu einem flachen **Sattel** auf 1500 Meter. Vor uns, Richtung Südwest, reiht sich Hügel an Hügel, kleine Senken, Krater, ein äußerst unübersichtliches Gelände, durch das sich der mit »E4«-Tafeln markierte Verbindungsweg zur **Alm Selákano** zieht. 2 bis 3 Stunden Gehzeit muß man bis zur Alm rechnen.

Der Aufstieg zum Díkti erfolgt ab dem Sattel über den steilen *Westhang* und erreicht bei 1820 Metern den Gratrücken. Die Wegspuren sind nur sehr spärlich, hin und wieder eine *Markierung*. Dieser Hang ist sehr mühsam zu gehen. Dafür wird der Ausblick immer schöner, vor allem auf die Hochebene hinab. Auf dem anfangs noch sehr breiten Gratrücken und später durch die Südflanke erreichen wir im Schotter und teilweise über Felsen den Gipfel des **Díkti** bei 2148 Meter. 2 Stunden Gehzeit ab dem Sattel.

Der Rundblick ist grandios von hier oben. Die Lassíthi-Ebene im Norden, das unwegsame Berggelände im Südosten und das Massiv des Aféndis Christós im Südwesten beherrschen die Szenerie. Unter uns, auf der Südseite des Díkti, verläuft am linken Rand dieses Tales der Verbindungsweg zur Alp Selákano. Er führt links oberhalb der beiden Täler, die sich als Schlucht nach unten fortsetzen, vorbei und zieht sich abwärts in das bewaldete Almgelände hinein.

Für den Rückweg nach *Avrakóndes* wählen wir für das letzte Stück den markierten »E4«-Weg, der etwas länger, dafür aber wesentlich schöner ist. Nachdem wir die Hochebene wieder überquert haben und den flachen *Hügel* erstiegen haben, finden wir den alten, gut erhaltenen, zum Teil **gepflasterten Weg**. Er führt hinab in die nächste Senke und dann östlich auf den oberen Rand der Hügelkette, die die Lassíthi-Ebene begrenzt, zu. Von hier aus ein sehr schöner Blick auf die Ebene, die Dörfer, die Felder, alles im milden Abendlicht. Dieser alte Weg zieht sich in vielen Kehren hinab zu den grünen Wiesen, die das Dorf **Avrakóndes** einrahmen. Die letzten 20 Minuten ab einem *Schafstall*, an dem der Fußweg endet, folgen wir der **Fahrstraße,** die über einen weiten Bogen das Dorf erreicht.

Wer diesen Weg als Aufstiegsweg benutzen möchte, muß im Dorf, wenige Meter vor dem Ende der Dorfstraße, links die einzige *Seitenstraße* hineingehen und immer diesem Wirtschaftsweg folgen, bis zu dem besagten Schafstall. Direkt vor ihm, rechts durch die Schafkoppel, auf den alten gut sichtbaren Weg.

Nützliche Informationen

Ausgangspunkt: *Avrakóndes* (800 m) auf der Lassíthi-Ebene. Wanderung führt zum Ausgangspunkt zurück. Für diese anstrengende Bergtour ist entsprechende Ausrüstung, vor allem gute Schuhe und genügend Getränke, mitzunehmen. Die Orientierung ist nur am Anfang etwas schwierig.
Gehzeiten: Insgesamt 8 Std.; Aufstieg: 4½ Std.; Avrakóndes – Hochebene: 1 Std.; Durchquerung der Ebene: 45 Min.; südlicher Rand der Ebene – Sattel (1500 m): 45 Min.;

Nach einer guten Stunde ab Christós wird die weitläufige Alm Selákano auf etwa 1000 Meter Höhe erreicht. Hier gedeihen Kernobst, Wein und Nußbäume.

ab Sattel über den Westhang: 1 Std.; über den Gratrücken zum Gipfel: 1 Std.; Abstieg: 3½ Std.; Gipfel – Beginn des alten Weges: 2 Std.; alter Weg bis Avrakóndes: 1½ Std.
Verkehrsverbindungen: Siehe Touren 37, 41.
Tavernentips: Kamináki: *Tasos;* Magoulá: *Manoussákis;* Psihró: *Plátanos, Stavrós;* Kafenía in Avrakóndes und Kamináki.
Übernachtungsmöglichkeiten: Siehe Tour 37; Zimmer in Magoulá (bei Manoussákis), Tel. (08 44) 3 16 72, und Kamináki.

46 Von der Alm Selákano in das Díkti-Massiv

Die Besteigung des Lázaros

Tourencharakter: Anspruchsvolle Bergtour. Entsprechende Ausrüstung, Kondition und Trittsicherheit sowie Orientierungsfähigkeit sind notwendig. Große Höhenunterschiede.
Beste Jahreszeit: Frühjahr bis Frühsommer und Herbst. Im Sommer sehr heiß. Nach einem schneereichen Winter erst im Frühsommer möglich.
Reine Gehzeit: 9 bis 10½ Std.
Markierung: Gelbe und rote Markierung, Steinmännchen. Teilweise »E 4«-Tafeln.
Höhenunterschied: Aufstieg 1600 m, Abstieg 1600 m.

Ausgangspunkt für Bergtouren im Díkti-Massiv von Süden aus ist die knapp 1000 Meter hoch gelegene **Alm Selákano**. Sie befindet sich in einem großen Hochtal, in dem Wein, Birnen, Äpfel und Walnüsse angebaut werden; es ist außerdem für seinen Wasserreichtum bekannt.

Beginn unserer Wanderung ist der kleine Ort **Christós**, der am besten von Ierápetra aus über Anatolí/Máles (Busendstation) erreicht wird. Da der Ort sehr abgelegen ist, empfiehlt sich aber doch die Anfahrt mit dem eigenen Auto. Zwei Almstraßen, die zur Not auch mit dem Auto befahren werden können, führen nach Selákano; die erste, längere, beginnt kurz nach Máles, die zweite am Dorfanfang von Christós.

Der Wegverlauf

An der *Schule* vorbei zieht sich die Straße den Südhang in Serpentinen nach oben. Die erste lange Kehre läßt sich durch einen *rotmarkierten Steig* abkürzen. Tief über einer Schlucht umfährt die Straße den Hügel, quert eine enge Felspassage und zieht Richtung Westen auf das hügelige Almgebiet zu. Immer wieder kommen uns Bauern mit bepackten Eseln und Ziegenherden entgegen. Nur ein Teil der Almbewohner bleibt den ganzen Sommer über oben. Die meiste Zeit wandern wir im Schatten von großen Kiefern. Unter uns rauscht ein mächtiger Bach; nach 1¼ Stunden erreichen wir die **Alm Selákano**. Verstreut liegen die vielen kleinen Häuser unter großen Kiefern, Äpfel- und Birnbäumen, dazwischen Wein- und Gemüsefelder. Überall rauscht und gurgelt das Wasser.

Von der Alm Selákano auf den Lázaros (2085 m)

Die Bergbesteigungen im Díktigebirge erfordern eine gute Ausrüstung: Bergschuhe oder Trekkingschuhe, Wind- und Regenschutz, Schutz vor der Sonne und vor allem genügend zu trinken (2 Liter pro Person und Tag). Die An- bzw. Abstiege führen oft weglos in steiles, unübersichtliches Gelände; einzelne Kletterpassagen können vorkommen.

Dafür sind es die schönsten Erlebnisse, diese einsamen Hochregionen mit ihrem unbeschreiblichen Rundblick zu erleben.

Unmittelbar vor dem ersten Gebäude weist ein »E 4«-Schild links aufwärts. Der Fahrweg führt an den verstreut liegenden Häusern und Gärten vorbei, nach oben zum **Gemeindehaus** (mit Telefon!). Über den betonierten Vorplatz, auf eine in der Fahrbahn stehende große Kiefer zu und ca. 100 Meter danach von der Straße rechts ab, über ein Feld geradeaus in ein kleines Seitental hinein. Der alte Weg führt rechts unterhalb von unbewohnten alten Gebäuden vorbei und folgt einem schmalen, ausgetrockneten Bachbett (gelbe Markierung). Der Fußweg erreicht wieder eine breitere Straße, die nach links zieht. Wir gehen nach rechts, er-

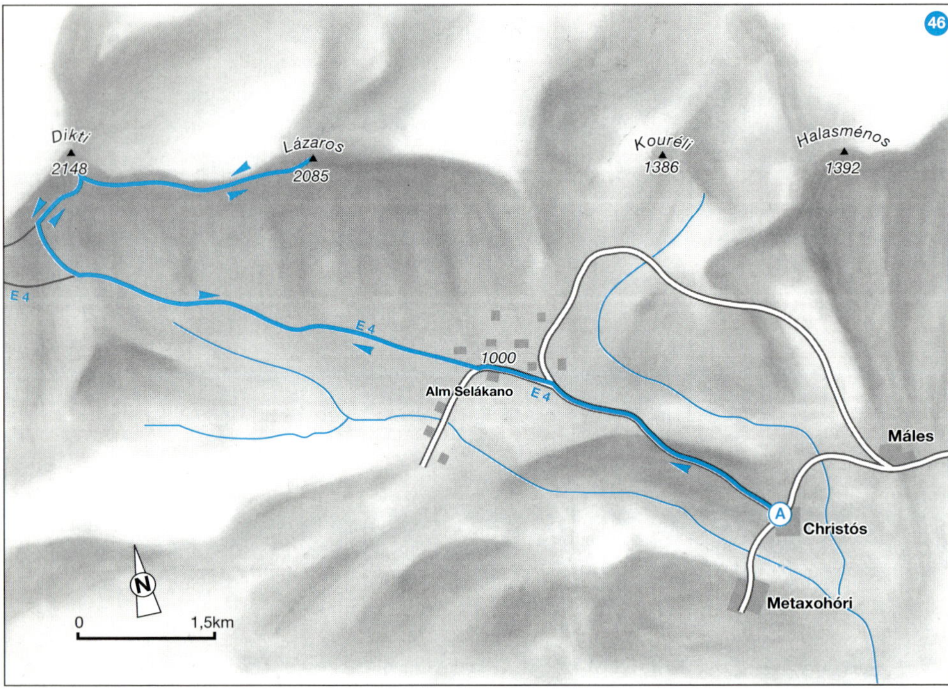

klimmen eine etwa 1½ Meter hohe Böschung und folgen dort dem Weg etwa 150 Meter bis zu einer **Geländeterrasse**. Hier links nach oben, nach 50 Metern wieder rechts auf den Fußweg (»E4«-Schild). Nun über einen Hang aufwärts, durch ein Gatter und links die Schotterstraße entlang. An der nächsten Abzweigung gehen wir geradeaus und kommen durch lichten Nadelwald mit vielen verkohlten Stämmen. Links vor uns ist das Bergmassiv des Aféndis Christós schön zu sehen. Die Schotterstraße zieht sich in einem leichten Rechtsbogen nach oben, der schmale Weg mit gelber Markierung biegt links ab, einen Schotterhang hinauf, überquert eine Straße und folgt der nächsten Straße weiter aufwärts. Nach 15 Minuten, in einer engen Rechtskurve, gehen wir nach links in den deutlich schlechteren Weg, der kurz darauf auf einem Feld endet (1½ Stunden Gehzeit seit der Alm).

Am linken Feldrand geht es erst ein Stück leicht bergab, dann weiter teils im Geröll des Bachbettes, teils über sehr steinigem Boden unter großen Bäumen bergauf. An auffallenden, glatten Felsformationen führt uns der Weg vorbei, um sich dann in einigen Windungen den steilen Hang hinaufzuziehen. Wir erreichen auf 1500 Metern einen **Felsgrat**, bewachsen mit hohen, kräftigen Eichen, ein idealer Pausenplatz. 10 Minuten später am Wegrand ein altes **Wasserbecken** mit kleiner Quelle und wieder mit schönem Blick auf das Bergmassiv des Aféndis Christós. Der Weg führt nun oft im Schatten der hohen Bäume, meist in felsigem Gelände bergauf; etwas später links vor uns **Steinhütten**, ein flacher Sattel und weiter am freien Hang entlang, an einer gefaßten Quelle vorbei zu einem flachen Geländesattel. Hier auf 1700 Meter Höhe, am letzten Baum, ein kleiner ebener Platz mit weitem Blick voraus, links der Aféndis Christós und rechts der Díkti. Nochmals ein kurzer Abstieg, durch Karstsenken und Mulden hinauf zum Geländesattel auf 1820 Meter, wo mit ca. 200 Meter Abstand, am höchsten Punkt des Verbindungsweges Selákano – Lassíthi, zwei »E4«-Markierungsstangen stehen. Hier verlassen wir den Weg.

Über die breite Südflanke des **Díkti** gehen wir jetzt ein Stück weglos rechts hinauf. Wir steigen Richtung Nordwesten auf den flachen Westrücken des Díkti zu und erreichen auf dem breiten Rücken den Aufstiegsweg von Lassíthi (Tour 45). Ihm folgen wir bis zum Gipfel des Díkti (1 Stunde 15 Minuten ab der letzten »E4«-Tafel). Vom Gipfel des Díkti geht es eine halbe Stunde lang Richtung Osten, über Blockgeröll und Felsen, den schmalen Grat leicht bergab auf die immer breiter werdende Senke zwischen Díkti und Lázaros zu.

Eine weitere halbe Stunde braucht man für den weglosen Aufstieg über Geröll und Felsbänder und weiter über das fast ebene Gipfelplateau zum südwestlichsten Punkt, dem Gipfel des **Lázaros** (2085 m).

Gleicher Rückweg über den Gipfel des Díkti hinab zum Verbindungsweg und entweder zurück nach Selákano oder in nördlicher Richtung wie in Tour 45 zur Lassíthi-Ebene.

Nützliche Informationen

i

Ausgangspunkt: *Máles* bzw. *Christós*, wegen der Abgelegenheit nur mit einem privaten Fahrzeug zu erreichen.
Gehzeiten: Insgesamt 9 bis 10½ Std.; Christós – Alm Selákano: 1 Std. 15 Min.; Alm Selákano – Straßenende: 1 Std. 15 Min; Straßenende – Felsgrat: 1 Std. 15 Min.; Felsgrat – Sattel: 1 Std. 15 Min.; Aufstieg Díkti: 1 Std. 15 Min.; Díkti – Lázaros: 1 Std.; Rückweg – Christós: 4 bis 4½ Std.
Verkehrsverbindungen: Von Ierápetra aus Busverbindung bis Máles. Busverbindung Ierápetra – Gourniá – Ágios Nikólaos: siehe Tour 48.
Tavernentips: Máles: einfache Tavernen und Kafenía; Christós: Kafeníon; Alm Selákano: Kafeníon mit Magazin (einfache Einkaufsmöglichkeit) und Taverne (nur während der Saison).
Übernachtungsmöglichkeit: Siehe Tour 47.
Einkaufsmöglichkeit: Máles und Christós.
Sehens- und Wissenwertes: • Kirche *Panajía Messohorítissa* in Máles (antikes Málla). • Bei *Mírtos* Grabungen aus der Zeit um 1600 v. Chr. und frühminoische Siedlung 2600 bis 2200 v. Chr.

47 Durch die Sarakínas-Schlucht

Tourencharakter: Kurze, aber imponierende Schluchtwanderung.
Beste Jahreszeit: Sommer und Herbst. Im Winter und Frühjahr wasserführend.
Reine Gehzeit: 1½ Std.
Markierung: Keine.
Höhenunterschied: 50 m.

Von Ierápetra führt eine Straße die Südküste entlang nach **Mírtos** (14 km). Bei km 10,5 entdeckte der englische Archäologe P. Warren auf einem 66 Meter hohen Hügel, der als »Fournoú Korphí« bekannt ist (Aufstieg über einen Pfad an der Westseite), eine Siedlung aus frühminoischer Zeit (2500–2000 v. Chr.).

Ungefähr 90 Räume wurden freigelegt, in denen Vasen, Siegelsteine, Bronzegeräte, Webgewichte, Steingefäße und Werkzeuge gefunden wurden.

Kurz vor dem Ortseingang von Mírtos führt ein beschilderter Pfad nach rechts zur zweiten minoischen Siedlung in **Pyrgos.** Die Siedlung wurde in frühminoischer Zeit gegründet und erlebte während der gesamten minoischen Epoche zahlreiche Bauphasen.

Bei Ausgrabungen auf der Kuppe des Hügels durch den englischen Archäologen G. Cadoggan wurde ein großes Megaron (Hauptraum) aus der Zeit der Neuen Paläste (1600 v. Chr.) freigelegt.

Mírtos selbst ist ein überschaubarer Ferienort mit kleinen Hotels und genügend Privatzimmern.

Die folgende Wanderung ist gerade für jene Leute interessant, die in Ierápetra oder noch besser in Mírtos ihren Urlaub verbringen. Falls aber jemand mit einem Fahrzeug unterwegs ist, sollte er sich diese lohnende Kurzwanderung nicht entgehen lassen. Von Ierápetra fährt man die Hauptstraße in Richtung *Mírtos* und weiter bis zum Dorf **Míthi**.

Von dort geht es in Richtung **Máles** weiter, bis die Straße zu einem Flußbett hinabführt. Bei der **Staumauer** beginnt unsere Wanderung schluchtaufwärts.

Der Wegverlauf

Zehn Meter über der Staumauer gibt es einen **Betonkanal** (ehemaliger Mühlenkanal – die Ruine der Mühle ist nahe der Straße noch erhalten), den wir soweit es geht benutzen, um vorwärtszukommen. Bald darauf gelangt man zu einem **Felsdurchbruch**, und wer weiter durch die Schlucht will, dem bleibt keine andere Wahl, als die Schuhe auszuziehen und durch das kalte Wasser zu waten, und das mehr als einmal. Im Hochsommer kann es ein erfrischender Spaziergang werden. Besonders im Frühjahr, während der Schneeschmelze, ist das Wasser von den Bergen des Díkti-Massivs aber noch eisig und die Strömung stark. Man muß dann über einige glatte Steinblöcke klettern, was das Gefühl einer abenteuerlichen Schluchtdurchquerung steigert.

Landschaftlich ist diese Klamm mit den engen, hohen Schluchtwänden dem Durchbruch der Samariá-Schlucht an ihrer engsten Stelle bestimmt ebenbürtig.

Nach ca. einer Stunde ist der schwierigste Teil geschafft. Die Schlucht weitet sich; steigt man rechts empor, erreicht man auf einem Schotterweg wieder die Fahrstraße nach **Máles**, auf der man rechts einbiegend wieder zum Ausgangspunkt kommt. Und wer noch ein wenig Zeit hat auf dem Rückweg, kann in der Taverne »*The Prison of Sokrates*« eine Kleinigkeit zu sich nehmen.

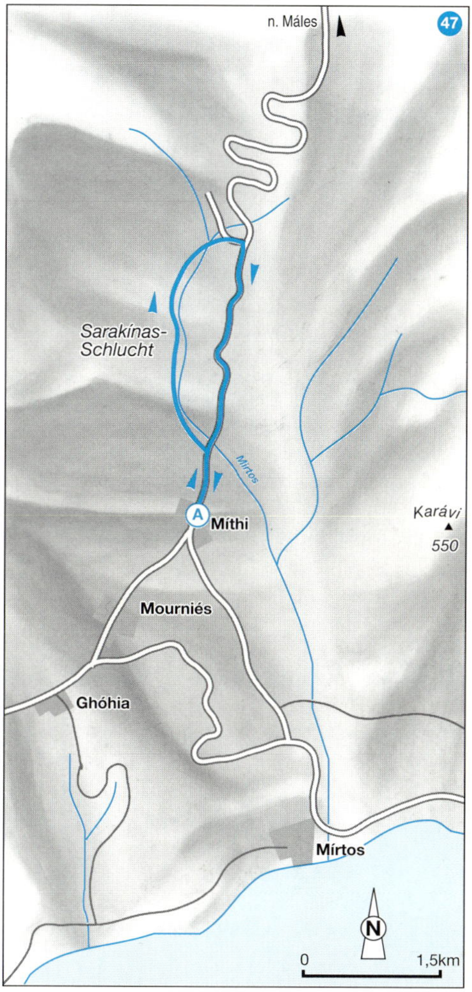

Nützliche Informationen

Ausgangspunkt: *Míthi* bei *Mírtos* (ca. 12 km nach Ierápetra). Wanderung führt zum Ausgangspunkt zurück.
Gehzeit: Insgesamt 1½ Std.
Ausrüstung: Für die Wasserstrecken ist es günstig, ein zweites Paar Schuhe (Turnschuhe, Badeschuhe) mitzunehmen.
Verkehrsverbindungen: Mit dem Bus sechsmal täglich Ierápetra – Mírtos oder Míthi.

Das Wasser der Díkti-Berge überwindet in der Sarakínas-Schlucht die letzte Barriere auf dem Weg zum Meer. Diese Klamm ist dem Durchbruch der Samariá-Schlucht an ihrer engsten Stelle gewiß ebenbürtig.

Taxi, Leihautos und Zweiräder: Ierápetra.
Übernachtungsmöglichkeiten: Mírtos: *Esperides*, Tel. (0842) 51207; *Rent Rooms Jorgos; Camping Ierápetra* und *Camping Koutsounari* 9 km östlich von Ierápetra.
Tavernentips: Mírtos: Taverne *Votzalo* (an der Uferpromenade) und *Beach Café* (östliches Ende der Uferpromenade); Míthi: Kafeníon, Taverne »*The Prison of Sokrates*«.
Einkaufsmöglichkeiten, Bäckerei: Mírtos.
Sehens- und Wissenwertes: • *Venezianisches Kastell* in Ierápetra. • Hügel »*Pyrgos*«: Reste einer Villa (1600 v. Chr.). • 2 km östlich davon »*Trouli*«: Siedlung (2600 bis 2200 v. Chr.). • Máles: *Kirche Panajía Messohorítissa* (Fresken von 1413).

In steilen Kehren zieht der gut erhaltene Pflasterweg von dem Dorf Kavoússi zu der Alm Thriptí hinauf. Je höher man steigt, desto mehr weitet sich der Blick über den Mirabello-Golf bis zum entfernten Ágios Nikólaos.

48 Von Kavoússi auf die Alm Thriptí und nach Monastiráki

Auf den Aféndis Stavroménos

Tourencharakter: Ausdauer erfordernde Bergtour mit unschwieriger Gipfelbesteigung. Zum Teil in weglosem Gelände. Beim Abstieg nach Monastiráki Orientierungssinn notwendig.
Beste Jahreszeit: Frühjahr (wegen der Bergblüte). Während des ganzen Jahres möglich:
Reine Gehzeit: 6 bis 10 Std.
Markierung: Rot.
Höhenunterschied: 720 m, mit Besteigung des Aféndis Stavroménos 1375 m.

Nach der Straßenabzweigung Ágios Nikólaos – Sitía – Ierápetra ist **Kavoússi** das nächste Dorf in Richtung Sitía. Es liegt am Fuß der steilen Nordwestflanke der Thriptí-Berge, deren höchster der Aféndis Stavroménos (1475 m) ist.

Der Wegverlauf

Unser Weg beginnt an der **Kirchenrückseite** entlang der maulbeerbestandenen Dorfstraße nach Süden bis zu einem *Kiosk,* bei dem man links abbiegt (»Odos Moutsáki«). Die nächste Gasse nach rechts (»Odos Dermitsáki«) hoch bis zum oberen Südende des Dorfes, an einem Kirchlein (rechts) und Brunnen vorbei, entlang an einer offenen **Wasserleitung** einen breiten gepflasterten Weg nach oben. Der Weg ist rot markiert. Ein Fahrweg zum Dorf Thriptí wird einige

Male geschnitten, unser Pflasterweg zieht sich auf der rechten Seite der Schlucht nach oben. Herrliche Ausblicke eröffnen sich von hier auf den Mirabello-Golf, auf die Häuser des Dorfes Kavoússi und auf Ágios Nikólaos in der Ferne.

Durch die Pracht der vielen wildwachsenden Blumen und Sträucher ist der Weg im Frühjahr (März) besonders schön. Neben den kleinen Orchideen- und Lilienarten, die vereinzelt am Wegrand stehen, wachsen lila Anemonen, Zistrosen, Thymian und Salbei.

Nach ca. 1½ Stunden gabelt sich der Pflasterweg. Wir sind bereits weit oben, die rote Markierung weist nach links. Der Weg führt weiter bergan, inmitten schmaler Weinterrassen; ein Tiefblick auf die Insel Psíra wird frei. Nach ca. 2 Stunden erreicht man einen **Paß** (820 m), dahinter die markante Berggestalt des **Aféndis Stavroménos**. Hier treffen wir wieder auf den Fahrweg und folgen ihm links (ca. 20 Min.), bis vor den ersten **Steinhütten** eine Abzweigung nach rechts weggeht. Etwas hinauf, 5 Minuten darauf einen Fahrweg kreuzen und durch einen Taleinschnitt zum Dorf. Bei der ersten Fahrweggabelung im Dorf: rechts = Monastiráki; geradeaus = *Aufstieg*.

Besteigung des Aféndis Stavroménos

Das Bergdorf **Thriptí**, das auf etwa 800 Meter Höhe am Fuße des Nordwesthanges des Aféndis Stavroménos liegt, ist der Ausgangspunkt der Besteigung des Aféndis. Die ersten zwei Drittel des Weges sind vom Dorf aus gut einzusehen. Er zieht sich durch Felder und Terrassen an einem Nordwesthang hinauf, durch einen kleinen Kiefernwald und weiter durch den von unten schwierig erscheinenden Felsgürtel.

Am westlichen Ortsrand, kurz bevor die

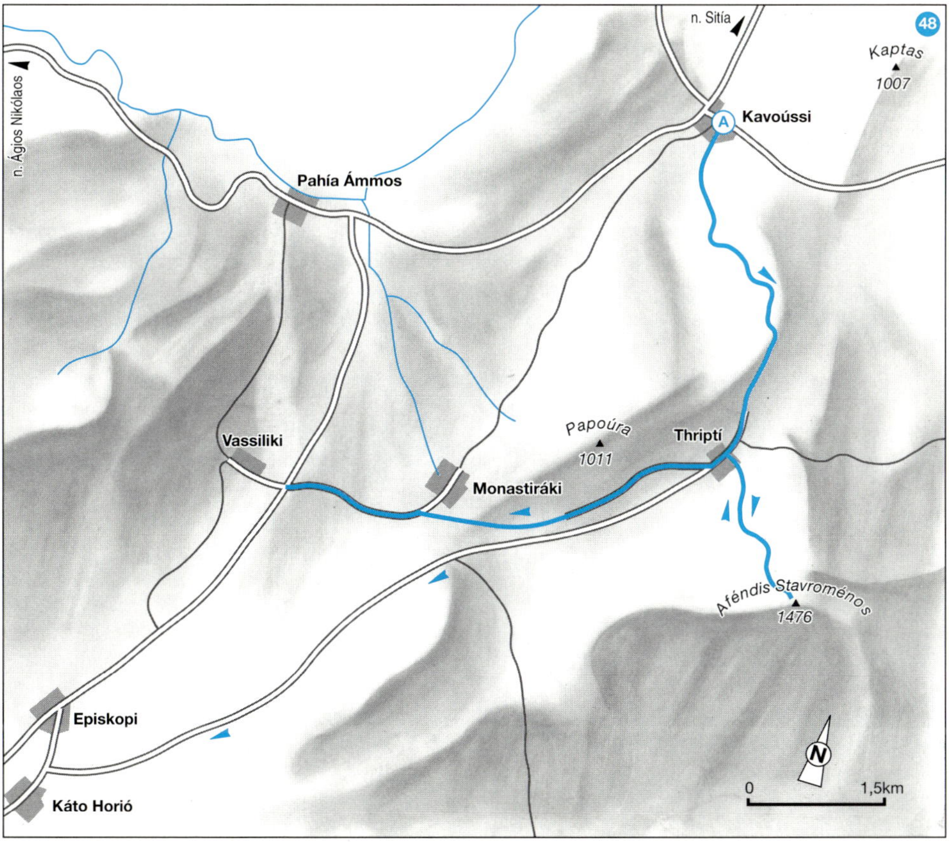

Blick hinab in die Monastiráki-Schlucht.

Straße nach *Káto Horió* beginnt, liegt ein kleiner **Parkplatz** (Wasserhahn und Trog). Von hier führt ein Fahrweg auf gleichbleibender Höhe von den Häusern der Westseite zu den Häusern der Ostseite. Nach ca. 5 Minuten steigt ein Weg **(rote Markierung)** steil nach oben bis zum *höchstgelegenen Haus* unter dem Waldrand. Ein Leser teilte uns allerdings mit, daß der Weg zum höchstgelegenen Haus kaum noch begehbar ist, da die Weinberge verwildern. Mittlerweile führt eine langweilige Fahrstraße zum höchstgelegenen Haus.

Nach einer halben Stunde Aufstieg geht es durch Kiefernwald. Verschiedene Arten des Knabenkrauts, kleine Alpenveilchen und Irisarten gedeihen hier. Nach einer weiteren halben Stunde endet der Wald, und es geht weiter über Geröll und Fels bergauf. Der Weg ist deutlich und gut markiert. Nachdem der erste Aufschwung überwunden ist, wird der Weg ebener, überquert eine kleine Ebene, bis er beim zweiten Bergaufschwung wieder steil nach oben führt.

Seit kurzem ist der Gipfel auch über einen Fahrweg von der gegenüberliegenden Seite zu erreichen. Durch die Straßenbauarbeiten ist der markierte Weg teilweise unbegehbar geworden. Deshalb benutzen wir von der kleinen Ebene bis zum Gipfel die **Straße.**

Der Blick erstreckt sich nun über den ganzen Mirabello-Golf bis nach Ágios Nikólaos, zur Insel Spinalonga und auf die Berge des Díkti. Nach 1½ bis 2 Stunden sind wir bei der Kapelle **»Aféndis Stavroménos«** (gekreuzigter Herr) auf dem **Gipfel** (1476 m) angekommen. Jetzt ist die Aussicht auf die beiden Meere Kretas überwältigend.

Zur Zeit der Traubenernte, wenn die Alm Thriptí von vielen Bergbauern bevölkert ist, wird jedes Jahr am 14. September das Kirchweih-Fest gefeiert. Bereits am Vorabend pilgern viele Bewohner der umliegenden Dörfer mit Maultieren auf den Gipfel und verbringen die Nacht und den nächsten Tag dort oben mit Meßfeiern, Musik, Essen, Trinken und Tanz.

Wir genießen noch eine Weile den Blick von der Kapelle aus über die Insel und steigen dann gemütlich auf dem Wallfahrtsweg wieder hinab bis zur **Alm Thriptí**.

Weg nach Monastiráki

Der Weg abwärts beginnt an einem kleinen Parkplatz am westlichen Ortsrand von Thriptí. Hier fängt auch der **Fahrweg nach Káto Horió** an, das man sich alternativ als Tagesziel wählen kann.

Nach 1 Minute zweigen wir von diesem bei einem unter einem Telefonmast befindlichen Häuschen nach rechts (grüne Markierung) ab und kommen über eine abwärtsziehende Senke auf die andere Hangseite. Nach 5 Minuten zwischen Brunnenhäusern hindurch und wieder auf einem Fahrweg auf der linken Schluchtseite abwärts. Nach etwa 10 Minuten geht es durch Kiefernwald. Die Gegend ist sehr wasserreich, deshalb auch die riesigen Myrtensträucher und Efeugewächse. Bei einer Gabelung rechts (kleine kubische Häuschen in Obstgärten rechts).

Nach etwa 1 Stunde Gehzeit liegt der tiefe Einschnitt der **Monastiráki-Schlucht** vor uns, kurz bevor links ein kleines **Kirchlein** (Agía Anna) am Wegrand kommt.

50 Meter danach nehmen wir bei einer Gabelung den Pfad rechts. 5 Minuten später,

bei einer weiteren Gabelung wieder rechts (*Betonsockel*). **Pahía Ámmos** erscheint kurze Zeit darauf im Blickfeld. Queren eines schmalen Bachbetts und kurzes Ansteigen des Pfades über eine Kuppe (jetzt wird der Blick auch auf das Libysche Meer frei).

Nach fast 2 Stunden machen Geländeveränderungen durch Terrassierungsarbeiten die Wegfindung schwierig. Den Weg bei den **unteren Terrassen** nach *links* suchen! (Wenn man den Weg oben links geht, erreicht man die Fahrstraße nach Káto Horió). Nachdem wir den Weg gefunden haben, müssen wir nur noch bei *Oleanderbüschen* achtgeben – hier und bei der nächsten Gabelung rechts–, der weitere Wegverlauf ist dann nicht mehr schwierig. Nach 3 Stunden Abstieg erreichen wir die Straße nach **Pahía Ámmos**.

Nützliche Informationen

Ausgangspunkt: *Kavoússi* (Straße Ágios Nikólaos – Sitía). Wanderung führt nicht zum Ausgangspunkt zurück.
Gehzeiten: 6 bis 10 Std.; Kavoússi – Alm Thriptí: 2½ bis 3 Std.; Alm Thriptí – Aféndis Stavroménos – Alm Thriptí: 3 Std.; Alm Thriptí – Monastiráki: 3 Std.; Alm Thriptí – Káto Horió: 3½ Std.
Verkehrsverbindungen: Nach Kavoússi: Hauptbuslinie Ágios Nikólaos – Sitía: (6.30, 9.00, 10.00, 11.00, 12.00, 14.00, 15.30, 19.00 Uhr), Sitía – Ágios Nikólaos (6.45, 9.15, 11.30, 12.15, 13.30, 14.15, 16.15, 19.30 Uhr); Ágios Nikólaos – Gourniá – Ierápetra (6.30, 9.00, 10.00, 11.00, 12.00, 13.00, 14.30, 15.30, 17.00, 18.30, 20.00 Uhr); Ierápetra – Gourniá – Ágios Nikólaos (6.30, 8.30, 10.30, 11.30, 13.30, 14.30, 15.30, 16.30, 17.30, 19.20 Uhr). Monastiráki und Káto Horió liegen jeweils 2 km von der Hauptbuslinie nach Ierápetra.
Übernachtungsmöglichkeiten: Kavoússi: *Michalis Perwolarakis*, Tel. (0842) 945557 (an der Hauptstraße); *Pahía Ámmos* (an der Straßenabzweigung von Ágios Nikólaos nach Ierápetra): *Golden Beach*, Tel. (0842) 93278 (direkt am Strand) und in Ierápetra. Auf der Alm Thriptí nach Absprache.
Taxi: Pahía Ámmos.
Tavernen und Verpflegung: Kavoússi: Taverne *Michalis Perwolarakis* (an der Hauptstraße); Pahía Ámmos: Tavernen und Einkaufsmöglichkeit; Káto Horió: einfache Tavernen, Kafenía und Einkaufsmöglichkeit; in Thriptí ein Kafeníon (nur im Sommer).
Sehens- und Wissenwertes: • Türkischer Dorfbrunnen aus dem 19. Jahrhundert in *Káto Horió.* • Minoische Grabungen in *Vassilikí.* • Venezianisches Kastell bei Episkopí und Vassilikí. • Kuppelkirche Ágios Jorgios in *Episkopí.* • Bergkapelle Aféndis Stavroménos.

49 Von Agáthia zum Meer und durch die Hochlakiés-Schlucht

Tourencharakter: Sehr abwechslungsreiche Wanderung entlang der Ostküste. Nicht allzu schwierig.
Beste Jahreszeit: März bis Dezember. Im Sommer sehr heiß.
Reine Gehzeit: Knapp 4 Std.
Markierung: Blau (teilweise markiert).
Höhenunterschied: Aufstieg 250 m, Abstieg 150 m.

Palékastro ist ein guter Ausgangspunkt zu den Sehenswürdigkeiten des fernen Ostens von Kreta: zu den Phönixpalmen von Vái, zu dem trutzigen Kloster Toploú oder zur Ausgrabungsstelle des minoischen Palastes von Káto Zákros. Darüber hinaus liegt Palékastro im Hinterland zweier schöner sandiger Buchten, zwischen denen ein Tafelberg das Panorama bestimmt.

Das kleine Dorf **Agáthia** liegt ungefähr auf halber Strecke zwischen Palékastro und dem Strand, von vielen Olivenbäumen umgeben. Nette Zimmer gibt es sowohl in Palékastro wie auch in Agáthia, dem Ausgangspunkt unserer Wanderung.

Im Gegensatz zu der touristischen Hauptattraktion, dem **Palmenstrand von Vái**, zu dem die Touristen scharenweise gekarrt werden, führt die nachfolgende Wanderung zu einsamen Stränden, die bislang

Noch gehört die Karoúmes-Beach zu den vom Tourismus unentdeckten und daher unverbauten Buchten an der Ostküste Kretas.

vom Kommerz vergessen wurden. Und der Aufstieg durch die **Hochlakiés-Schlucht** ist fast so schön wie die Wanderung durch das Tal der Toten.

Der Wegverlauf

Wir gehen auf der Hauptstraße durch **Agáthia**, die oberhalb der Kirche den Ort verläßt und in einen Feldweg übergeht. Die erste Abzweigung nach rechts bleibt unberücksichtigt. Bei den nächsten zwei Gabelungen halten wir uns jeweils *rechts*. Der breite Weg wird schmaler, den Tafelberg im Rücken steigen wir hoch. Ein *Weidezaun* hindert uns am Weitergehen. An diesem 100 Meter rechts hoch, und wir finden ein *Gatter* (Schilfstange), dann einen deutlichen Weg den Bergrücken hoch. Der Weg verläuft in Richtung einer weißen **Kapelle**. Durch ein Gatter und eine Wiese (u. U. rechts umgehen) zur Kapelle. Unterhalb liegen zerfallene Häuser. Auf einem Fahrweg in derselben Richtung (*Süden*) weiter. Dort, wo der Fahrweg auf einen andern, aus Palékastro kommenden Fahrweg trifft, müssen wir den Zaun übersteigen. Auf dem Fahrweg hoch zu einem **Sattel** (links: markanter Felsaufbau mit Höhle). Nach dem Sattel haben wir links eine **Schlucht** mit Öffnung zum Meer. Der Weg läuft dann auf der linken Seite einer anderen Schlucht hinab zur Bucht. Bei der letzten großen Linkskurve vor der Bucht zweigt ein Pfad ab (nach 50 Meter deutliche *blaue Markierung*). Nach 1 ½ Stunden befinden wir uns in einer tollen, von Felsplatten umrandeten Badebucht. Ein paradiesischer Fleck zum Verweilen.

Der Weiterweg zur **Karoúmes-Beach** beginnt am rechten Rand dieser Bucht. Zuerst durch einen *Zaun*, dann weiter entlang der ausgewaschenen Küstenfelsen. Die *Markierungen* treten jetzt häufiger auf. Ein leicht ins Meer ragender Ausläufer wird geschnitten, von der Höhe läßt sich schon der Strand von Karoúmes sehen. Noch geht es aber durch verkarstetes Gelände an der Küste entlang, bis wir vor dem Strand eine **Steinhütte** und mit Legesteinmauern eingezäunte Parzellen erreichen.

Von der *Karoúmes-Beach* suchen wir den Weg durch die **Hochlakiés-Schlucht** zum gleichnamigen Dorf an der Straße von Palékastro nach Zákros. Wir gehen vom Strand links neben dem aus der Schlucht kommenden Bachbett einen Pfad aufwärts über eine Kuppe in die Schlucht (oder gleich das ge-

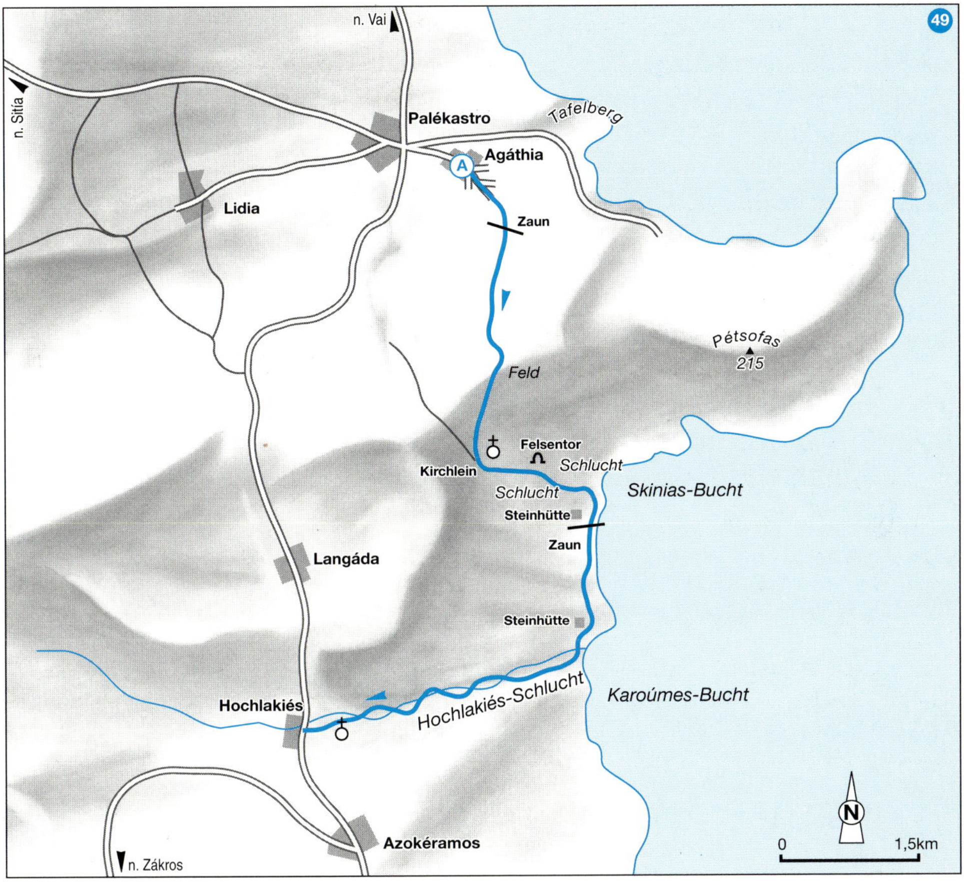

wundene Bachbett einwärts). Vereinzelte Gumpen, im Frühjahr von Tausenden Kaulquappen geschwärzt, müssen teilweise umklettert werden. Der Weg verläuft im *Bachbett,* die Hände braucht man gelegentlich für leichte Klettereien. Die Schlucht öffnet sich nach einer Stunde, und nach dem Passieren eines Gatters sehen wir die Häuser von **Hochlakiés**, die wir 20 Minuten später erreichen.

Nützliche Informationen

Ausgangspunkt: *Agáthia,* ca. 1 km von Palékastro.
Gehzeiten: Insgesamt knapp 4 Std.; Agáthia – erste Bucht: 1½ Std.; erste Bucht – Karoúmes-Beach: 1 Std.; Hochlakiés-Schlucht: 1 Std.; Weg bis Hochlakiés: 20 Min.
Verkehrsverbindungen: Busverbindungen: Sitía – Palékastro – Vái: 9.00; 11.00; 12.00; 14.00; 16.00; 17.30 Uhr in der Saison; Vái – Palékastro – Sitía: 10.00; 12.00; 13.00; 15.00; 17.30; 18.30 Uhr in der Saison; Sitía – Palékastro – Hochlakiés – Zákros zweimal täglich; Hochlakiés – Zákros: 13.30 Uhr; Hochlakiés – Sitía: 16.00 Uhr.
Übernachtungstips: In Palékastro und Agáthia findet sich eine ausreichende Anzahl guter und preiswerter Zimmer.
Tavernentips: Palékastro: am Platz zwei Tavernen; Pizzeria; zwei idyllische Tavernen am Strand rechts neben dem Tafelberg.
Sehens- und Wissenwertes: • *Kloster Toploú.* • Palmenstrand von *Vái.* • Schöne Strände zu beiden Seiten des Tafelberges (kurze Besteigung verschafft einen Überblick).

50 Durch das Tal der Toten nach Káto Zákros

Tourencharakter: Unschwierige Schluchtbegehung.
Beste Jahreszeit: Frühjahr. Das ganze Jahr über möglich. Im Sommer sehr heiß.
Reine Gehzeit: 2 bis 2½ Std.
Markierung: Rot und E 4.
Höhenunterschied: 350 m.

Schon auf der Fahrt von Sitía nach Zákros gewinnt man einen Eindruck von der Trockenheit und Öde des östlichen Kreta. In **Zákros** selbst befindet sich eine starke Quelle, welche einen großen Teil der Gegend mit Wasser versorgt. Hier entspringt auch unter schattigen Platanen der Fluß, der durch das **»Tal der Toten«** führt. Die vielen Grabhöhlen in den Felswänden des Tales führten zu dieser Bezeichnung.

Der Wegverlauf

Unser Weg beginnt in **Zákros** in der Ortsmitte. Vom Platz geht man nach links die Straße *»Ódos 25 Martíou«* hinunter, bis rechts vor der Kirche ein Weg hinabführt. Unter einem Aquädukt hindurch bis zum Südostende des Dorfes, immer an einem Wasserkanal entlang. Ungefähr nach 15 Minuten endet die Betonpiste und geht in einen Schotterweg über, auf dem wir nach ca. 50 Metern bei einer *Weggabelung links* über den Bach hinüberwechseln, leicht ansteigend an Feldern und Gemüsegärten vorbei. Nach kurzem Anstieg über einen Betonweg führt ein Pfad wieder entlang einer **Wasserleitung** in Richtung des Tales. Durch ein Gatter hindurch auf geradem Weg durch ein Grundstück. Nach dem Passieren des Zauns am anderen Ende Pfadgabelung bei einem Olivenbaum: nicht rechts hinab zum Bachlauf, sondern links leicht ansteigend den *Hangweg,* der oberhalb der Baumkronen des mit Platanen und Oleanderbüschen eingewachsenen Baches hinzieht.

Nach etwa einer halben Stunde öffnet sich ein erster imposanter Einblick in die Schlucht. Dann führt uns der Weg teilweise unter dem Schatten der Platanen am Bachlauf entlang, von links kommend gesellt sich ein Seitental hinzu. Hier queren wir den Bach auf dessen orographisch *rechte Seite.*

Wieder geht es ein Stück an einer **Wasserleitung** entlang. In den Felswänden sind viele Höhlungen zu sehen, in denen die Mino-

Das Tal der Toten erhielt seinen Namen von den Gräbern, die in minoischer Zeit in die Nischen und Höhlen der Felswände geschlagen wurden.

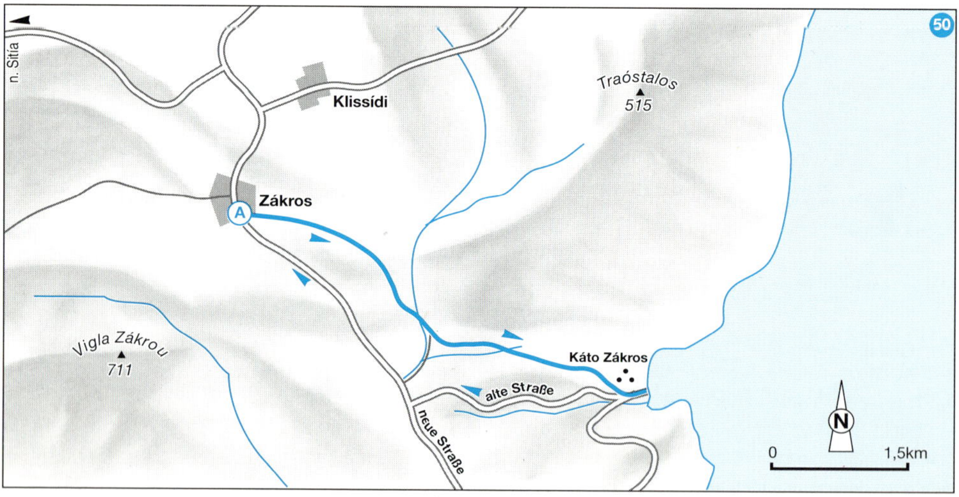

er ihre Toten bestattet haben. Sie gaben dem Tal seinen Namen. Nach ungefähr 500 Metern führt der Weg wieder hinab zum Bach und überquert diesen. Wir befinden uns jetzt in einem monströsen **Felsenkessel,** in allen vier Himmelsrichtungen von Felsen umgeben. Der Weg ist gut begehbar, leichtes Schuhwerk genügt.

Ungefähr auf halber Strecke führt ein markierter Weg rechts in ein Seitental und steil nach oben aus der Schlucht heraus – siehe Karte!

Der Bachlauf versiegt – je nach Jahreszeit – zur Gänze, um später wieder aus dem Erdreich zu sickern. Das bislang vorherrschende Plätschern und Rauschen weicht dann einer Totenstille unter den bis zu 300 Meter aufragenden Schluchtwänden. Schließlich weitet sich das Bachbett, der Weg wird steiniger, mit Büschen bewachsen. Die rötlichen Schluchtfelsen wirken zerfressen und ausgehöhlt, bevor sie ganz zurücktreten. Bananenpflanzungen schieben sich heran, dann quert ein **Fahrweg** das Bachbett.

Auf diesem nach links gehend kommen wir bald am **Ausgrabungsgelände** von Káto Zákros vorbei.

Nach Knossós, Festós und Mállia stand hier der vierte minoische Palast. Er wurde um 1600 v. Chr. erbaut und ist wie die anderen während der Naturkatastrophe um 1450 v. Chr. zerstört worden. Die Anlage ist der der anderen Paläste auf Kreta sehr ähnlich: Um einen Mittelhof gruppieren sich zwei Haupt- und zwei Nebenflügel. Der am besten erhaltene Westflügel diente kultischen Zwecken, der Ostflügel enthielt die Privatgemächer der Palastherrn, der Südflügel Werkstätten und der Nordflügel den Wirtschaftstrakt. Die Ausgrabungsgegenstände sind im Archäologischen Museum in Iráklion ausgestellt.

Vom Ausgrabungsgelände bis zum nahen Meer sind es nur 5 Minuten; die schöngelegene Bucht lädt zum Baden ein. Einige Tavernen bieten Essen und Trinken. Ein gemütlicher Platz zum Verweilen ist es vor allem im Sommer nicht, da immer wieder schubweise Touristen aus Bussen ausschwärmen. Doch bei all dem sonstigen Rummel an Kretas Küsten und Stränden hat sich Káto Zákros äußerst verhalten entwickelt.

Rückweg: Auf der Asphaltstraße kommt man nach 7 Kilometern zurück nach Zákros. Wer des Wanderns müde ist, kann sich um eine Mitfahrgelegenheit bemühen und so zurück zum höhergelegenen Ort kommen oder ein bestelltes Taxi nehmen.

Wer zu Fuß zurücklaufen und dabei einen beeindruckenden Blick von oben ins Tal der Toten werfen möchte, der sollte die **alte Straße** nach Zákros nehmen (7 km). Wir gehen den Schotterweg am Ausgrabungsgelände vorbei so weit zurück, bis dieser das aus der Schlucht kommende Bachbett in einer *Furt* quert. Weiter den sich in Kurven hochziehenden Weg aufwärts bis zum oberen Rand der Schlucht. Die Schotterstraße mündet später in die Asphaltstraße, auf der noch 2,5 Kilometer bis **Zákros** zu gehen sind.

Schattige Platanen und rotblühender Oleander säumen den Weg entlang des Baches, der von Zákros kommend durch das Tal fließt.

Nützliche Informationen i

Ausgangspunkt: *Zákros* (von Sitía erreichbar). Weg führt nicht direkt zum Ausgangspunkt zurück.
Gehzeiten: Insgesamt 2 bis 2½ Std.; Zákros – Abstieg in die Schlucht: ½ Std.; Schluchtdurchquerung: 1½ Std.; Schluchtende – Palast – Badebucht: 15 Min.; Rückweg über alte Straße: ca. 2 Std.
Verkehrsverbindungen: Busverbindung Sitía – Zákros zweimal täglich.
Taxi: Zákros (für eventuelle Rückfahrt von Káto Zákros).
Übernachtungsmöglichkeiten: Zákros: *Zákros-Hotel,* Tel. (0843) 28479; kostenloser Transfer für Hotelgäste nach Sitía oder Káto Zákros; Káto Zákros: Privatzimmer.
Tavernentips: Zákros: *Erotokritos;* Káto Zákros: mehrere Tavernen am Strand.
Einkaufsmöglichkeit: Káto Zákros.
Sehens- und Wissenswertes: • *Zákros:* starke Quelle unterhalb der Kapelle Apáno Iglesía. • *Káto Zákros:* minoischer Palast.

Anhang

Der Fernwanderweg E4 auf der Insel Kreta

Es gibt einen **Südweg,** der an der Küste entlangläuft, und einen **Nordweg,** der eher alpinen Charakter hat und durch die Inselmitte zieht. Beide Wege starten gemeinsam in Kastélli Kissamós.

Ausgangspunkt: (1) Von der Tankstelle Mamadákis an der Hauptstraße in *Kastélli* 7 Kilometer auf der Landstraße über *Grigoriána* nach *Polirrhinía.* Dort 100 Meter vor dem Ortsschild einen Fahrweg halbrechts, dann nach Westen. Bei Weggabelung den mittleren Weg und gleich nach einem großen Gebäude rechts abwärts.

Über *Galoúvas* bis zur Teerstraße nach *Lousakiés.* Fahrweg nach *Zaharianá,* dann 7 Kilometer auf der *Straße Plátanos-Sfinári.*

(2) Ab Sfinári Straße nach *Kámbos* (9 km), weiter Straße bis *Keramóti* (8 km). Schotterpiste bis *Amigdalokefáli.* 100 Meter vor dem Ortsschild in Serpentinen rechts abwärts zum Meer, dann links. Querung eines Trockenbachbetts und auf Schotterpiste bis *Hrissoskalítissas.*

(3) Von Hrissoskalítissas den im Buch beschriebenen Weg nach *Paleohóra* (Tour 7), (4) dann nach *Soúia* (Tour 8), wo sich der E4 in zwei Wege spaltet, in einen Süd- und einen Nordweg.

Südweg: (5) In *Soúia* bis zum östlichen Ende der Uferstraße, bei Trockenbachbett 150 Meter den Betonweg taleinwärts. Im Bachbett diagonal nach Nordosten, links an einem eingezäunten Gelände entlang und aufwärts über Terrassen auf Bergnase. Der Pfad verliert an Höhe und umrundet die Meeresbucht. Weiter auf und ab, dann länger aufwärts (im Wald vorbei an Bildstock, danach kleine Quelle) zum Sattel mit Kastellruine. Dann steil bergab nach Osten. Auf der Talsohle auf einer Piste rechts zum Meer (4 Std.).

An der Küste weglos ½ Stunde, dann langsam absteigend und auf fast gleicher Höhe bleibend entlang der Steilküste. Nach Durchqueren eines Trockenbachbettes und nach einigen Kiefern 90 Grad nach links. Hoch zu einem Sattel, dann abwärts bis zu einem Talgrund und zum Meer.

Weiter entlang eines 1 Kilometer langen Sandstrandes, dann wieder ins Landesinnere (6½ Std.). Einen Einschnitt aufwärts. 1 Stunde steil bergan. Nach einer Mulde Orientierung durch Steinmännchen. Weiter aufwärts um eine kleine Felsgruppe und nach Ersteigen eines Hügels leicht abwärts.

Der Pfad ist nur schmal und wird dürftig von Steinmännchen begleitet. Dann kommt eine *Schlüsselstelle:* die schwach sichtbare Spur, durch Steine gekennzeichnet, macht einen scharfen Rechtsschwenk um 315 Grad. Sie ist weiterhin mit Steinmännchen markiert. Und das ist der wunde Punkt. Dieser Pfad endet nämlich bald. Man gehe an dieser Stelle (ohne Rechtsschwenk) unbeirrt geradeaus weiter, wenn das Gelände auch weglos erscheint. Nach ca. 50 Metern sieht man wieder Markierungssteine und alte Farbzeichen. Geradeaus weiter bis zum Talgrund. Auf der anderen Seite wieder aufwärts in Serpentinen und oben links. Dann bergab bis *Agía Roúmeli.*

Der weitere Weg läuft an der Küste entlang (6) nach *Loutró* und über *Hóra Sfakíon* (7) (Tour 12) nach *Frangokástello* und (16) bis *Rodákino.*

Dort wendet sich der Weg scharf nach Norden und verläuft durch Alone-Velonadon bis *Agios Konstantínos* (17), wo er wieder nach Osten dreht. Inzwischen ist dieser Teil der nördliche Teil geworden. Er zieht weiter, bis sich die zwei Teile bei der Idäischen Grotte treffen und einen gemeinsamen Weg bis zur Ostküste bilden.

Man geht jetzt ostwärts weiter durch Kalonihtis und Áno Valsamónero nach Süden (24). Eine kurze Strecke bis *Monopari,* 1,5 Kilometer nach Osten, dann nach Nordosten bis *Kastéllo Sómatas,* dort 1 Kilometer nach Südosten, dann wieder 0,2 Kilometer, dann ca. 1,6 Kilometer nach Südosten, ein Stückchen nach Nordosten, dann nach Südosten bis *Sellion,* dann Richtung *Agía Fotíni* bis zu den Stationen Hárkia, Kavoússi (25), Moní Arkádi, Elefthérna, Prínes, Margarítes, Houmérion, Dafnédes, Mourtzaná (26).

Nach Südosten bis *Zonianá* und von dort auf der Straße bis *Anójia* (27). Von Anójia den traditionellen Weg nach *Nídha* (28), wo sich die beiden Teile treffen.

Nordweg (Alpiner Weg): (10) Von *Soúia* die Straße nach Norden bis zur Abzweigung nach *Livadas* (3 km). Dann die Straße rechts ca. 1 Kilometer bis zur Brücke. Links hinter dem Pumpenhaus die neue Piste bis zu einer Kapelle. Hier teilt sich das Tal. Rechts den leicht ansteigenden Fahrweg. *Blaue* und *rote Markierungen* führen in die Schlucht, zuerst auf einem Weg, dann im Bachbett. Nach 2½ Stunden weitet sich das Tal. Bis zur Straße und nach Agía Iríni noch ½ Stunde. Von dort weiter bis *Omalós.*

Variante: (9) Von *Soúia* die Straße nach Norden bis nach *Livadas.* Weiter die Straße nach *Koustogeráko.* Von dort Richtung *Omalós.*

Nördlich treffen sich beide Wege wieder, und gemeinsam wird die Straße bei *Omalós* überquert. Man kommt direkt auf die Schotterstraße, die von der *Kallergi-Hütte* kommt. Von der Hütte auf die *Melidao-Hochebene* (Katsiveli) (11). Man erreicht die neue Hütte Houliópoulos (2000 m) bei Svouríhti, dann östlich bis zum Dorf *Amoudári.* Von Amoudári Richtung Süden nach Ímbros (12).

Dort spaltet sich der Weg wieder. Ein Zweig läuft südwärts durch die *Ímbros-Schlucht* bis Komitádes (13), vereinigt sich mit dem südlichen Zweig des E4 bis Frangokástello, wendet sich dann wieder nördlich durch das Dorf Patsianós, hoch durch die *Kallikratianó-Schlucht* bis Kallikrátis (15), wo er sich mit dem anderen Zweig, der von Ímbros nach Kallikrátis über Ásfendos läuft, trifft (14).

Von *Kallikrátis* nach Assi Goniá und Argiroúpolis (18). Hier läuft er noch ein Stückchen nördlich, überquert nun die Straße Argiroúpolis-Episkopí zum Dorf *Káto Poros,* dann Richtung Süden ca. 2,5 Kilometer, anschließend 1,7 Kilometer nach Osten. Inzwischen kreuzt sich der E4 mit dem südlichen Zweig, der von Áno Rodákino nach *Zourídio* läuft, dreht nördlich, erreicht das Dorf *Moundrós,* dreht wieder um nach Süden/Südosten, bleibt so etwa 2,5 Kilometer, wechselt nach Osten, verläuft in dieser Richtung ca. 4 Kilometer, dreht wieder nach Südosten bis zum Dorf *Angouselianá* (19).

Weitere Stationen: Koxáre, Ágios Pelágia, Mixoroúma, Áno Mixoroúma, Spíli (20). Dann nach Südosten bis *Kíssos.* Weiter nach Nordosten und gleich ostwärts bis zum Gipfel des *Kédhros-Gebirges.* Von dort den Weg nach *Gerakári* (21) nehmen mit den Stationen Elénes, Amári, Monastiráki, Lambiótes, Visári und Foúrfouras (22).

Von hier den Pfad zur *Hütte des EOS Réthimnon* bei *Toúmbotos Prínos.* Von der Hütte hoch den Pfad bis zum Gipfel des *Tímios Stávros* (23). Ab dem Gipfel den Pfad zur Nídha-Ebene wählen. Bei der *Nídha-Grotte* treffen sich die beiden Zweige.

Der einheitliche Weg kurz vor der Nídha-Grotte biegt nach Südosten ab und erreicht nach ca. 8 Kilometer den Fuß des *Skínakas* (die letzten 2 Kilometer in Richtung Norden) (30). Hier dreht er nach Süden und verläuft durch die Schlucht *Psakofarángo* bis zur Kapelle *Ágios Ioánnis.* **Alternative:** Nídha-Ebene, Kamáres, Zarós (29a), Roúwas-Schlucht (29b). Dann nach Osten 1,5 Kilometer, nach Norden 1,5 Kilometer bis zu den Schäferhütten. Hier nach Nordosten, und nach ca. 3 Kilometer erreicht man die Hütte des *EOS Iráklion* bei *Prínos* (31).

Bei *Áno Asítes* Richtung Nordosten rund um einen Felsblock nach *Kerásia,* dann östlich nach Veneráton, Kiparissos, Prophitis Ilias. Dann zu den Ausläufern des Joúhtas, die Straße hoch zum *Joúhtas* (32) bis zum Pfad, der nach Áno Arhánes führt. Einen Bogen nördlich der Dörfer Mirthia, Moní Angaráthou (33) und Apóstoli schlagen und von dort auf der Asphaltstraße bis *Kastamonítsa* (34), dann nach Nordosten auf einem Feldweg bis zum traditionellen Pflasterweg und hinauf zur *Hochebene von Lassíthi* mit den Orten Káto Metóhi, Ágios Haralámbos, Psihró und Ágios Geórgios (35).

Von hier den Verlauf des Weges zwischen den höchsten Gipfeln des *Díkti-Massivs* auf der beigefügten Karte bis zur Ostküste von Kreta bei *Káto Zákros* verfolgen (36–41).

Der Weg war im Sommer 1995 bis zum Díkti-Massiv markiert. Es ist derzeit nicht bekannt, wann er bis Káto Zákros weitermarkiert wird.

Die Autoren haben die Erkenntnisse über den neuesten Stand der Markierungsarbeiten bis zum Redaktionsschluß dieser Auflage möglichst umfassend dargestellt. Trotz Augenschein vor Ort war es nicht möglich, den gesamten E4 zu beschreiben, weil die Arbeiten noch nicht abgeschlossen sind.

Die Autoren würden sich freuen, wenn Begeher des E4 durch Zuschriften an den Verlag zur Aktualisierung der Wegbeschreibung beitragen würden.

Die Ziffern in Klammern beziehen sich auf die »Wanderetappen des E4« auf Seite 180.

Europäischer Fernwanderweg E4

Stavrós
Bärenhöhle
Akrotiri
Gouvernéto
Horafákia
Agía Triáda
Hordáki
Plataniás
HANIÁ
Stérnes
Pateléri
Mournies
Soúdha
Nero-
kouros
Alikianos
Milonianá
Fournes
Katochóri
Kókkino Horió
Stílos
Kalíves
Gavalohóri
Thérisso
Kámbi
Neo
Horio
Kefalás
Mesklá
Thimiá
Vámos
Likotinereá
KRETISCHES MEER
Ramni
HANIÁ
Melidóni
Vrísses
RÉTHIMNON
Omalós
Tzitzifés
Missira
Pérama
Weiße Berge
Drámia
Kallergi
Kástro
2218
Kournás
Episkopí
Ebene
Vrissinas
858
E 4
Arkádi
Askifou-
Goní
Armeni
Ebene
Asi Goniá
Hochfläche
E 4
Amoudári
Samariá-
Schlucht
Katsiveli
Ag.Konstantinos
Argiroupolí
Patsós
E 4
Ímbros
Kallikrátis
Apóstoli
Thrónos
Ag.Ioánnis
Angousselis
Agia
Roúmeli
Ásfendou
RÉTHIMNON
Anópolis
Komitádes
Sellia
Gerakári
Kapsodásos
Spíli
Loutró
Hóra
Sfakíon
Ano Méros
Kédhros
1777
Rodakino
Kato
Plakiás
Asómatos
EER
Gianioú
Moni Préveli
Akoumia
Ag.Pávlos
Agía Galíni

Vrouhás
Pláka
Élasa
Spinalónga
Eloúnda
KRETISCHES MEER
Vai
Mirabello-
Golf
Moní Toplioú
Sitía
Hamiló
O Tápes
Skopi
Palékastro
Lató
ÁGIOS NIKÓLAOS
Piskokefalo
Hochlakiés
H Kritsá
atharó-
ochebene
Zákros
Kavoússi
Hrissopigi
E 4
Kaló
Horió
Aféndis
Stavroménos
1476
.Selákano
Prina
Káto Zákros
E 4
Gourniá
Thripti
Messeleri
Vassilikí
Handras
Zíros
Mona-
stiráki
LASSÍTHI
Míthi
Káto Horió
Mírtos
Goúdouras
Ierápetra
N
LIBYSCHES MEER
Koufonisi
0
10 km

Wanderetappen des E4 auf Kreta

(Stand: Sommer 1995)
In Klammern die im Buch beschriebenen Wegstücke. Mit »Etappen« sind Tagesetappen gemeint, die hier mit Nummern versehen sind.

1 Kastélli Kissamoú – Polirrhinía – Lousakiés – Sfinári. Über Grigoriana-Polirrhinía, dann NW nach Lousakiés, dann W bis 500 m vor Plátanos, dann SW bis Sfinári.

2 Sfinári – Moní Hrissoskalítissas, SO über Áno Sfinári, Amigdalokéfali, dort nach S auf Fahrweg bis zur Straße nach Hrissoskalítissas.

3 Moní Hrissoskalítissas – Elafoníssos – Paleohóra (Tour 7)

4 Paleohóra – Soúia (Tour 8)

5 Soúia – Agía Roúmeli

6 Agía Roúmeli – Loutró (Tour 12)

7 Loutró – Frangokástello (Tour 12)

8 Soúia – Agía Iríni – Omalós

9 Soúia – Koustogeráko – Omalós

10 Omalós – Samariá-Schlucht – Agía Roúmeli (Tour 9)

11 Omalós – Kallérgi – Katsivéli

12 Katsivéli – Askífou
Über Koulıópoulos, Sfouríhti, Amoudári

13 Askífou – Imbros – Frangokástello (Tour 15)
Über Komitádes

14 Askífou – Kallikrátis (Tour 16, 17)
Über Ásfendos

15 Kallikrátis – Frangokástello
Über Kallikratianó-Schlucht, Patsianós

16 Frangokástello – Káto Rodákino

17 Káto Rodákino – Ágios Konstantínos
Nach Norden über Alone-Velonadon

18 Kallikrátis – Argiroúpolis – Ágios Konstantínos
Über Assi Goniá

19 Ágios Konstantínos – Angouselianá
Über Káto Póros, Moundrós

20 Angouselianá – Spíli
Über Koxare, Agía Pelágia, Mixórouma

21 Spíli – Gerakári
Über Kíssos und den Kédhros-Gipfel

22 Gerakári – Fourfourás
Über Elénes, Amári, Monastiráki, Lambiótes, Visári

23 Fourfourás – Psiloritis – Nídha (Tour 28)
Über EOS-Hütte Toúmbotos-Prínos

24 Ágios Konstantínos – Arméni
Über Áno Valsamonero, Monopári, Kastéllos

25 Arméni – Arkádi
Über Agía Fotíni, Hárkia, Kavoússi

26 Arkádi – Garázo
Über Elefthérna, Prínes, Margarítes, Houmérion, Dafnédes, Mourtzaná

27 Garázo – Anójia
Über Zonianá

28 Anójia – Nídha

29a Nídha – Kamáres – Zarós

29b Roúwas-Schlucht

30 Nídha – Ágios Joánnis
Über Skínakas (unterhalb vorbei)

31 Ágios Joánnis – Prínos – Áno Asítes (Tour 31)

32 Áno Asítes – Arhánes
Über Karásia, Veneráton, Kiparíssos, Prophitis Elías, Joúhtas

33 Arhánes – Moní Angaráthou
Über Mírthia

34 Moní Angaráthou – Kastélli – Kastamonítsa
Über Apóstoli

35 Kastamonítsa – Káto Metóhi – Psihró – Ágios Geórgios
Über Ágios Haralámbos

36 Ágios Geórgios – Alm Selákano

37 Alm Selákano – Máles – Kalamáfka – Prína

38 Prína – Vasilikí

39 Vasilikí – Monastiráki – Hrisopigí

40 Hrisopigí – Handrás

41 Handrás – Káto Zákros (Tour 50)

Es sind noch lange nicht alle Etappen durchgehend mit den gelb-schwarzen Markierungsstangen und den Tafeln »E4« versehen.

Nützliche Informationen

Griechische Zentralen für Fremdenverkehr in Deutschland, Österreich und der Schweiz

Griechische Zentrale für Fremdenverkehr
Neue Mainzer Straße 22
60311 Frankfurt/Main
Tel. (069) 2365 61–63

Griechische Zentrale für Fremdenverkehr
Abteistraße 33
20149 Hamburg
Tel. (040) 45 44 98

Griechische Zentrale für Fremdenverkehr
Pacellistraße 5
80333 München
Tel. (089) 22 20 35–36

Griechische Zentrale für Fremdenverkehr
Wittenbergplatz 3a
10789 Berlin
Tel. (030) 2 17 62 62–3

Griechische Zentrale für Fremdenverkehr
Opernring 8
A-1010 Wien
Tel. (02 22) 5 12 53 17–18

Griechische Zentrale für Fremdenverkehr
Löwenstraße 25
CH-8001 Zürich
Tel. (01) 2 21 01 05

Touristeninformationsstellen auf Kreta

Iráklion
Xanthoudidou Str. 3
(gegenüber dem Archäologischen Museum)
Mo–Fr 8.30–14.30 Uhr
Tel. (081) 22 82 03

Ágios Nikólaos
Akti Iosif Koundourou 21 A
(am Hafen)
tgl. 8.30–22.00 Uhr
Tel. (08 41) 2 23 57

Réthimnon
Eleftheriou Venizelou Straße
(am Stadtstrand)
Mo–Fr 8.00–20.00 Uhr;
Sa u. So 8.30–14.00 Uhr
Tel. (08 31) 2 91 48

Haniá
Kriari Str. 40
Mo–Fr 8.30–15.00 Uhr
Tel. (08 21) 2 64 26, 4 26 24

Ierápetra
Rathaus
Tel. (08 42) 2 86 58

Sitía
Iroon Politechniou Platz
Tel. (08 43) 2 49 55

Ausländische Vertretungen auf Kreta

Deutsches Konsulat in Iráklion:
Zografou Str. 7
(Nähe Archäologisches Museum)
Mo–Fr 9.00–12.00 Uhr
Tel. (081) 22 62 88

Deutsches Honorarkonsulat in Haniá:
Daskalojannis Str. 64
Mo–Fr 8.00–13.00 Uhr
Tel. 5 79 44, 2 71 14

Österreichisches und Schweizer Konsulat:
Dedalou Str. 36
(in den Räumen von Cretan Holidays)
Platia Elefterias (Freiheitsplatz)
Mo–Fr 10.00–12.00 Uhr
Tel. (081) 22 33 79

Anschriften der Sektionen des griechischen Bergsteigervereins (EOS) auf Kreta

EOS Iráklion
Dhikeosínis Allee 74
Vorsitzender Herr Nikos Metaxakis
Tel. (081) 28 29 73, 22 76 09

EOS Réthimnon
Gerakari Str. 3
Vorsitzender Herr Spandidakis
(Apotheke Spandidakis)
Tel. (08 31) 2 36 66

EOS Haniá
Michelidáki Str. 3
Vorsitzender Herr Chouliopolos
Tel. (08 21) 2 43 59 (Do–Sa)

EOS Lassíthi
Vorsitzender Herr Cristoforos Papafrangakis
(Priester des Dorfes Ágios Geórgios, Lassíthi)
Tel. (08 44) 3 12 60

Pannenhilfe/Automobilklubs

ADAC-Notrufstation Athen, Mesogion 2–4
Tel. (01) 7 77 56 44

ADAC-Notrufzentrale München
Tel. von Griechenland (00 49–89) 22 22 22

Griechischer Automobilklub ELPA, Athen,
Mesogion 2
Tel. (01) 7 79 16 15

Griechischer Automobilklub ELPA, Iráklion Leoforos Knossou (Ecke Papandreou)

Griechischer Automobilklub ELPA, Haniá Leoforos Apokoronou (Ecke Skoula)

Griechischer Automobilklub ELPA, Réthimnon, Igoumenou Gavriil-Straße

Campingplätze auf Kreta

Kreis Lassíthi

Gournia Moon Camping, ca. 17 km von Ágios Nikólaos Richtung Sitía, Tel. (08 42) 9 32 43

Ierápetra Camping, 9 km östlich von Ierápetra, Tel. (08 42) 6 13 51

Camping Koutsounári, 9 km östlich von Ierápetra, Tel. (08 42) 6 12 13

Kreis Iráklion

Iráklion Camping, Ammoúda, ca. 5 km westlich von Iráklion, Tel. (0 81) 25 09 86/8

Creta Camping, Gouves, ca. 18 km östlich von Iráklion, Tel. (08 97) 4 14 00

Caravan Camping, Liménas Hersonísou, Tel. (08 97) 2 20 25

Pitsídia-Mátala Community Camping, Mátala, Tel. (08 92) 4 23 40

Kreis Réthimnon

Elisabeth Camping, Missíria, ca. 3 km östlich von Réthimnon, Tel. (08 31) 2 86 94

Camping Arcadia, Missíria, ca. 3 km östlich von Réthimnon, Tel. (08 31) 2 88 25, 2 23 61

Camping George, ca. 7 km östlich von Georgiópolis

Agía Galíni Camping, Agía Galíni, Tel. (08 32) 9 13 86

Kreis Haniá

Haniá Camping, ca. 4 km westlich von Haniá, Tel. (08 21) 5 10 90

Agía Marína Camping, ca. 9 km westlich von Haniá, Tel. (08 21) 6 85 55, 6 85 65

Georgiópolis Camping, Georgiópolis

Mythimna Camping, ca. 5 km östlich von Kastélli Kíssamos, Tel. 3 14 44, 53 18 25

Loupassis Camping, ca. 2 km östlich von Paleohóra, Tel. (08 23) 4 12 25, 4 11 30

Jugendherbergen auf Kreta

Ágios Nikólaos, Strategou Koraka Str. 5, Tel. (08 41) 2 28 23

Sitía, Therisou Str. 4, Tel. (08 43) 2 26 93

Iráklion, Vironos Str. 5, Tel. (0 81) 28 62 81, und Handakos-Str. 24, Tel. (0 81) 28 08 58, 22 51 21

Mállia, Tel. (0 81) 28 50 75, 22 41 68

Hersónissos, Thesai Plaka or Trapano, Tel. (08 97) 2 32 82

Réthimnon, Topasi Str. 45, Tel. (08 31) 2 28 48

Plakiás und Mírthios: 3 Jugendherbergen

Haniá, Drakanianoú Str. 33, Tel. (08 21) 5 35 65

Öffnungszeiten

Geschäfte: Mo, Mi und Sa von 8.30 bis 14.00 Uhr. Di, Do und Fr von 8.30 bis 13.30 Uhr und von 17.30 bis 20.30 Uhr.
Die Öffnungszeiten in den Städten können variieren, dagegen haben viele kleine Läden in den Dörfern, Souvenirgeschäfte und Reisebüros, tagein, tagaus geöffnet. Ein Allround-Angebot haben die Kioske (Batterien, Zahncreme, Schreibhefte, Zigaretten etc.).

Banken/Geldwechsel: Schalterstunden sind von Montag bis Freitag von 8.00 bis 14.00 Uhr (Geldwechsel auch bei der Post). Private Wechselstuben verlangen ca. 2% Provision.

Post: Die Öffnungszeiten sind bei den kleineren Postämtern von Montag bis Freitag 8.00 bis 14.30 Uhr; in den Städten oft bis 20.00 Uhr und samstags.

Telefon: Post und Telefon sind zwei verschiedene Einrichtungen in Griechenland und meist nicht im selben Gebäude untergebracht. Größere Orte haben ein Telefonamt (OTE), Telefonzellen gibt es kaum. Ublicherweise telefoniert man vom Kiosk, in Tavernen oder Hotels. Fragen Sie nach einem Telefon (»Pou íne éna teléfono?«) mit Zähler (»me métro«).
Die Öffnungszeiten sind in kleineren Orten 8.00–15.00 Uhr, in größeren Orten oft bis Mitternacht.

Auslandsvorwahlen: Deutschland 0049, Österreich 0043, Schweiz 0041.
Griechenland hat die Auslandsvorwahl 0030. Bei der Durchwahl entfällt die Null vor der Ortskennzahl.

Uhrzeit

In Griechenland gehen die Uhren das ganze Jahr über eine Stunde voraus. Ist es in Kreta 12.00 Uhr, dann ist es in Deutschland 11.00 Uhr.

Karten
Nach wie vor ist der Wanderer auf unzureichendes Kartenmaterial angewiesen. Aus wie auch immer motivierten militärischen Gründen erlaubt die griechische Regierung nicht die Herausgabe ihrer Karten im Maßstab 1:50000.

Folgende Kartenwerke sind erhältlich:
Kreta 1:200000. Nelles Verlag, München. Mit Höhenlinien.
Kreta 1:200000. Verlag Freytag & Berndt. Darstellung der Straßen relativ genau.
Kreta 1:80000 in 5 Blättern. Harms-ic-Verlag. Die Karten wurden 1994 in verbesserter Form, was die Wiedergabe von Straßen und Wegen betrifft, neu aufgelegt.
ADAC-Karte Kreta 1:150000. ADAC-Verlag, München

Verkehrsverbindungen von und nach Kreta

Per Flugzeug

Täglich: Athen – Haniá – Athen
Entfernung: Flugplatz Haniá – Stadtzentrum 12 km
Auskunft Tel. (0821) 27701–3

Vom Flugplatz Haniá aus bestehen Busverbindungen der Olympic-Airways mit dem Stadtzentrum Réthimnon
Auskunft Tel. (0831) 22257

Täglich: Athen – Iráklion – Athen
Entfernung: Flugplatz – Iráklion – Stadtzentrum 4,8 km
Auskunft Tel. (081) 229191

Thessaloniki – Iráklion – Thessaloniki

Rhodos – Iráklion – Rhodos

Santorini – Iráklion – Santorini (nur im Sommer)

Mykonos – Iráklion – Mykonos (nur im Sommer)

Paros – Iráklion – Paros (nur im Sommer)
Auskunft: Flugverbindungen der Olympic-Airways von/nach Iráklion Tel. (081) 229191
Buchungen: Tel. (081) 224802,
Flughafen: (081) 245644

Athen – Sitía – Athen

Kárpathos – Sitía – Kárpathos

Kássos – Sitía – Kássos

Rhodos – Sitía – Rhodos
Auskunft: Flugverbindungen der Olympic-Airways von/nach Sitía Tel. (0843) 22270

Um weitere Auskünfte wende man sich an: Olympic-Airways Athen Tel. (01) 9666666. Außerdem gibt es viele Charterflüge von europäischen Städten nach Iráklion und Haniá.

Per Schiff

Täglich Piräus – Haniá (Fahrtdauer 12 Std.) und zurück
Auskunft Tel. (0821) 89240, Hafenamt Soudas

Kastelli (Haniá) – Kíthira – Antikíthira – Monemvassía – Neapoli – Ab. Pelagia (Kíthira) – Gíthio – Piräus und zurück (einmal wöchentlich). Auskunft Tel. (0822) 22024 (Hafenamt Kastelli)

Piräus – Réthimnon und zurück
Auskunft: Schiffahrtsgesellschaft Réthimnon, Tel. (0831) 29221, Hafenamt Tel. (0831) 22276

Täglich Piräus – Iráklion (Fahrtdauer 12 Std.) und zurück. Auskunft Tel. (081) 226073, 244934, 244956 (Hafenamt Iráklion)

Von Iráklion, Réthimnon, Ágios Nikólaos und Sitía bestehen Schiffsverbindungen (im Winter und Sommer) mit den Inseln der Dodekanes und den Kykladen.

Um Auskünfte wende man sich an die folgenden Hafenämter:
Iráklion: Tel. (081) 226073, 244934, 244956
Réthimnon: Tel. (0831) 22276
Ágios Nikólaos: Tel. (0841) 22312
Sitía: Tel. (0843) 22310
Piräus: Tel. (01) 4172657, 4114785

Verkehrsverbindungen auf der Insel

Busverbindungen

Kreta verfügt über ein gut ausgebautes Straßennetz und regelmäßige Busverbindungen
a) im innerstädtischen Verkehr
b) von einer Präfekturhauptstadt zur anderen
c) zwischen den Städten und Dörfern aller Präfekturen. Karte siehe Seite 186/187.

Mietwagen

Autoverleiher findet man praktisch überall auf der Insel, mit Zweigstellen auf den Flughäfen. Bei Leihautos lohnen sich Preisvergleiche. Fragen Sie nach dem Gesamtpreis incl. Versicherung und Steuer. Nebensaisonpreise und Wochenpauschalen sind meist erheblich billiger. Besonders günstig in Iráklion in der Odos 25. Augustou. Taxis heißen auf dem Land »Agoréon«. Hier gibt es eine Preisliste mit Festpreisen, in den Städten fahren sie mit Taxameter.

Nützliche Telefonnummern in den Hauptstädten der Präfekturen

	Haniá	Réthimnon	Iráklion	Ágios Nikólaos
Vorwahl	0821	0831	081	0841
Krankenhaus	27231	27814/19	269463 269111	25221
G.Z.F. bzw. Auskunftsbüros der Gemeinde	26426 43300	29148	228203 228225 244462	22357
Hafenamt	89240 (Soúda)	22276	266073	22312
Olympic Airways	27701/3	22257	229191	22033 28929
K.T.E.L. (K.T.E.Λ.) Busstation	Innerstädtische Busse 23024 Überlandbusse 23052	22212	Innerstädische Busse 283925 KTEL Lassithi 245019 K.T.E.L. Hania 221765	22234
ELPA (EΛΠA)	26059	29950 22533 (nachts)	289440 288180	104
Polizei	24477	28156	246539 243466	22251

Klimatabelle

	niedrigste monatl. Temp.	höchste monatl. Temp.	durch-schnittl. monatl. Temp.	durch-schnittl. tägl. Sonnen-schein	Regen-fälle (Tage)
Jan.	8,5	15,5	12	4,1	16,4
Feb.	8,5	15,5	12	4,8	13,3
März	9	18	13,5	6,1	10,7
April	11,5	21,6	16,5	8,1	7
Mai	15	26	20,5	10	3,8
Juni	19	30	24,5	11,7	1,3
Juli	21,5	32	26,5	12,2	0,2
Aug.	21,5	32	26,5	11,6	0,5
Sept.	19	28	23,5	9,8	2,3
Okt.	16	24	20	6,8	7,5
Nov.	13	20	16,5	5,6	9,2
Dez.	10	18	14	4,4	14,7

Feste und Feiertage

31. Dezember/1. Januar: Den Wechsel vom alten zum neuen Jahr begehen die Griechen mit Karten- und Glücksspielen. Vor Mitternacht werden Fenster und Türen weit geöffnet, um das alte Jahr hinauszufegen und das neue Jahr hereinzulassen. Anschließend wird der Neujahrskuchen verteilt, in den eine Münze eingebacken wurde. Für den Finder bedeutet dies Glück im kommenden Jahr.

6. Januar: Zur Erinnerung an die Taufe Christi findet an diesem Tag die Segnung des Wassers statt. Zum Schluß wirft der Priester das Kreuz ins Meer, und demjenigen, der es aus dem Meer birgt, gehört der Jubel der Menge.

Karneval: Eine Woche vor Aschermittwoch. Iráklion und Réthimnon veranstalten Umzüge und Maskentreiben. Am letzten Karnevalstag sind dann alle Behörden und Geschäfte geschlossen.
Anschließend beginnt die vierzig Tage dauernde Fastenzeit, in der kein Fleisch und keine Milchprodukte gegessen werden. Wundern Sie sich als Wanderer nicht, wenn Sie in abgelegenen Dörfern nicht mal ein Stück Schafskäse bekommen. Die Fastenzeit endet an Ostern.

25. März: Nationaler Unabhängigkeitstag (Beginn des Aufstandes gegen die Türken 1821); Truppenparaden in den Städten.

Karfreitag: Gottesdienst und Kerzenprozession.

Ostersamstag: Mitternachtsgottesdienst. Der Priester bringt das neue Licht, an dem die Gläubigen ihre Kerzen entzünden. Anschließend der Jubelruf: *Christós ánesti* – Christus ist auferstanden! Große Feuer werden entzündet, und in manchen Dörfern wird der Judas (eine lebensgroße Strohpuppe) verbrannt.

Ostersonntag: Höchstes Fest der orthodoxen Kirche. Ostern ist später als in Deutschland. Nach der Messe begibt man sich zum Ostermahl; traditionell ist dies ein Osterlamm. In kleineren Dörfern wird man als Fremder oft eingeladen, an den Feierlichkeiten teilzunehmen.

1. Sonntag nach Ostern: Ágios Thomás. Festtag in Ágios Thomás (Iráklion), Kloster Vrondíssi, Mílatos-Höhle (Lassíthi), Néo Horió (Apokorónou).

23. April: Ágios Geórgios. Festtag in sehr vielen Dörfern, in denen der heilige Georg verehrt wird.

1. Mai: Hauptsächlich Ausflugstag. Überfüllte Straßen und Ausflugsziele. Blumengebinde werden an die Haustüren und auf die Kühlerhauben der Autos gesteckt.

Pfingsten: Kirchliche Feiern, meist später als in Deutschland (5 Wochen nach Ostern).

24. Juni: Sonnwendfeiern, bei denen mutige Männer durchs Feuer springen.

29. Juni: Pétros und Pávlos. Festtag in Kirchen und Dörfern, in denen diese Heiligen verehrt werden.

Zweite Julihälfte: Weinfest im Stadtpark von Réthimnon. Tänze und musikalische Darbietungen.

20. Juli: Prophet Elias. Kapellen und Kirchen, die seinen Namen tragen, liegen oft auf Hügeln, da er der Legende nach mit einem Feuerwagen zum Himmel gefahren ist.

26. Juli: Agía Paraskeví. Volksfest bei der Höhle Skotinó (Pedhiádas), Fournés (Haniá).

6. August: Metamórfosis tou Sotíros (Verklärung Christi). Prozession auf den Joúhtas (Arhánes) und in Skinés (Haniá).

15. August: Mariä Himmelfahrt. Feiern besonders im Kloster Hrissoskalítissas, Goniás bei Kolimbári (Haniá), Alíkambos Apokorónou (Haniá), Faneroméni (Gourniá). Großes Fest auch in Neápolis, in Móhos (Iráklion).

25. August: Enthauptung Johannes des Täufers. Ab dem 27. August große Wallfahrt auf der Halbinsel Rodopoú. Feste in Plataniás bei Kalíves (Haniá), Kloster Kapsás (Südküste).

31. August: Großes Fest auf der Lassíthi-Ebene.

14. September: Kreuzeserhöhung. Wallfahrten auf die Gipfelkapelle auf dem Psiloritis, auf den Aféndis Stavroménos (Kavoússi), auf den Kófinas. Feiern in Iráklion, in Alikianós (Haniá).

15. September: Wallfahrt zur Höhlenkirche westlich des Klosters Koudoumá (Asteroússia-Berge).

7. Oktober: Eremit Johannes. Kloster Gouvernéto (Haniá). Gottesdienst in der Nacht zuvor. Prozession zur tiefergelegenen Höhle beim Katholikó.

28. Oktober: Nationalfeiertag. Gedenktag an das »Nein« der griechischen Regierung zur Unterwerfung unter den italienischen Faschismus. Eintritt Griechenlands in den Zweiten Weltkrieg.

7. bis 9. November: Kretischer Nationalgedenktag, bei dem an den heldenhaften Widerstand des Klosters Arkádi gegen die Türken gedacht wird. Feierlichkeiten in Arkádi und in Réthimnon.

11. November: Heiliger Mínas. Festprozession von der Kathedrale in Iráklion.

4. Dezember: Heilige Barbara. Dorffest in Agía Varvára (Iráklion).

5. Dezember: Heiliger Sávas. Kloster Savathianón (Iráklion).

6. Dezember: Nikolaus. Feierlichkeiten in Ágios Nikólaos.

24. Dezember: Kinder ziehen singend von Haus zu Haus.

25./26. Dezember: Weihnachten. Nach Ostern höchstes Fest der orthodoxen Kirche.

Bildnachweis

Gert Hirner, München: Einband/Rückseite, 2/3, 7, 8, 24, 33, 35, 37, 39, 41, 47, 56, 57, 59, 61, 62, 63, 67, 74, 81, 82, 84, 85, 87, 89, 90, 92, 97, 98, 102, 103, 108, 112 oben, 112 unten, 114, 115, 116, 118 oben, 118 unten, 120, 121, 125, 126, 130, 139, 141, 145, 147, 149, 155, 156/157, 164, 166, 168, 170, 174.
Knut Liese, München: 9, 11, 13, 18, 20, 22, 23, 25, 27, 43, 49, 68, 79, 106, 109, 134, 136, 173.
Bildagentur Mauritius, Mittenwald: Einband/Vorderseite.
Jakob Murböck, München: 15, 28, 31, 51, 53, 71 oben, 71 unten, 77, 94, 95, 110, 123, 124, 128, 130/131, 133, 138, 142, 151, 152, 159, 160.

Die Tourenkärtchen, die Stadtpläne, die Buslinienkarten und alle Übersichtskarten wurden vom Ingenieurbüro für Kartographie Heidi Schmalfuß, München, erstellt.

Regional-und Fernbusse auf Kreta

- Linien mit häufigem Verkehr
- Auf diesen Linien kann man in der Regel am selben Tag zurückfahren
- Auf diesen Linien kann man in der Regel nicht am selben Tag zurückfahren
- sonstige Linien/Anschlußlinien
- Bootsverbindungen

nach Piräus, Lárissa
Thessaloníki
Akrotíri
Stavrós
Agía Triáda
Hordáki
Plataniás
HANIÁ
Stérnes
Vrísses
Patelári
Soúdha
Alikianos
Miloniana
Fournes
Malaxa
Kalíves
Kókkino Horió
Gavalohóri
Neo Horio
Ági Pandes
Kefalás
Vámos
Likotineréa
Thérisso
Kámbi
Thimiá
Lakki
Mesklá
Ramni
Frés
Melidóni
Vrísses
Nípos
Tzitzifés
Vafés
Embrósneros
Georgió-polis
Omalós
RÉTHIMNON
Pánorm
Péram
Pangalohóri
Loutrá
Skouloúfia
Orthé
Gerani
Frandzeskianá Metóhia
Ágios Andreas
Méssi
Eléftherna
Marga rítes
Prinés
Kournás
Episkopí
Hromonastíri
Hárkia
Arkádi
Kástellos
Arméni
Argiroúpolis
Roústika
Gouledianá
Asi Goniá
Maláki
Moúndros
Miriokéfala
Ag.Roúmeli
Karínes
Apostóli
Platani
Lambiní
Patsós
Moní Assomato
Anópolis
Loutró
Patsianós
Skalotí
Sellia
Gerakári
Amári
Viz
Spíli
Hóra Sfakíon
Frangokástello
Plakiás
Asómatos
Petrohóri
Ano Méros
Níthavri
Apodoúlo
Lefkógia
Keramés
Saktoúria
Mélambes
Agía Galíni
Skiniás
Karídi
Spinalónga
Spinalónga
Élasa
Fourní
Kastélli
Eloúnda
Vái
Lakkónia
Toplou
Sitía
Tápes
ÁGIOS NIKÓLAOS
Palékastro
Kritsá
Zákros
Kroústas
Pahía Ámmos
Gourniá
Orinó
Kalamáfka
Meseléri
Mo/Mi/Sa
Ágios Stéfanos
Mo/Sa
Zíros
Stavrós
Di/Do
Episkopí
Di/Do
Míthi
Anatóli
Vainiá
Makrigialós
Perivolákia
Apídi
Ágia Triáda
Mírtos
Ierápetra
N
Koufonísi
0
10 km

Griechischer Wortschatz

Das griechische Alphabet

Α α	Β β	Γ γ	Δ δ	Ε ε	Ζ ζ	Η η	Θ ϑ	Ι ι	Κ κ	Λ λ	Μ μ
alfa	wita (beta)	gamma	delta	epsilon	sita (zeta)	ita (eta)	thita (theta)	jota	kapa	lambda	mi
a	w	g (vor a, o, u) j (vor e, i)	th (engl. the)	e	z wie s in Rose	i	th (engl. thing)	i	k	l	m
Ν ν	Ξ ξ	Ο ο	Π π	Ρ ϱ	Σ σ ς	Τ τ	Υ υ	φ φ	Χ χ	Ψ ψ	Ω ω
ni	xi	omikron	pi	ro	sigma	taf (tau)	ipsilon	phi	chi	psi	omega
n	ks	o	p	r	s. ß	t	i	f	ch	ps	o

Wortschatz für unterwegs

Landkarte	γεωγραφικός χάρτης	jeojrafikós chártis
Stadt	πόλη	póli
Dorf	χωριό	chorió
Haus, Häuser	σπίτι, σπίτια	spíti, spítia
Straße	δρόμος	dhromos
Weg	μονοπάτι	monopáti
Kurve	στροφή	strofí
Berg	βουνό	wunó
Gipfel	κορυφή	korifí
Berghütte	καταφύγι	katafíji
Bergsteiger	ορειβάτης	oriwátis
Schlucht	φαράγγι	farángi
Ebene	πεδιάδα	pedhiáda
Fluß	ποταμός	potamós
See	λίμνη	límni
Meer	Θάλασσα	thálassa
Quelle	πηγή	pijí
Höhle	σπηλιά	spiljá
Kirche	εκκλησία	eklissía
Kapelle	εκκλησάκι	eklissáki
Wegkreuz	σταυροδρόμι	stavrodhrómi
Steine	πέτρες	pétres
Schnee	χιόνι	chióni
weit	μακριά	makriá
nah	κοντά	kontá
hoch	ψηλά	psilá
niedrig	χαμηλά	chamilá
unten	κάτω	káto
oben	πάνω	páno
Sonne	ήλιος	ílios
Mond	φεγγάρι	fengári
Sterne	άστρα	ástra
Wald	δάσος	dhásos
Baum	δέντρο	dhéndhro
Blume	λουλούδι	lulúdhi
Tier	ζώο	sóo
Vogel	πουλί	pulí
Schafe	πρόβατα	prówata
Ziegen	κατσίκες	katzíkes
Hund	σκύλος	skílos
Schäfer	βοσκός	woskós
Jäger	κυνηγός	kinijós
Hilfe	βοήθεια	woíthia
Auto	αυτοκίνητο	avtokínito
Bus	λεωφορείο	leoforío
Fahrkarte	εισιτήριο	isitírio
Haltestelle	στάση	stási
Kilometer	χιλιόμετρο	chiliómetro

Eigenschaften und Redewendungen

kalt	κρύο	krío
warm	ζεστό	sestó
hell	φωτεινό	fotinó
dunkel	σκοτεινό	skotinó
billig	φθηνό	ftinó
teuer	ακριβό	akriwó
wann?	πότε;	póte?
wo?	πού;	pu?
wieviel?	πόσο;	póso?
was?	τι;	ti?
Guten Tag!	καλημέρα	kaliméra
Guten Abend!	καλησπέρα	kalispéra
Gute Nacht!	καληνύχτα	kaliníchta
Auf Wiedersehen!	αντίο	adhío
bitte?	παρακαλώ ; ορίστε	parakaló? oríste
danke!	ευχαριστώ	evcharistó
Entschuldigung	συγγνώμη	signómi
sehen	βλέπω	wlépo
siehst du?	βλέπεις;	wlépis?
ich sehe nicht	'Οχι, δεν βλέπω	óchi, dhen wlépo

Unterkunft und Verpflegung

Hotel	ξενοδοχείο	xenodhochío
Bett	κρεβάτι	krewáti
Bad, Dusche	λουτρό, ντουζ	lutró, dus
Essen	φαί	faí
Brot	ψωμί	psomí
Fleisch	κρέας	kréas
Lammfleisch	κρέας αρνί	kréas arní
Schweinefleisch	χοιρινό κρέας	chirinó kréas
Käse	τυρί	tirí
Schafskäse	φέτα	féta
Fisch	ψάρι	psári
Salat	σαλάτα	saláta
Eier	αυγά	avjá
Suppe	σούπα	súpa
Oliven	ελιές	eliés
Obst	φρούτα	frúta
Öl	λάδι	ládhi
Wasser	νερό	neró
Wein	κρασί	krasí
Bier	μπύρα	bíra
Limonade	λεμονάδα	lemonádha
Milch	γάλα	jála
Saft	χυμός	chimós
Kaffee	καφές	kafés
Tee	τσάι	tsai
Salz	αλάτι	aláti
Pfeffer	πιπέρι	pipéri
Teller	πιάτο	piáto
Glas	ποτήρι	potíri
Messer	μαχαίρι	machéri
Gabel	πηρούνι	pirúni
Löffel	κουτάλι	kutáli
Geschäft	μαγαζί	majasí
Bäckerei	φούρνος	fúrnos

Wochentage, Tages- und Jahreszeiten

Sonntag	Κυριακή	kiriakí
Montag	Δευτέρα	dheftéra
Dienstag	Τρίτη	tríti
Mittwoch	Τετάρτη	tetárti
Donnerstag	Πέμπτη	pémpti
Freitag	Παρασκευή	paraskewí
Samstag	Σάββατο	sáwato
der Tag	η μέρα	i méra
die Nacht	η νύχτα	i níchta
der Morgen	το πρωί	to proí
der Mittag	το μεσημέρι	to messiméri
der Nachmittag	το απόγευμα	to apójewma
der Abend	το βράδυ	to wrádhi
die Woche	η εβδομάδα	i ewdomádha
der Monat	ο μήνας	o mínas
das Jahr	ο χρόνος	o chrónos
die Stunde	η ώρα	i óra
die Minute	το λεπτό	to leptó
heute	σήμερα	símera
morgen	άυριο	ávrio
gestern	χτες	chtes

Zahlen

1	ένα (ένας, μία)	éna (énas m, mía f)
2	δύο	dhío
3	τρία (τρεις)	tría (tris m/f)
4	τέσσερα (τέσσερις)	téssera (tésseris m/f)
5	πέντε	pénde
6	έξι	éxi
7	εφτά	eftá
8	οχτώ	ochtó
9	έννιά	enniá
10	δέκα	dhéka
11	έντεκα	éndheka
12	δώδεκα	dhódheka
13	δεκατρία	dhekatría
14	δεκατέσσερα	dhekatéssera
15	δεκαπέντε	dhekapénde
16	δεκαέξι	dhekaéxi
17	δεκαεφτά	dhekaeftá
18	δεκαοχτώ	dhekaochtó
19	δεκαεννιά	dhekaenniá
20	είκοσι	íkossi
21	είκοσι ένα	ikossi éna
30	τριάντα	triánda
40	σαράντα	saránda
50	πενήντα	penínda
60	εξήντα	exínda
70	εβδομήντα	evdhomínda
80	σγδόντα	ogdhónda
90	ενενήντα	eneninda
100	εκατό	ekató
200	διακόσια	dhiakóssia
300	τριακόσια	triakóssia
400	τετρακόσια	tetrakóssia
500	πεντακόσια	pendakóssia
600	εξακόσια	exakóssia
700	εφτακόσια	eftakóssia
800	οχτακόσια	ochtakóssia
900	εννιακόσια	enniakóssia
1000	χίλια	chília
2000	δύο χιλιάδες	dhío chiliádhes

Register

Die geradestehenden Ziffern verweisen auf die Textseiten, die kursiven auf die Seiten mit Bildlegenden.